新史学文丛

刘志伟

著

山长水阔

入史求学集

北京师范大学出版集团
BEIJING NORMAL UNIVERSITY PUBLISHING GROUP

北京师范大学出版社

题　解

　　这个书名采自宋人晏殊《蝶恋花·槛菊愁烟兰泣露》的末句，该首词下阕为："昨夜西风凋碧树，独上高楼，望尽天涯路。欲寄彩笺兼尺素，山长水阔知何处?"王国维借用前三句描述治学的第一种境界，我求学大半生，自以为已经勉强进入了这第一种境界。但把近年来记下的一些杂稿编在一起的时候，觉得"山长水阔知何处"一句，更能表达此时的心境。

　　我小时候崇尚科学，立志要做一个科学家。"文化大革命"一场暴风雨，把我做科学家的梦摧毁了，阴错阳差，误入了史学之门。但坦白说，对于一个迷信科学的人来说，陈谷子烂芝麻本身，是提不起多少求知的激情的。幸好踏入史门之后，培根"读史使人明智"的箴言，让我明白了"凡有所学，皆成性格"，为自己找到了以治史为安身立命之所的理由。后来，读到了王国维治学三境界的说法，更立志要从史中求学，期望终有一日，能够回头蓦见"那人"之所在。但入史门四十年，倏忽已奔从心所欲之年，那"灯火阑珊处"仍在朦胧中，身不离"伫倚危楼风细细"之处境，自然生出"山长水阔"之叹。

这个小集子所收，是多年来写下的一些治学心得，话题有点芜杂，大都是出于对世事的关切，企望从史中求得学理上的解释。由史中求知，需先入历史之时空，而走进历史门径，自然不离史籍文献之检读，从书本文字中考究旧日情事，探求新知义理。然今人明古事，必以今情解之，自以为得明古之事理，亦不脱以喻今为意旨。此中奥义，诚如陈寅恪先生所言："古事今情，虽不同物，若于异中求同，同中见异，融会异同，混合古今，别造一同异俱冥、今古合流之幻觉，斯实文章之绝诣，而作者之能事也。"（见《金明馆丛稿初编》）然要真能"融会异同，混合古今"，端赖博学通人，方能有为。今日学人罕能通达，多自缚于学科之茧，高明者多只精于一二专门之学。欲造得"同异俱冥、今古合流之幻觉"，取巧之术，唯有采补旁邻学科以广识见。我少年失学，读书全无根底，中年陷溺，治学难成专精，唯有求识之欲不辍。这些零碎留下的文字，或可保存一点求学的痕迹，算是一点自我慰藉吧！

目录

追寻学脉

以学为本以人隶之：学术共同体之道

我们今天要思考学术共同体与中国学术发展的关系，不妨把目光回视到 20 世纪上半叶。在那短短的几十年里，中国现代学术发生了巨大的转变，今日中国人文学科的基本学术格局，大致是在 20 世纪上半叶成型的。由于在中国人文学术传统中的主导地位，历史学在 20 世纪中国现代学术的转型中，扮演着关键性的角色。20 世纪中国的所谓学术"大师"，大多是史学家，或其学术成就多与史学相关，甚至现代人文社会科学学科体系中的很多学科在史学土壤中生长出来，而这些学科的发展又大大改变了史学研究的范式。因此，我想以 20 世纪上半叶的一些以历史学者为核心形成的学术群体为例，这些在中国现代学术发展中起了开拓性和奠基性作用的学术群体，最为大家所熟知的，有古史辨派、食货派、禹贡派，等等。这些过去被称为"派"的群体，能不能算所谓"学术共同体"，我没有深究（下面为了行文方便，我还是用"学术共同体"称之）；也有称之为"学派"的，是否妥当，我想还有斟酌的空间，但似乎也不太重要。无论如何，这些学术共同体的出现及其贡献，对于中国学术发展产生了深远影响，其出现的背景、形成的方式、学术的追求及其历史地位，都有着典型的意义，对我们今天讨论"学术共同体"问题，也许不无启发。

在 20 世纪二三十年代出现的这些学术共同体，或者以某个（或几个）系列出版园地（如上面提到的三种）为平台，以创办人和编辑为核心，集聚了一个作者群体，也常常组成一个或多个学术团体和机构。这种学术共同体，有些有组织形式，如顾颉刚和谭其骧先生创办了《禹贡》半月刊和禹贡学会，以《食货》半月刊为平台，陶希圣同时组织了食货学会，并在北京大学设立中国经济史研究室；有些似乎没有形成组织化的团体，如围绕着《古史辨》的作者群，但实际上其作者群的学术立场、主张和方法取向甚至有着更大的一致性。还有一些是通过建立学术团体作为核心，创办刊物，聚集同道。其中对 20 世纪中国学术产生重要影响的，我这里想特别提到的，是 20 世纪 20 年代的北京大学歌谣研究会、风俗调查会及其继承者中山大学民俗学会，还有 1934 年成立的中国史学研究会。前者出版了《歌谣》《民间文艺》《中山大学语言历史研究所周刊》《民俗》《中山大学民俗学会丛书》等系列出版物，后者则以《益世报·史学》《中央日报·史学》《中国近代经济史研究集刊》（后改名为《中国社会经济史集刊》）为学术园地。

以上举出的这几个学术共同体的共同特点是，它们都是在 20 世纪初以来中国学术的转型中形成的，并对当代中国学术范式的建立做出了奠基性的贡献。众所周知，19 世纪末西方科学思想、方法和社会理论进入中国并传播开来之后，对中国学术产生了巨大的冲击。20 世纪初梁启超发表《新史学》，启动了历史学的近代学术转向。随后，经历了"五四"和新文化运动的洗礼，一群二三十岁的学者走到学术前台。他们受过良好的传统学术训练，有扎实的史学研究功力，又热切地拥抱现代的学术理念，怀有开创新的学术天地的冲动和激情。这样一个时代背景，很容易在学人中形成学术追求上的认同感，刺激学术交流和合作的欲望，强化学者间的互动与依赖关系，凝聚成一种学术共同体，而这种学术共同体的出现，也一定是同学术范式的转变联系在一起的。在这个意义上，我想首先提到的，是古史辨派引起的中国历史学转型可以说具有革命性的意义。人们常以为"古史辨"的贡献是以疑古取代信古，我以为这不是实质性的。真正的革命在于，"古史辨"把"历史"从政治和道德话语体系中分离出来，成为近代学术意义下的知识领域；"史学"由一种关于政治和社会观念的表达，转变为关于世界和人类行为的认知；史学研究由历史叙事向历史解释转变，并由此形成由分析范畴和解释框架构成的学术话语。这样一种范式转变的方向，后来在民俗学运动，食货派、禹贡派以及中国史学研究会的学术实践中延续，并在学术体系的建构层面得到初步实现。

这个转向首先引起的是历史观的革命，《民俗》周刊的发刊词强烈地表达了这个目标:"我们要探检各种民众的生活,民众的欲求,来认识整个的社会";"我们要打破以圣贤为中心的历史,建设全民众的历史"。① 在这个口号下,顾颉刚、容肇祖等历史学者推动民俗学运动,就是为了通过历史观的革命,彻底转变历史学范式。后来食货派和中国史学研究会推动社会经济史研究,继续向着这个目标迈进。中国史学研究会在《益世日报·史学》发刊词中明确宣示:"帝王英雄的传记时代已经过去了,理想中的新史当是属于社会的,民众的。我们企图从这一新方向努力推进。"②

要实现这个目标,以往以帝王将相为主角,以治乱更替、成王败寇为主题的史学范式自然是无能为力的,新史学必然就要走社会科学化的路径。于是,当时这些追求建立新的史学体系的学者,自然要采用现代社会科学的视角和方法,引入多个社会科学学科的分析概念和理论架构。一时间,历史学与同一时期民俗学、人类学、社会学、经济学、法学、政治学等在中国的发展相互促进,在很多历史学者致力于推动新学科的产生的同时,不同学科的学者也致力于推动新史学的建设。于是,重视社会科学理论和方法,采取多学科视角,成为这些学术共同体的共同追求。这种多学科的特色,也促成了历史学新领域的出现,例如,社会经济史和历史地理学的发展,就是当时新史学成就最为显著的领域;与此同时,

① 顾颉刚:《〈民俗〉发刊辞》,载《民俗》(周刊),1928年第1期。
② 吴晗:《发刊词》,载《益世报》(天津),1935年4月30日,第3张。

新史学的发展，也助成了新学科在中国学术世界的产生，例如，民俗学、人类学在中国的孕育，其中一个重要的摇篮，就是在历史学家主导下建立的中山大学民俗学会这个学术共同体。

当然，以历史学者为主体组成的学术共同体，其历史学取向是他们始终要坚持的。这种坚持表现在这些学术共同体在重视社会科学理论方法的同时，将自身的主要使命定位在对研究资料的收集、整理和利用上，避免了走入空谈理论的歧途。食货派虽然开始是由社会史论战催生的，但《食货》杂志创办之后，其主办人和作者，都非常清醒地反省了社会史论战中滥用理论，轻视材料和实证研究的弊病。陶希圣创办《食货》，明确宣布办刊的主要任务，重在搜求史料。在《食货》的提倡之下，地方志成为中国社会经济史研究特别偏重的历史资料。中国史学研究会更是明确宣示："我们要知道过去的经济最要紧的条件便是资料"，"如私人或家庭的流水帐、店铺的生意帐、工料的清单、户口钱粮的清册"，还有中央和地方政府的旧档册，"以前为人所抛弃的，至少不会理会的，现在都变成最有趣的，最可宝贵的经济史料了"。① 同时，他们还强调实地调查的重要性，从早期的歌谣收集运动开始，到后来的民俗学运动，历史学者已经积极走进田野，在田野中获取了解民众、了解社会的资料；食货派和中国史学研究会在活动中，也十分重视田野调查，陶希圣就曾号召学生回

---

① 《发刊词》，载《中国近代经济史研究集刊》，1932 年第 1 卷第 1 期。

家乡做田野调查，并在《食货》上发表学生的田野调查报告。重视史料收集，尤其是把过去不入旧史家法眼的，反映民众社会经济生活的资料视为历史研究最为重要的资料来源，不只是一个坚持历史学方法本位的举动，更是建立新史学范式的重要基础。

我这里简略概述这些学术共同体建立新的学术范式的努力，是想呼应一下梁庆寅教授刚才谈到的拥有共同的学术范式是学术共同体的基本特征这个说法。从这个角度看，20 世纪 20—30 年代中国历史学领域出现的这些学术共同体，不但具备这个特征，而且，正是建立新的学术范式的使命把历史学者们凝聚在一起。他们推动的史学范式革命在什么层次、深度如何，也许还可讨论，但在我们这个有久远传统的庞大历史学体系的国家里，这群当时尚属年轻的历史学者，的确是基于共同的信念、理论、方法，接受同样的价值标准走到了一起，结成了不同的学术共同体。通过他们的努力，中国史学的范式的确在那个时候大大改变了，这点恐怕是无法否认的。

当时出现的这类学术共同体，有些组织较为松散，有些组织较为紧密。例如，1934 年《食货学会会约》就表明："凡是志愿或正研究中国经济社会史的师友们，皆得任意为本会会员。"①《食货》半月刊上发表的论文，在政治立场和学术观点上，殊多分歧，甚至截然对立。而更早的中山大学民俗学

---

① 《食货学会会约》，载《食货》（半月刊），1934 年创刊号。

会，则规定了较为明确的会员资格，即会员应为"赞同本会宗旨并愿协助本会进行者"，后来还在各地建立了分会，形成了自己的组织系统。中国史学研究会则有比较明确的成员范围，以清华大学、北平社会调查所和中央研究院社会科学研究所的青年学者为主，会员每月聚会一次，每年还召开年会。不过，这些学术团体无论组织松散还是紧密，其共同特点都是相当开放的，没有宗派色彩。中国史学研究会早期虽然只有很少的会员，但他们一直采取开放的学术态度，在《中央日报·史学》的发刊词中特别声明："这个小小的园地是完全公开的，我们热诚的欢迎史学界的同志一致来合作，维护。"①中山大学民俗学会更是除了学界的职业学者，还吸纳了许多各地的文学青年参加。同时，各个学术共同体之间的成员也有很多相互交错，不同团体中的学者，也常常在另一团体的学术园地上发表论文，例如，中国史学研究会的核心人物汤象龙先生，就是《食货》半月刊的作者。

更重要的是，这些学术共同体的内部组成，大多不是基于严格的师承传统，也不囿于清晰的学科或研究畛域。除了古史辨派有一定的师承关系以及一定程度的学术立场一致性基础，其他几个学术共同体的成员在教育背景、学科、研究兴趣乃至学术观点上都没有太多的共同性。例如，中国史学研究会虽然开始时主要由清华同学组成，但其中的成员在学科背景、学术兴趣和学术风格上是相当多样的。因此，我们

---

① 《发刊词》，载《中央日报·史学》，1936年3月5日，第3张第2版。

看到在每个学术共同体里面，各个成员的研究范围及其学术活动，都是相当个性化的，每个学者都有自己特有的学术兴趣和研究领域。还是以中国史学研究会为例，我们只要看看其主要成员的名单，就可以知道这个形式上组织最紧密的团体的成员的研究兴趣有多大的差别。这个团体成立的时候，发起人有汤象龙、罗尔纲、梁方仲、吴晗、夏鼐、谷霁光、孙毓棠、刘隽、朱庆水、罗玉东。后来陆续加入的还有张荫麟、吴铎、李埏，等等。这些为史学界所耳熟能详的名字，大多在不同的领域都做出了开拓性的贡献，按照今天的学科或专业分类，一看就知道他们几乎每个人都分别属于很不相同的学术领域，有不同的学术风格，从事不同的研究。他们组成研究会的目的，如吴晗所说，"是为了经常一起聚会，交换各人的研究心得"，可见，把他们聚到一起的动力，是大家有着共同的学术追求，用汤象龙的话来说，是为"叙述文化的进步，经济的变动，社会的变迁"的新史学建设尽一点力量。很显然，是刚才梁庆寅教授所说的"共同的信念"和"价值追求"，而不是在具体的研究上的合作关系把他们系在一起的。在这样的状况下，即使要把这些学术共同体叫作学派，也应该是从共同的学术信念和价值层面去理解，而在理论和方法上的共同性，只应该从相对宏观的历史哲学层面去把握，不应该在具体的研究领域和特定的研究风格上为他们画地为牢。《禹贡》半月刊的发刊词中很明白地表达了这样一种与宗派之见划清界限的立场："以前研究学问，总要承认几个权威者作他的信仰的对象……在这种观念之下，自然会得分门别户，成就了许多家派。我们现在，要彻底破除这种英雄思想，既不承认别人有绝对之是，也不承认自己有绝对之是……我们确实承认，在这个团体中的个人是平等的，我们的团体和其它的团体也是平等的。我们大家站在学术之神的前面，为她而工作，而辩论，而庆贺新境界的开展，而纠正自己一时的错误。我们绝对不需要'是丹非素'的成见，更无所谓'独树一帜'的嘘声。"①由此可见，拒绝宗派，是学术共同体应该具备的自觉。

这些学术共同体共同的学术追求，是要建立一种新的史学体系，把历史研究的对象转到下层社会和普通民众，整合多学科的研究，以社会科学的理论方法，建立中国历史的解释。这个由梁启超在 20 世纪初倡导的新史学方向，是当时中国学术发展的一个潮流。我们提到的几个学术共同体的学者，都是在这个潮流中努力前行的学者。朝着这个共同的目标，他们不是停留在对外来理论或概念的引入和发挥，而是以拓展新的历史资料收集与整理，累积和构建民众社会的历史事实为使命，因而为当代中国史学新范式的建立奠定了基础，对现代学术体系的建立产生了深远的影响。然而，这些学术共同体的生命力，主要不是以共同体一直存续的方式延续下来，就这几个学术共同体的组织本身而言，延续的时间和经

---

① 顾颉刚、谭其骧：《〈禹贡〉半月刊发刊词》，载《禹贡》，1934 年第 1 卷第 1 期。

历的学术代际都不长久。这当然有当时中国政治和社会动荡的环境因素，但换一个角度看，也是这些学术共同体本身的开放性使然。这些学术共同体的活动，营造的是一个充分发挥个人的思想独立和学术自主的空间。因此，尽管这几个学术共同体的主要成员多有师传的后继者，但这些学术共同体所开拓的学术方向和道路，不只是培养出自身的继承者，更催生了中国学术的新路向和新领域。例如，中山大学民俗学会不仅引导着中国史学眼光向下的革命，孕育了人类学的成长，更使人类学在中国发展起来，并与历史学结下不解的缘分；食货派与中国史学研究会不但开拓出社会经济史的新领域，更令社会经济史成为 20 世纪中国史学发展的一个重要的方向；禹贡派则在中国建立了独具特色的历史地理学，成为中国历史学发展成就最显著的学术领域之一。今天中国的历史学，仍然延续着当年这些学术共同体建立的新史学范式，尽管有一段时间，中国历史学曾经一度走入歧途，这些学术共同体也曾被污名化或遗忘，但它们代表的方向，至今仍然被后继者追随。大约一百年前，傅斯年先生曾撰文历数中国学术之误谬，其中之一为："历来号称学派者，无虑数百：其名其实，皆以人为基本，绝少以学科之分别，而分宗派者。纵有以学科不同，而立宗派，犹是以人为本以学隶之，未尝以学为本以人隶之。""无论何种学派，数传之后，必至黯然寡色，枯槁以死；诚以人为单位之学术，人存学举，人亡学息，万不能孳衍发展，求其进步。"①我前面回顾的几个学术共同体，其之所以对当代中国学术发展影响深远，正因能脱此误谬，以学为本以人隶之，虽以学派称者并无再传，然非但没有"人亡学息"，其学竟能历久弥新，发扬光大，蔚成潮流。今日之崇学者，欲求学术共同体之道，或可由此得一启示。

（本文原为在 2016 年 3 月 5—6 日《开放时代》杂志社举办的第三次开放时代工作坊上的发言稿，刊于《开放时代》2016 年第 4 期，收入本集时略有修订）

---

① 傅斯年：《中国学术思想界之基本误谬》，载《东方杂志》，1918 年第 15 卷第 10 期。

论学天涯远　孤怀贵相知

——追忆与何炳棣先生的一次会见 *

　　最近两三年，梁其姿教授好几次同我谈起何炳棣先生有意到香港访问一段时间。开始，我们计划在何先生访问香港期间，请先生到中山大学做一次讲座。2010 年那次，我们把细节都商量好了，后来何先生到了北京后就直接去台北出席"中央研究院"院士会，没能到香港。去年，梁其姿教授告诉我，她正在筹划何先生今年再到香港小住一段时间，其间拟在香港大学安排讲座，这时，我们知道何先生身体已经不如以前，不便旅途周折，便设想在何先生到香港时，带中山大学所有明清史的学生专程前往香港聆教。一切已在安排中，学生们亦都翘首以待，到今年年初，得知何先生因体力原因，香港之行的计划取消了，我正为失去了再度聆教席侧的机会

　　* 本文写作得到申斌协助查阅核实相关资料，谨此致谢。

而遗憾，没想到不久竟传来了先生驾鹤西去的消息，愕然哀痛之中，六年前晋谒先生之情景一再在脑海中浮现。

那是我第一次也是唯一一次晋谒何炳棣先生。当时，我正在台湾暨南国际大学历史系担任客座教授，讲授明清经济史等课程。梁其姿教授素知我对何炳棣先生怀有景仰之情，请一位学生托话，告诉我何先生正在"中央研究院"，她很乐意引见。6月中的一天，我从埔里到台北的"中央研究院"历史语言研究所，梁其姿和范毅军把我领到了先生的研究室。敲开何先生研究室的门之前，我心存一点激动期待又有些畏怯。心存激动，是因为从我步入明清经济史研究的门槛开始，何炳棣先生就是我心中的一座高山，有机会晋谒聆教，是一种久藏心中的期盼；有些畏怯，一则是因为学界历来传闻何先生对人严厉，二则是因为我当时带着一本我在2004年选编的《梁方仲文集》，想当面呈给何先生。何先生是史学界中最熟悉梁方仲先生的研究的权威，马上就要见到何先生，自然会怀着"待晓堂前拜舅姑"的心态，特别是里面有一段提及何先生的话，我更拿不准是否有冒犯之嫌。

我写的那段话，是关于梁方仲先生对明代土地、户口数字的理解的。我说，梁方仲先生早在1935年发表《明代户口田地及田赋统计》时，已经初步指出明代的田地之数，不是实际的田地面积，户口有时是指纳税户口。梁方仲先生早就指出的这一事实，"对于我们研究中国历代户口、田地数字是至关重要的，但在学术界长期被忽视，后来经何炳棣先生加以更深入地论证，才逐渐被人们认识；而在中国，即使何炳棣先生著作发表之后的很长一段时间，仍未被大多数学者所了解"①。我在写下这段话的时候，曾忖度再三，对这样说是否恰当并无十分把握，一直很想知道何先生的看法。

随着何炳棣先生研究室的门被打开，只见一位精神矍铄的老人正坐在书桌前看书。听说我是从中山大学来的，何先生马上亲切地说，中山大学是梁方仲先生所在的学校，很高兴能够见到我。他温厚的目光，一下子就把我的畏怯和顾虑驱散得无影无踪。寒暄了几句，我就有点迫不及待地把手中的《梁方仲文集》呈上，他一边很快地翻了翻，一边听我简单介绍编辑文集的缘起。我翻开了有上述那段话的书页，请何先生批评。何先生的目光在上面扫了一遍，马上对我说："你说得对！梁先生是明白这一点的。"他继续告诉我，人们对梁先生不够了解，其实，梁先生一定看过梅特兰（Maitland）的著作，熟悉梅特兰的研究，必能认识到土地户口数字作为纳税单位的性质。他还表示，梁方仲先生是他最敬佩的学者，自己的研究深受梁方仲先生的影响。听到他这一席话，我所有的顾虑都放下了，轻松地谈了开来。后来他又关切地询问了中山大学明清经济史研究的情况，我告诉他，梁方仲先生的学术传统在中山大学一直没有中断，从梁先生的几位学生到我这一代，下面还有两代的学生，一直在继续着梁先生开创的研究。他听了非常高兴，一再说："很好，很好！"

---

① 刘志伟编：《梁方仲文集》，"导言"，17 页，广州，中山大学出版社，2004。

　　谈话中，他特别关心的问题，是梁方仲先生有没有看到他1959年出版的著作《中国人口研究（1368—1953年）》（*Studies on the Population of China*，1368-1953）。我告诉他，我虽然没有直接的证据，但记得我1980年开始跟随汤明襚老师研习明清经济史的时候，这本著作就是汤老师指定我读的第一批书之一，汤老师还告诉我，我们系的资料室之所以有这本书，是因为何炳棣先生寄给了梁先生，梁先生收到以后，由于是海外寄来的，就交给历史系资料室收藏了。由此我一直相信梁方仲先生一定是读过的。不过，何先生已经记不清自己曾经亲自给梁先生寄过书了，他说也有可能是通过出版社寄的。我想，事隔将近半个世纪，且当时正在"冷战"时期，美国与中国之间的通信联络处于近乎中断的状态下，何炳棣先生这本著作通过什么途径到达中山大学，也许已经难以稽考。但很确定的事实是，这本书在梁方仲先生在生的时候已经为中山大学历史系资料室所收藏，当时担任梁先生助手的汤明襚老师也曾经借阅过。并且，直到葛剑雄教授翻译此书，将其介绍给中国大陆学界之前，大陆地区的图书馆中似乎只有中山大学藏有此书，那个时代进口图书一般都是统一购入，先入藏北京图书馆，再考虑其他图书馆，这本书如果真的如我所知只有中山大学历史系有的话，那就很有可能与梁方仲先生有关。我说了我的这个想法，何先生表示，他对明代以来人口田地的研究，最希望能够听到的是梁先生的意见。他一直以为梁先生可能没有读到这本著作，为此抱憾多年，现在知道梁先生生前很有可能已经读过，觉得很安慰。

何炳棣先生告诉我，梁方仲先生是比他早几届的学长，但他在清华大学就读期间并没有机会与梁先生谋面。不过，他进清华的时候，就读的是历史系，当时清华历史系是以追求中西史学与社会科学并重为特色的，学经济学治经济史的梁方仲先生当时在清华园颇有名气，他对梁方仲先生十分敬佩，所以，在清华读书时就读过梁先生的文章。他认为，梁方仲先生的研究最能够体现历史学者对社会科学的追求，鼓励我们要继续沿着这条路走下去。

谈话的话题在不知不觉中散漫开来，记得我们谈到了一些曾在中山大学任教，又与清华、西南联大和岭南大学有关的学者的情况。他提到罗应荣先生的时候，我曾想告诉他，其实罗应荣先生在反右派斗争和"文化大革命"中的经历比他在回忆录中记述的情况还要悲惨，并且就在他1971年到访中山大学前后故去，并未能活到他在回忆录中所说的20世纪80年代初期。我犹豫再三，几度欲言又止，最终还是没有说出来。我当时想，虽然对于一位历史学者来说，最希望了解的是真相，但对于一位已经历尽沧桑、年近九十岁的老人来说，也许不应该再在他心中增添更多的伤痛。

谈话的大部分内容我现在已经不能一一想起来了，唯有很清晰地记得，交谈越深入，自己越是沉入感动中。平日读书时，我对于那些通过他们的著作引领我们前行，点亮我们智慧的前辈学者，总怀有一种时空相隔的感觉，正是这种感觉，在我们心中营造出景仰之情和敬畏之心。但现在，这样一位在我治学路上自始至终影响着我的学者就坐在我面前，相距咫尺，谈论着似乎可以把彼此的生命关联起来的人与事。我似乎穿越了时空，回到历史中，身临其境地陶醉在前辈学人的精气神韵里，一种难以言喻、不能遏止的情感，慢慢在全身盈溢。这种感觉，过了许多天之后，仍一直萦绕着我。

这次见面，对我来说，除了感情上满足了多年的愿望，最重要的收获，是明白了何炳棣先生为何一直那样推崇梁方仲先生的学问成就——他们那一辈学者一直都怀有追求中国历史学社会科学化的共同志向，并走在同一条治学之路上。在梁方仲先生早已了解明代户口土地数字是一种纳税单位这个问题上，何炳棣先生肯定了我的说法，令我特别受到鼓舞，也从中领悟到学术价值与信念的力量。我相信，这种肯定乃是建立在对梁方仲先生的学术取向的理解与信心之上的。

回忆到这里，我想我应该向已经身在天国的何先生补说一声抱歉。因为其实我当时并不知道，何先生早就在1995年台湾出版的《中国历代土地数字考实》一书的序言中，很明白地说明了这个问题。由于我一直以为这本书就是1985年在《中国社会科学》上发表的长文《南宋至今土地数字的考释和评价》和1988年在大陆出版的《中国古今土地数字的考释和评价》一书的繁体字版，我自以为早已对这一著作非常熟悉，就一直没有去阅读台湾出的这个版本。这种出于自负懒惰的疏失，令我深感惭愧！在这里我想就这个问题多谈一点感想，向身在天国的何先生交一份功课，以弥补自己懒学之失。

在《中国历代土地数字考实》的序言中，何炳棣先生谈到有关他对土地户口数字的研究的学术史脉络时，有以下几段话甚为重要，他写道：

> 因为无论在西方或在中国，近代史和古代史之间都存在着相当严重的隔阂……除文字外，专攻近代史的学人往往对种种古代观念和制度，尤其是赋役制度中一系列专词及其实际内涵，很难正确了解，而赋役制度通常是研究古代经济史和社会史的基本架构。助我减少或消除这种隔阂的名家著作之中，使我最受益的是陶尼（R. H. Tawney）《十六世纪的农村土地问题》（*The Agrarian Problem of the Sixteenth Century*）和梅特兰（Frederic Maitland）《〈末日判决簿〉及其前史》（*Domesday Book and Beyond*）。后者对我这部土地专著更有直接的影响。①

他在讲述了自己在陶尼和梅特兰的影响下通过长期严密的考证，论证了"亩"和"丁"的性质之后，写下了以下几段在学术史上发人深省的话：

---

① 何炳棣：《中国历代土地数字考实》，"序言"，iii 页，台北，联经出版事业公司，1995。

　　我对明清"丁"和"亩"研究的结论既与梅氏对英国古代海得的研究结论如此相近相同，照理在中史学界也应发生类似的影响。虽然自1950年代末起，我以清初之"丁"为纳税单位之说似已在西方及日本逐步获得普遍的接受，但在中国大陆至今仍有不少学术论文的作者对顺治、康熙期间全国丁数的性质缺乏正确的了解，依然用以估计重建当时全国人口总数。我对"亩"的定性，经过1980年代两次扩充在中国大陆问世，至今对整个中国学界还未发生过有效的警告作用。以致近年中国大陆竟仍有一系列的博士硕士论文，恬不为怪地以历代户口、顷亩数字作为区域性计量经济、社会史的重要依据。不消说，此类研究造成学术上时间精力相当大量无谓的浪费。这种学术上对外隔阂之深而且久是讯息传播极度发达的当今世界所罕见。

　　上海复旦大学史地所的葛剑雄教授，拙作明初以降人口史论的中文译者，对上述大陆上国史学界的不寻常现象注意有年，并揣想这些不寻常现象可能多少由于已故梁方仲教授集毕生精力编著的《中国历代户口、田地、田赋统计》所收进的数据乍看之下十分丰富美备，215个统计表格一切一目了然，对研究者提供了无比的方便。葛先生进而婉转地在问：何以梁先生在此皇皇巨著的序言中对广大的读者们并未给一个最低必要的限定和警告。

　　虽然我和梁先生只在纽约哥大见过一面（1946或

1947），自 1930 年代起，我对梁先生是一向景仰的。梁先生祖上是著名广东十三行中天宝行的主人，这可能是他一生专攻经济史的原因。梁先生是比我高八班的清华学长，新制第二级（1930）经济系毕业，拥有理想的专业研究工具。毕业后不久即成为中央研究院社会科学研究所的研撰柱石。三四十年代多篇论文发表于该所《集刊》《地政月刊》等期刊，史料方面征引之广、考证之精、分析综合水准之高，当时经济史界无出其右者。梁先生不愧是当时明代赋役制度的世界权威。他虽在其巨著长序之中并未明白警告读者历代户口、田地数字的实际性质，他本人对此问题具有深切了解是绝对不容怀疑的，因为他在三十年代《地政月刊》某期里曾表示对梅特兰史学成就的景仰。照理，梁先生应该是第一位有资格向专治中国经济、社会史的中外学人作一必要的警告的。他生前既不愿作这最低必要的警告工作，不得已只好迟迟由我来作了。[1]

我之所以长篇引述何炳棣先生这几段话，首先是因为我一直认为何炳棣先生所揭示的明清田亩和丁口数字的性质，对于明清社会经济史研究来说，其学术上的贡献和启示，远远不限于对土地人口统计数字的估计和评价。何先生的研究，无论在结论上还是在方法上，都具有非常重要的基础性的价

---

[1] 何炳棣：《中国历代土地数字考实》，"序言"，viii-ix 页，台北，联经出版事业公司，1995。

值。在这个基础上，几乎所有有关明清经济的重要结论，都需要重新研究。我自己对明清户籍赋役制度的研究，特别是关于"粮""户"等概念演变的解释，就是直接在何先生的研究启发下得出的。何先生提示我们要在正确了解"赋役制度中一系列专词及其实际内涵"的基础上去做赋役制度的研究，这也是梁方仲先生一生坚持的学术规范，长期以来并没有被中国大陆学界所重视，由此引出了很多很多对历史的误读误解。上面引述的这些话，在我见何先生的时候，他很强烈地表达了同样的意思，当时曾令我动容。虽然我是在听其言之后才读到这些用文字写下的话，但读着这些文字，何先生当时说话的神情仿佛再现在我面前，说话的声音也仿佛回响在我耳边，在我心中泛起波澜。

中国大陆学界长期漠视何炳棣先生关于地亩人丁数字性质的不刊之论，是一个令人难以理解的现象。三十多年来，我多次在学界同人和学生面前表达过这种不解和愤懑。葛剑雄教授的译本出版以后，我也曾向葛教授和史地所的一些朋友请教，他们对此似乎也不能理解。这个现象，也许是目前中国大陆史学研究存在一种远离科学规范倾向的典型例子。形成鲜明对照的是，何炳棣先生在充分了解到大陆史学的这一难以理喻的现实的同时，却坚信梁方仲先生本人"对此问题具有深切了解是绝对不容怀疑的"。这种信念并不是出于何先生手头有白纸黑字的明证，而是出于他对学者的素养与学术的本质有一种深刻的理解，其中还包括了他对 20 世纪 30 年代清华学术环境和风气的直觉体验。虽然我手头也没有直接证据去证明何先生深信不疑的这一事实，但在梁方仲先生的学术经历和一些零星材料中，还是有一些痕迹可寻的。

何炳棣先生告诉我，他深信梁方仲先生对土地人口数字是纳税单位的问题具有深切了解的理由，主要是他相信梁先生一定读过梅特兰关于英国的《末日判决簿》（*Domesday Book*）的研究。我想，这一点，首先是由于他对 20 世纪 30 年代的清华大学重视社会科学、中西历史结合的教学风格有切身的了解，他深信在清华大学经济系学习的梁方仲先生一定读过梅特兰和陶尼的著作。其次，我想他从梁方仲先生的研究中，也能够感觉到曾经深深影响他自己的陶尼和梅特兰，也一定影响了梁方仲先生的研究。这个判断，也许是出于何先生在学术上的敏锐感觉，我们也可以举出一些事实说明何先生的感觉并非没有根据。

除了从我在《梁方仲文集·序言》中已经引用的梁先生在 1935 年写下的那段话可以看出梁方仲先生早就清楚纳税单位与实际的田土人口数字之间的区分，在《中国历代户口、田地、田赋统计》的总序中，梁方仲先生也曾写下过一段介绍英国《末日判决簿》的话，其中提到《末日判决簿》的调查，"对各领主及教会的土地和财产进行登记和承认以后，便要求他们承担各种封建义务和交纳地税。这个调查对于各种各类的土地和人口都记载得相当详细，但可以肯定，它既不是全国登记，也不是全民登记"。另外，在梁方仲先生留下的读书笔记残片中，我们还可以看到他摘录自三种英文百科全书的关于《末日判决簿》的英文笔记，这些笔记中，包括了有关田土数字是税收单位和户口统计未涵盖全部人口等方面的内容。至于何先生提到的他自己深受其影响的另一位英国经济史学家陶尼，更是可以肯定也对梁方仲先生产生过较大影响。在梁方仲先生留下的札记残片中，夹着一张抄列着几本英文书籍的纸片，其中包括了"Tawney R. H. Land and Labour in China. 1937 3.00"，相信是一份梁先生在哈佛求学时期准备购买的书单。1946年梁方仲先生从哈佛转去伦敦大学，更是曾当面向陶尼请教，他对陶尼的许多学术观点比较认同，曾说过受陶尼的"启发不少"。这种种事实，都足以作为何炳棣先生基于学术的敏锐所做判断的旁证。

想到这里，我似乎明白了一点，尽管何炳棣先生与梁方仲先生没有多少个人交往，但在学术上一直有相通的理念和追求，这种相通，基于彼此之间在许多学术问题上有着共同的关怀和理解。学人之间，这种相知相识，贯穿其中的是学问的逻辑，促长其成的是理性的魅力。吾辈后学，得入此境，则无憾矣！在晋谒何先生的时候，我请何先生到中山大学访问，他当时的回答是，他也很希望有机会到梁方仲先生任教的中山大学看看。如今何先生已经西去，未能在中山大学聆听先生教诲，成了我们永远的遗憾，但先生则可能在另一个世界与梁先生相逢了。真希望他们相逢的时候，能够有机会一起重温民国时期清华园的学境气象，交流切磋读书研究心得，成为相知相识的朋友。这样，何先生一直以为梁先生未能读到他关于明代以来中国人口研究的著作而怀抱多年的遗憾，也就可以彻底释然了。

（2012 年 10 月 21 日写于康乐园，原刊《中国社会历史评论》2013 年第 14 卷）

红楼里的中大

　　中山大学南校区的校园，古木参天，翠竹成林，绿树掩映着幢幢红砖楼房，记录着这个校园百年历史的沧桑，"康乐红楼"，是中山大学最具特色的景观。不过，我在这个校园里读书求学三十余年，深深地铭刻在心中的，与其说是"中大里的红楼"，不如说是"红楼里的中大"，是红楼里面承载着的传统、散漫着的灵魂。

　　这个校园以"康乐"命名，据说是因为南朝时袭封康乐公的著名诗人谢灵运被贬广州时曾卜居此地。不过，康乐园中的红楼，与这位一千多年前的康乐公并无什么瓜葛。同康乐红楼神魂相系最不可分的人，是在这个校园服务教育事业四十余年，鞠躬尽瘁的原岭南大学校长钟荣光。他1899年受聘为岭大前身格致书院中文总教习，1927年出任校长，至1942年以荣誉校长辞世，从选定康乐园作为校址，到奔走于欧美南洋各地募捐，为岭南大学建造了一幢幢红楼，张弼士堂、爪哇堂、陈嘉庚堂、陆祐堂、十友堂、马应彪招待室、马应彪夫人护养院、四座中学寄宿舍，等等，都渗透着他的心血。现在校园中央的黑石屋，就曾经是他的官邸，而荣光堂，更是为纪念他而命名。钟荣光校长生前曾为自己撰写挽联云：

> 三十年科举沉迷，自从知错悔改以来，革过命，无党勋，做过官，无政绩，留过学，无文凭，才力总后人，推一事工，尽瘁岭南至死；
>
> 两半球舟车习惯，但以任务完成为乐，不私财，有日用，不养子，有众徒，不求名，有记述，灵魂乃真我，几多磨炼，荣归基督永生。

这幅挽联，表达了红楼凝聚着的精神。钟荣光校长的铜像和挽联一直与红楼同在，成为今日中山大学继承着红楼里的精神遗产的象征。

我第一次走进康乐园，是作为新生来报到的。记得车子从南校门直入，在校园中怀士堂门前停下，新生接待处设在里面。我下车走进这座红砖砌成的殿堂，顿时被这座建筑的气氛震慑住，一种从没有过的神圣感在我心中升起。在我记忆中，好像学校后来就没有再在怀士堂里接待新生了，很多年来，我都感到这是一种遗憾。因为我相信，自己多年来坚守的学术神圣的信念，就是从走进这座红楼的那一霎时开始在心中凝结的。

康乐园的布局，有一个也许并非有意造成的效果，就是从学生宿舍区到位于校园中心的教学区，所有的路径都要从一幢幢小红楼旁经过。在这些小红楼里，住过很多位开创中山大学学术传统的学者。最靠近学生宿舍区的一幢小楼，是中国经济史学科奠基人之一梁方仲教授的故居；若走马岗顶上的小路，则会经过曾任岭南大学校长，在社会学、历史学等多个领域做出了奠基性贡献的陈序经教授的旧宅；中国现代数学教育的开拓者姜立夫教授则住在黑石屋东侧的小楼里……从岭南大学到中山大学，历经不知多少风风雨雨，就是住在这些小楼里的学者，一直守护着知识分子的精神家园。我还是学生时，每天上课都要路经这些小楼，每次都会投以敬畏的目光，总觉得里面会散出一种声音，在召唤着自己。

这些小楼中，最为神圣的一幢，是原名第一麻金墨屋的红楼，那就是陈寅恪先生的金明馆所在。这座红楼位于康乐园的中心位置，与校长办公的格兰堂相对，以前的门牌为"东南区一号"。不清楚这是有意还是偶然的编排，但我总是宁愿相信，"一号"象征着崇高。不知什么时候，这幢小楼的门牌改为东北区309号，但旧门牌还在墙上保留着。遗憾的是，数年前这座小楼维修之后，旧门牌消失了。我每次来到这幢小楼前，都会望着曾经钉着旧门牌的地方，涌出一丝伤感。最近，学校决定将这座小楼辟为陈寅恪教授纪念馆，我想也许应该把旧的门牌钉回去，让"东南区一号"永远成为中山大学崇高精神的象征。

在"文化大革命"期间，从校园中心的怀士堂到东区学生宿舍，校径两旁曾搭起长长的大字报栏，马岗顶周围的红砖小楼，被这一路的大字报栏遮挡着，只有经过几个路口的时候，才可以透过间隙窥见红楼的一角。大字报上经常出现名字的老师，有不少就住在这些红楼里面。正是这种充满讽刺、令人伤痛的景象，令我义无反顾地做出了守望红楼的人生选择。如今，当年这里铺天盖地的大字报早已经被人遗忘了，但当年红楼里守护着的学术命脉，和这些红楼一起永存，在新的中山大学延续。

康乐园的红楼，在每个中大人心中，可能有不同的故事。我寄托着自己最深感情的，是在马岗顶下面的一组小红楼，那里曾经是岭南小学的校舍，后来成了中山大学历史系所在。其中的陈嘉庚堂，是历史系的学生阅览室。就是在这里，周连宽先生、谭彼岸先生手把手教我读文献、查目录，指点治学方向，解答读书疑问，把我引入史学之门，为我后来治史打下了最初的基本功。也许没有经历那个时代的人，很难想象当年我在陈嘉庚堂里面度过的日子是多么地幸福，在我的人生经历中是多么地珍贵。

几年前，我们新建立的研究中心搬入了马岗顶上的一幢小楼，这幢小楼曾经是许崇清校长的住宅，后来又是冯秉铨和高兆兰教授的家。我们搬进去的时候，冯先生和高先生还有一些遗物在里面，其中有一个大大的皮箱，根据款式和残旧程度，我们猜想，那应该是两位中国科学教育事业开拓者当年归国时带回来的行李箱，看着这个皮箱，前辈学者的身影在眼前浮现，我们想象也许他们就是用这个皮箱把科学的精神带回到这个校园的。后来，他们的家人把箱子和其他遗物取走了，我们征得同意后只留下了一盏灯。我们把这盏灯留下，是因为我们相信，在这曾令我魂牵梦萦的红楼里，前辈学者以生命燃点的明灯，将永远引领着我们的灵魂前行。

（原刊《光明日报》2009 年 5 月 7 日第 10 版）

永远的身影

——陈嘉庚堂台阶上的追忆

听说陈嘉庚堂被重新装修了，我不由得忧虑了起来——那是我最早接受学术精神洗礼的殿堂，是否也会像校园里其他旧岭南大学建筑一样，难逃"装修"厄运呢？一天清晨，我专程走去探视。远远望去，倒还旧貌依然，心中有点释然。走到近旁，大门紧闭，不知里头变成何种模样，但见门前的台阶，已经铺上了磨得光亮如镜的花岗岩石，再也不见那个由无数学子踏磨出一个个凹坑，长着斑斑青苔的红砖台阶。拾级而上，竟完全没有了当年的感觉，一丝叹息，从胸臆流出。我默默地坐了下去，期望着找寻那二十多年来一再萦绕在我脑海中的身影——

那是 20 世纪 70 年代的中期，校园成了大字报的海洋，中区图书馆旁边的高音喇叭每天清晨都嚷着一种激昂却早已令人麻木的词句，只有陈嘉庚堂，当时是历史系的学生阅览室，还存有一点读书的空气。我喜欢那里，为了逃避宿舍的污浊，每天清晨，只要没有课，我都早早去到那里，坐在门前的台阶上，等候着管理员来开门。一到上班时间，就会见到一个微躬着背，提着个旧式手提袋的身影，在电话班小楼后面的小路上出现，踏着急促的步子，由远至近。当他望见我坐在台阶上时，急促的碎步，就会变成小跑，接着就是一连串夹着气喘声的道歉："对不起，对不起！"这位老人，就是当时在陈嘉庚堂管理历史系学生阅览室的谭彼岸先生。那是一个讲政治的年代，入学不久，就有政治敏感的同学提醒过我，说谭先生有政治历史问题，告诫我要和谭先生保持距离；但我也很快就知道先生是一位博学的先生，自然有了一点崇敬。何况当时的我，还是一名不满二十岁的学生，一位老者因为我而跟跟跄跄地跑上这台阶，加上一连串的道歉，自然于心不安。后来，如果再早到，我就会改为坐到台阶的最上层，躲在门墙后面，谭先生看不见我，就可以慢慢走上台阶。可是，每当先生走上了台阶才见到我的时候，又会在说完"对不起！"之后，再加上一句带有更深歉意的"我不知道你已经来了！"，然后，手颤抖着，忙乱地拿出钥匙把大门打开……二十多年来，这一幕一再地在我的脑海中重现，每当我来到这台阶上，都仿佛总能看见那熟悉的身影，听见谭先生那一声声道歉，总教我心酸，令我动容。

　　一直以来，我都不能确知谭先生的道歉，是出于一种修养、一种礼貌、一种责任，还是一种卑怯——面对着当时头上长角、身上长刺的学生的卑怯！也许几种感觉都交织在一起。不过，我很确定的是，谭先生对于经常到陈嘉庚堂读书的同学的那种关怀和欣喜之情，是真诚又溢于言表的。有一天，我跟他走进陈嘉庚堂后，他马上从桌面上拿起一本《历史研究》，告诉我里面一篇文章的作者就是蔡鸿生老师（蔡老师用了笔名）。我永远忘不了他把文章出示给我看时那种兴奋而带有一些骄傲的眼神！他接着还告诉我，历史系青年教师中最值得我们注意的，是蔡鸿生和姜伯勤先生，要学，就要学他们。从那个年代过来的人，都不难明白他对我说这些话的分量和风险。在那个大多数人不读书，也不让你读书的年代，作为历史系的学生，能够在陈嘉庚堂里读书，实在是一种幸福。这不但是因为那里有许多值得读的书，更因为在那里读书，遇到疑难，就可以马上找谭先生请教，他一定会给你很有益的指点。我现在还清楚记得谭先生从教我查《辞海》开始，一直到教我如何把《佩文韵府》和《十三经索引》结合起来查找古书中的典故。我更清楚地记得，当新发现的明代科学家宋应星的几篇佚文发表出来的时候，我看见其中《野议》里有"万历盛时，资本在广陵者不啻三千万两，每年子息可生九百万两"①一句，就很兴奋地告诉谭先生说我发现了"资本主义萌芽"，他在我头上泼了一瓢冷水，耐心地向我讲解什么是资本主义，向我解释古代文献上的"利"与资本主义的"利润"的差别，告诉我经济概念如何不可以胡乱套用。这些教诲，后来

---

① （明）宋应星：《野议 论气 谈天 思怜诗》，35 页，上海，上海人民出版社，1976。

一直影响着我在中国经济史研究上的学术观点和治学态度。

今天，我坐在这铺上了花岗岩的台阶上，努力去寻找那二十多年前的身影，寻找那急促的脚步声，寻找那一直鞭笞我心灵的喘气声，但我失望了——先生留在红砖台阶上的足迹已被严严地盖上，望着这似是而非的花岗岩台阶，我无论如何也找不着先生的身影，心中无比地惆怅！我把眼睛轻轻闭上，那熟悉的红砖台阶又浮现在眼前，谭先生的身影和喘气声由远而近，由模糊到清晰，永远永远地留在我心中的台阶上……

（2006 年 6 月 13 日记于永芳堂）

陈寅恪与"牛津"缘悭一面的真相

——牛津大学聘请陈寅恪档案

六十年前，陈寅恪先生受聘牛津大学不能成行一事，一直以来令中国知识分子惋惜不已。至于事情的来龙去脉如何，陈先生二度赴英未果而被迫滞留香港的原因何在，以往的了解大多只限于当事人片断的回忆。新近在牛津大学发现的一批档案资料，向我们揭示了很多未为人所知的细节与真相。

在史家陈寅恪先生的生平中，常为人所津津乐道的，是英国牛津大学于 1939 年聘请其出任汉学教授一事。但一直以来，人们的了解大多依据陈先生的诗句，以及他个人和其他相关人士的回忆，许多细节尚不清楚。大约十年前，黄延复先生发表了在清华大学档案中保存的一些与当时的清华校长

梅贻琦有关的信函①，让我们对陈寅恪先生两次动身赴英未
果的经过有了进一步之了解。然而，有关牛津大学聘请陈寅
恪先生一事，尚缺乏直接的第一手资料。最近我们趁在牛津
大学访问的机会，找到了一些1935年年中至1946年年初有
关牛津大学聘请汉学教授的档案，其中主要包括有关人士的
信函和大学校方的报告。这近百件的档案文件，不但可以澄
清一些与陈先生被聘一事有关的细节，更有助于我们从当时
英国汉学发展的状况和趋向，以及中英两国外交和文化交流
的背景，去理解陈寅恪这段个人经历的意义。不过，要就此
课题进行较深入的探讨，须结合其他文献，对这些档案做更
全面的分析，我们拟另为专文讨论。这里先行择取其中数件
档案文件予以介绍，以飨读者。

牛津大学决意聘用陈寅恪

　　陈寅恪先生受聘牛津之缘起，可追溯至1935年5月。其
时，由于牛津大学原汉学教授苏维廉（William Soothill）去世，
校方正式宣布另觅人选填补汉学教授空缺②，随后更于1936
年3月就遴选汉学教授一事，通过有关的大学规章，组成一

---

① 黄延复：《关于陈寅恪四十年代初滞港前后的一些史料》，载《香港文学》，
　　1989年第56期。
② *Acts*，20. May 1935，Vol. 161，p. 37，*Oxford Text Archive*，CP/1，File
　　1.（本文所引档案原文全为英文。）

图 1　陈寅恪先生

遴选委员会。① 1938 年 10 月 28 日，该委员会成员之一，伦敦大学的中国艺术和考古学教授颜慈（Perceval Yetts）致牛津大学注册处的一封信，提到陈寅恪可以作为该职位的候选人，信云②：

　　我已同大学中国委员会的秘书谈过，得悉他昨天方才收到中英文化协会主席杭立武的电报，告知陈（寅恪）教授申请剑桥教授职位一事。

　　我们觉得电报应该发到下列地址：

Professor Chen Yin-chieh

c/o Hang Li-wu

Board Trust

Chungking，China

"Chen Yin-chieh"的写法，是以往通讯中的写法，"Board Trust"是注册的电报地址。

　　请容许我冒昧建议，电报的措辞应该确定无疑地表明他已经被选定并正被邀请出任该职位。我之所以这样

---

① STATUTE，approved by Congregation on Tuesday，3. March 1936，*Oxford Text Archive*，CP/1，File 1.

② 文中所有整段的引文，除另做注明外，皆出自牛津大学档案"CP/1-Chinese：Professorship of"，不再一一注明。

提议，是因为他申请剑桥职位已经落选，如果他以为这次也只是提出给予他一个候选人资格，他大概不会愿意再冒另一次落选的风险。

我是否还可以建议，如果薪金少于剑桥提供的一千镑的话，电报应该清楚说明确实的数额，以免他以为也是一千镑。当然，你要写明电报来自"牛津"，免得和剑桥之事混淆。

这封信证实了牛津大学在 1938 年 10 月 28 日前，已做出聘请陈寅恪先生作为汉学教授的决定。信中提到的大学中国委员会(Universities' China Committee，简称 UCC)，是英国政府为推动英国的中国研究，从庚子赔款中拨出为数二十万英镑，在伦敦成立的一个委员会，主要由像颜慈一类的英国汉学家组成。中英文化协会则是 1933 年由时任"中英庚款董事会"总干事的杭立武建立的学术文化机构。① 至于信中提及的剑桥大学聘请汉学教授一事，可见于胡适于 1938 年 7 月 30 日在伦敦写给傅斯年的信函，其中有云："Cambridge 大学中国教授 Monle(作者按：应作 Moule)退休，寅恪电告 Cambridge 愿为候选，他们将展缓决定：以待商榷。Pelliot

---

① 参见王萍访问，官万莉记录：《杭立武先生访问记录》，18 页，台北，"中央研究院"近代史研究所，1990。

允为助力。我已写一推荐信，昨交去，大概不成问题。"①在牛津大学的档案中，也有一份杭立武于当年 10 月 4 日发给 UCC 秘书的信。从这封信可以看出，UCC 在 7 月曾就剑桥大学聘请汉学教授一事，发信给中英文化协会，了解有关陈寅恪的资料，但杭立武 9 月才收到此信，向陈寅恪了解情况后，10 月 2 日方向 UCC 发出一封非常简短的电报。很显然，牛津大学是在剑桥大学未聘请陈寅恪的情况下，于极短时间内做出了聘请的决定。在这个过程中，UCC 起了相当重要的作用；而在中国方面，当时参与管理中英庚款董事会的中国学者和官员，在此事上扮演的角色亦不能忽视。在杭立武 10 月 4 日的信中，还特别附上了一份胡适写的陈寅恪的资料（见图 2），

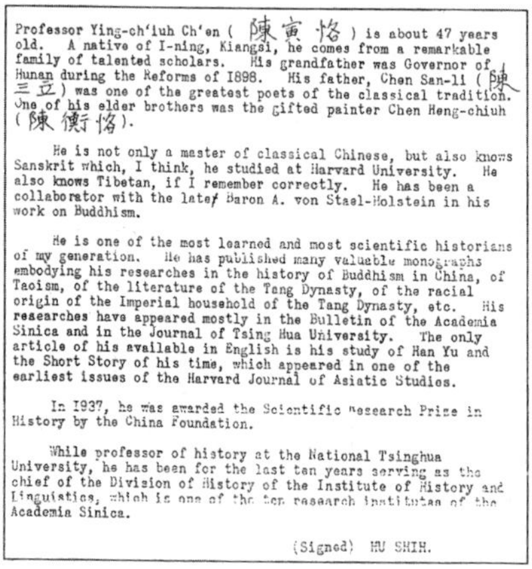

Professor Ying-ch'iuh Ch'en (陈寅恪) is about 47 years old. A native of I-ning, Kiangsi, he comes from a remarkable family of talented scholars. His grandfather was Governor of Hunan during the Reforms of 1898. His father, Chen San-li (陈三立) was one of the greatest poets of the classical tradition. One of his elder brothers was the gifted painter Chen Heng-chiuh (陈衡恪).

He is not only a master of classical Chinese, but also knows Sanskrit which, I think, he studied at Harvard University. He also knows Tibetan, if I remember correctly. He has been a collaborator with the late Baron A. von Staal-Holstein in his work on Buddhism.

He is one of the most learned and most scientific historians of my generation. He has published many valuable monographs embodying his researches in the history of Buddhism in China, of Taoism, of the literature of the Tang Dynasty, of the racial origin of the Imperial household of the Tang Dynasty, etc. His researches have appeared mostly in the Bulletin of the Academia Sinica and in the Journal of Tsing Hua University. The only article of his available in English is his study of Han Yu and the Short Story of his time, which appeared in one of the earliest issues of the Harvard Journal of Asiatic Studies.

In 1937, he was awarded the Scientific Research Prize in History by the China Foundation.

While professor of history at the National Tsinghua University, he has been for the last ten years serving as the chief of the Division of History of the Institute of History and Linguistics, which is one of the ten research institutes of the Academia Sinica.

(Signed) HU SHIH.

图 2　胡适写的陈寅恪资料

① 胡颂平编著：《胡适之先生年谱长编初稿（校订版）》（五），1639 页，台北，联经出版事业公司，1990。

我们暂时无法判断这一份资料与胡适自己提到的给剑桥的推荐信是否有关，但可以推测，UCC把原来为剑桥大学搜集的有关陈寅恪的资料转往牛津，而牛津大学似乎也是通过UCC转来的资料和颜慈的介绍做出聘请决定的。

另外，关于陈寅恪先生的名字的拼写，颜慈前一封信用的是 Chen Yin-chieh，后来却在同年11月19日，专门就此致函给牛津大学注册处，说明陈寅恪先生自己更喜欢使用的姓名的罗马拼音是 Tchen Yin-koh（见图3）。由此可见，时下流行的有关陈寅恪先生姓名的两种读音，是由来已久的，而我们从下面将引用的相信是陈寅恪先生本人的亲笔信中的签名，也可以看到，陈寅恪先生本人的确用的是根据德文拼写的名字：Tschen Yin-koh（见图4）。

图 3 颜慈致牛津大学注册处的信

图 4 陈寅恪先生的亲笔信

陈寅恪一度犹豫接受聘任

在已经发表的陈寅恪先生给清华大学校长梅贻琦的信中，我们可以看到，虽然牛津大学决定聘请陈寅恪，但陈先生对于接受牛津的聘任曾一度犹豫①。下面这封颜慈教授于 1938 年 12 月 26 日写给牛津大学注册长道格拉斯·维尔（Douglas Veale）的信件，便证实了陈寅恪先生的此种态度，信中写道：

> 中国大使发出一封信函，谓陈教授已改变初衷，愿意接受大学之聘任，我能将此信之摘录送交与你，为此感到松一口气。如此一来，亦必省却了遴选委员不少忧虑，我估计，遴选委员无须再次开会，四日前我在雪中摔伤了腿，因此有数周不能参加会议。
>
> 你会从大使的信函中得悉，他将会愿意代你与陈教授联络。

陈寅恪先生接受邀请后，于次年（1939）夏到香港，准备动身赴任，适逢第二次世界大战全面爆发未能成行，于 1939 年 9 月回到昆明（见《陈寅恪先生编年事辑》）。牛津大学的监察委员会乃在 1939 年 9 月向大学当局提出建议：

---

① 黄延复：《关于陈寅恪四十年代初滞港前后的一些史料》，载《香港文学》，1989 年第 56 期。

监察委员会考虑到应于 1939 年 10 月 1 日到任的汉学教授陈寅恪的情况，由于战争爆发，他不能在 1939—1940 学年到英国就任，监察委员会建议，如果把大学权力延伸至可以制订法令来立法的大学规章得到通过，周议事会应设法通过下列法令：尽管受既定大学规章 Statt. th. IV. Sect. 192(a) 的规限，el.7（条款）允许陈寅恪延迟至 1940 年第一个学期初就任。

此法令随即为大学当局所通过。次年，陈寅恪再次动身赴港，准备到牛津上任。在牛津大学的有关档案里，有一封相信是陈寅恪在 1940 年 5 月向牛津大学发出的亲笔信件（见图 4），内容中译如下：

我谨通知你我计划于 8 月初由香港乘船前往英国，可望 9 月抵达牛津，恳请代为安排下榻学院事宜。

可见陈寅恪此时已决意成行。但是，当陈寅恪抵达香港时，即接到驻英大使郭泰祺自英国的来电，称因时局关系欲其再缓一年赴英。① 然而，在牛津大学的档案中，却有一封郭泰祺亲笔签名致牛津大学注册长道格拉斯·维尔的信函（见图 5），

---

① 参见《陈寅恪函梅校长报告滞港就聘港大客座教授事》（1940 年 8 月 24 日），见清华大学校史研究室编：《清华大学史料选编》第 3 卷（上），203 页，北京，清华大学出版社，1994。

内容中译如下：

有关我 6 月 17 日的信函，我今天接获中英文化协会秘书长的电报如下：

请将陈寅恪推迟至明年上任之意愿转告牛津大学——杭立武

请就上述之请求发信前往昆明答复陈教授。

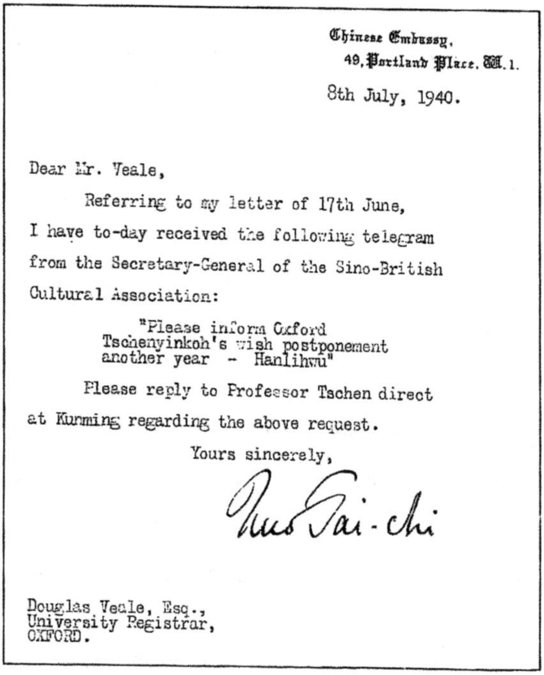

Chinese Embassy,
49, Portland Place, W.1.

8th July, 1940.

Dear Mr. Veale,

Referring to my letter of 17th June, I have to-day received the following telegram from the Secretary-General of the Sino-British Cultural Association:

"Please inform Oxford Tschenyinkoh's wish postponement another year - Hanlihwu"

Please reply to Professor Tschen direct at Kunming regarding the above request.

Yours sincerely,

Kuo Tai-chi

Douglas Veale, Esq.,
University Registrar,
OXFORD.

图 5　郭泰祺致牛津大学注册长的信

陈寅恪嗟叹行路难

究竟 1940 年再次推迟一年上任是陈寅恪本人的意愿,还是郭泰祺、杭立武或其他人的提议,实在令人生疑。无论如何,陈终究因此滞留香港长达一年零八个月之久,尽管在杭的周旋下,得以在香港大学暂时任教,却不免"备历胁迫艰困"(详见《陈寅恪先生编年事辑》),其间所受流离之苦,令人扼腕。

由于陈寅恪上任之事一再推延,牛津大学于 1941 年 4 月 28 日再次通过法令,同意"将陈寅恪到任汉学教授职位推延至现时之紧急状态结束"①。此文件证实了中国学界一直流行的牛津大学虚位以待的说法;事实上,虽然陈寅恪未到任,但战争期间,牛津大学中国宗教与哲学高级讲师修中诚(E. R. Hughes)也曾到中国,就发展牛津的汉学研究计划与陈寅恪进行过详细的讨论。修中诚在一份于 1945 年 8 月 25 日提交之年度工作报告中特别提到,他正在向牛津大学提出一个由他和陈寅恪共同简拟的计划,陈教授如能早日到达英国,将有助于为英国的汉学研究开拓一个新时代。② 可见陈寅恪这时对到牛津履任已抱有一些具体的构思和一定的期望。

---

① *Acts*,28. April 1941,Vol. 179,p. xii,*Oxford Text Archive*,CP/1,File 1.

② *Report on the Academic Year 1944 to 1945*,by E. R. Hughes,Reader in Chinese(Oxford University),*Oxford Text Archive*,CP/1,File 2.

可惜的是，战争结束后，尽管陈先生马上赴英国医疗眼疾，却终因未能奏效而不得不放弃该职位，牛津的档案中保留了一封当时在伦敦的联合国教育、科学及文化组织的中国代表、武汉大学教授陈源于 1945 年 12 月 31 日写给牛津大学校长的信件，其中有云：

> 我的朋友陈寅恪教授委托我转达以下事宜：陈教授请我感谢你友好的来信。他的眼睛已经动过两次手术，但尚未知道是否需要做第三次，亦未知他需要留院多久。事实上，他并不清楚自己是否能够完全恢复视力，不过，他相信即使他有幸恢复视力，要在研究方面做较大量的阅读，还需要至少两至三年的时间。所以，他决定，一旦他的身体状况恢复到足以应付舟车劳顿，便会马上返回中国。故此，他不得不谢绝接受牛津大学汉学教授的荣誉。他为把这个决定告知你而深感遗憾，并且希望你相信这是一个经过深思熟虑的决定。他觉得，只有表明自己的想法，对大学，对各有关人士，以及对他自己，才是公平的做法。

从这番通过第三者转达的话中，我们隐隐可以感觉到陈寅恪先生为无情的命运所作弄而不能遂其志的无奈。面对着这封看似刻板的公文信件，在我们眼前浮现的，是陈寅恪先生当年归国途中的诗句（《丙戌春游英归国舟中作》）：

百尺楼船海气寒，凭阑人病怯衣单。

远游空负求医意，归死人嗟行路难。

蚕食光阴春黯澹，龙吟风雨夜迷漫。

人生终古长无谓，干尽瀛波泪未干。

今日我们有缘翻阅这些故纸，感怀的不独是陈寅恪先生个人的境遇，惋惜的也不仅仅是中英汉学界合作交流一时错失良机，或许，教我们掩卷默然的，是人在历史的罗网中身不由己的无奈。

（本文与程美宝合撰，原刊《明报月刊》1999 年 4 月号）

牛津与中国研究

在我去牛津之前，牛津是一个既熟悉又陌生的名字，熟悉的是案头上的牛津词典，陌生的是牛津这所大学。去年我作为王宽诚奖学金资助的学者，至牛津大学做学术访问，当我踏上牛津的土地，身处满城的尖塔堞垣之间时，我的感觉就不仅仅是陌生了，简直如同到了另一个世界。这座古色古香的城市，不但与传统中国没有多少共通的地方，就是与现代中国也找不到多少共同点。然而，正是这所建在牛津城里的英语国家中最古老的大学，长期以来都是英国乃至西方世界研究中国的一个重镇。早在差不多 400 年前，牛津大学已经从中国购进了第一批中文文献，从此与中国结下了学术的因缘；在 100 多年前，牛津大学就开设了专门的汉学讲座，设立专职汉学教授的职位，至今已历八任。不过，牛津大学虽然在西方世界名声卓著，但它的学术风格，同它的建筑一样，深沉而朴实。从牛津的各个学院的深院重门走出来的文学家、哲学家和科学家，尤其是政治家，在世界历史舞台上叱咤风云，出尽风头，但许多在深院重门里面的学者，更喜欢孜孜不倦地静心雕琢着人类文化殿堂上的一块块砖石，在默默的耕耘中创造学术的永恒。牛津的中国研究也濡染上这种风气，虽然曾经披过牛津学袍的中国研究学者可以与世界上任何一所大学的学者媲美，但牛津大学的中国研究，却从来很少刻意地张扬，以致它的辉煌常常有意无意地被人忘却。

在去年 10 月，香港科技大学人文学部举办了一个有关中国经营文化的学术研讨会。在会议结束前的圆桌讨论上，一位美国学者发了一通感慨，大意是说，以前牛津大学在中国研究领域一直处在边缘位置，而现在则成了中国研究的中心。当时在会场只有三四十人，来自牛津的就有三位，加上还有两位刚刚在牛津大学获得博士学位，已在香港的大学里任教的学者，在场出身于牛津的学人竟然超过了 1/10。他这番话显然是触景而发，其意思是褒扬还是揶揄，我不想揣测，但他说牛津以前处在中国研究的边缘，似乎搞错了以往牛津大学在西方中国研究传统中的位置。其实，近几十年来，牛津虽然不像哈佛大学、莱顿大学那样在西方的中国研究领域声名卓著，但要是说牛津以前在西方的中国研究领域只是处在边缘地位，则未免是扣槃扪烛之见。

提起牛津大学的中国研究传统，首先应该提到的当然是那位当年在英国下议院发言批评英国贩卖鸦片的理雅各（James Legge）。这位 19 世纪西方著名的汉学家，从 1843 年起开始在香港执掌英华书院。后来，我国早期维新派人士王韬因同情太平军，被清朝政府通缉，逃到了香港，就是得到了理雅各的庇护。理雅各随后请王韬协助他翻译中国儒家和道家经典。后来，王韬随理雅各到英国，曾应邀在牛津大学做了一次演讲。在这期间，他们两人合作，成功地完成了包括四书五经在内的《中国经典》的翻译。《中国经典》的翻译出版，为西方汉学研究的形成，做出了奠基性的贡献。尽管翻译版《中国经典》过于忠实而缺乏文采的学者化译风，曾受到一些中国学者的批评，但也正因此而显其经典性的特色。即使过了100多年，到前几年湖南人民出版社出版的《汉英四书》和《汉英周易》，用的还是理雅各的译本。理雅各的学术成就，促成了牛津大学汉学讲座的设立，而他本人，也以19世纪英国最重要的汉学家的地位，在1873年被聘为牛津大学首任汉学教授，从此开创了牛津大学的汉学研究的传统。今天，在牛津大学图书馆里，仍然挂着王韬给理雅各的信，以及理雅各上课时的黑板手迹。那些歪歪斜斜的手迹，向一批又一批的学生和访问者展现着牛津大学中国研究的悠久的学术传统。

100多年来，牛津大学一直设有汉学教授的职位，而且所聘任的都是在西方享有较高声誉的汉学家。特别值得提到的是，牛津大学聘任的第四任汉学教授，就是当代中国最著名的学术大师陈寅恪教授。他在取道香港时，适逢第二次世界大战全面爆发，不能赴任，但牛津大学却一直虚位以待到战争结束，又专门把陈寅恪教授接到英国治疗眼疾，可惜终因治疗达不到预期效果，而未能正式就任。这是牛津与中国学术交流的一段佳话，也是中西文化交流史上的一大憾事。

除在历任汉学教授位置上的著名汉学家以外，西方不少在中国研究领域中有巨大影响力的学者，也曾经在牛津任教或从事研究。例如，以搜集整理敦煌文书而闻名的斯坦因（Marc Aurel Stein），曾经在牛津大学的墨顿学院（Merton College）中进行敦煌文书的整理和研究，他的两部名著《西域》和《亚洲腹地》也都是由牛津大学出版社出版的；西方关于中国宗族研究理论的奠基人莫里斯·弗里德曼（Maurice Freedman），就是牛津大学人类学系的教授；还有在牛津大学东方研究学院（Faculty of Oriental Studies）任教多年的伊懋可（Mark Elvin），在中国经济史研究领域提出著名的"高水平均衡陷阱"理论，在西方以至中国大陆的学术界都有很广泛的影响；特别值得一提的是，创建哈佛大学东亚研究中心、领导哈佛在最近几十年执西方中国研究之牛耳的费正清（John King Fairbank）教授，学士和博士学位都是在牛津大学拿的。在中国，有多位在当代中国学术史上声名赫赫的大学者，如陈寅恪、吴宓、钱锺书、杨宪益，等等，也与牛津有着种种因缘。在牛津大学的 gown（意思是学袍，一般用来作为牛津大学人的总称）中，曾经有过这样一些在学术史上放射着永恒光芒的巨星，我们无论如何也没有理由把牛津贬抑到中国研究的边缘。

牛津大学对中国进行研究最重要的基础，也许是它丰富的中国文献和资料收藏。被钱锺书戏译为"饱蠹楼"的博德利（Bodlein）图书馆，是欧洲最大的大学图书馆，也是收藏中国图书最多的图书馆之一。早在该馆建馆后的第三年，就开始入藏第一本中文书，当时还是中国的明朝万历三十二年（1604年）。接着，在相当于中国明朝末年的 1635—1640 年，当时的牛津大学校长威廉·劳德（William Laud）先后四次向博德利图书馆捐赠中文文献计 1151 册。康熙二十六年（1687 年），有一位名为沈福宗的中国人被请到了牛津大学博德利图书馆对中文书籍进行整理和编目。他是有记录可查的第一位来到牛津大学的中国人。到 19 世纪，博德利图书馆的中文收藏由于获得了几批由传教士从中国带回英国的书籍而大大丰富起来，20 世纪 50 年代以后，更大量入藏古代和近代的中国文献。有趣的是，多年来博德利图书馆的中文收藏没有一定之规，不同时期、不同来源的藏书有不同的编排方法，有些甚至是按照入藏的先后和书籍的大小排列，而且只有一套按照作者和书名排列的检索卡片目录。尽管人们都知道"饱蠹楼"里藏有很多宝藏，但要将这些宝藏发掘出来，的确需要寻宝者的耐心和运气。利用过这座图书馆的研究者，可能都会有着与费正清同样的感受："在牛津大学，你要找到书本，仿佛是在寻觅金银财富。"不过，也正因为这样，对许多来到牛津的学者来说，博德利图书馆的中文藏书有一种神秘的吸引力，你一想起里面可能有一些资料自入藏以后就从来没有被人看过，就会萌发出一种探宝的冲动。如果你愿意尝试花上点时间去碰碰运气，总会有所收获。我在牛津时，见到三盒与清代新疆历史有关的档案，这些档案多年沉睡在那里，甚至连牛津大学一位研究新疆历史的讲师也没有看过，因为它们在目录里被登录为"Awaits description (in 3 boxes)"["有待描述（在三个盒子里）"]。在这座图书馆有过"寻宝"经历的人，也许都会从自己的感受中体味出"饱蠹楼"名字的不同意趣。钱锺书先生为博德利图书馆起的这个中国名字，真是再妙不过了。

在牛津，你更直接、更强烈地感觉到"中国"的存在的地方，是牛津大学的阿什莫林（Ashmolean）博物馆。这座建于1683年的英国最古老的公共博物馆，在建馆当年，就入藏有中国的文物。中国文物和艺术品是阿什莫林博物馆的主要收藏之一，目前该馆收藏的中国历代瓷器多达1.2万件，其中明代的茶壶就有大约300件，其他如青铜器、绘画和印刷品等也分别有数百件之多。另外，牛津大学的皮特·里弗斯（Pitt Rivers）博物馆作为世界上最大的民俗博物馆之一，也收藏了超过2000件中国清代的工艺品。以这些文物和图书资料为基础对中国艺术和文献的研究，成为牛津大学中国研究的重要组成部分。

谈牛津大学的中国研究，难免给人"卖花赞花香"的感觉。其实，汉学在西方世界的出现和发展，长期以来是与西方向东方殖民的历史相联系的。虽然在牛津从事中国研究的学者，从理雅各开始，大多是对中国有着同情、了解的学者，不应把他们全都指为殖民主义者，但长期以来，在殖民主义时代形成的"东方主义"观念在西方世界有着根深蒂固的影响。这种"东方主义"观念也不能不影响到中国研究在牛津的位置。作为中国研究被"东方化"的一个象征，牛津的中国研究以前是东方研究所（Oriental Institute）的一部分，教中文和中国历史的教师和学生属于东方研究学院，中文书籍至今仍大部分收藏在博德利图书馆东方图书部。于是，一个念中文的学生坐在图书馆里努力学着一个个方块字时，常常会发现左边坐着的是一个在背诵梵文的尼姑，而右边那位，却戴着瓜皮小帽，满脸胡子，在念着希伯来文。进入阿什莫林博物馆，中国的文物，与印度和中亚的文物被列在同一个"东方艺术品"的类别里，不仅让人觉得明显不协调，还时时提醒我们，中国只不过是"东方"的一部分，而"东方"则是"世界"之外的"剩余"。这些收藏展现的历史，与其说是中国文化的传播，不如说是西方对东方的殖民。这些展品的安排，体现了西方人的"东方主义"观念。

这种状况，近年来有了改变。1994 年，从事中国研究的学者搬出了东方研究所，在沃顿街（Walton Street）的一座原来属于牛津大学出版社的小楼里，组成了新的中国研究所（Institute for Chinese Studies）；同时，在同一座楼里，以原东方研究所图书馆中有关中国研究的藏书为基础，建立了拥有大约 2.5 万册藏书的中国研究图书馆。中国研究所建立的直接动因，固然是邵逸夫捐资在牛津大学增设了中国研究的

教席，但更是中国研究近年来在牛津大学发生了一些悄然的
变化的基础上的顺理成章的结果。新的中国研究所仍然继承
了牛津大学既有的在古典和近代中国语言、文学、历史和艺
术等领域的学术传统，也希望在社会科学方面开辟中国研究
的新学科领域。于是，原来在东方研究学院从事中国语言文
学、历史、宗教研究和教学的教师成为中国研究所的基本力
量，而由邵逸夫捐赠而新设的教席，使中国研究所得以把在
经济学、人类学和政治学等学科领域从事中国研究的学者也
吸收进来。另外，在 20 世纪 80 年代建立的研究当代中国经
济问题的"现代中国研究中心"，也合并到牛津大学中国研究
所中。牛津大学的中国研究从此揭开了新的一页。

　　1995 年 6 月 1 日，牛津大学中国研究所正式成立。在成
立庆典上，英国国家学术院院士、时任牛津大学中国研究所
所长的杜德桥（Glen Dudbridge）教授发表了就职演说，题目
为"Chinese Vernacular Culture"（《中国的方言文化》）。这次
演说表达出一种突破传统汉学"中国观"的取向，不再只是从
一个整体来理解和研究中国和中国文化，而觉悟到应该更多
地从中国内部的地域差异和文化多元性出发去研究。虽然这
些观点在多年来已经被许多学者阐发过，并逐渐成为学术界
的一种共识，但在牛津大学中国研究所成立庆典上，由一位
继承汉学传统的学者作为就职演说发表出来，毕竟具有一种
象征性的意义。

　　今天的中国研究所，设有一个中文教授、六个全职讲师，

分别属于古代汉语、现代中国语言文学、中国近代史、近代中国政府与社会、中国经济和中国对外关系等学科，还有一个研究中国艺术的兼职讲师，另外还有两个中文教员。这样的阵容，同中国某些臃肿而官僚化的研究所相比，规模的确很小，但在西方国家大学的中国研究机构里，已经是相当有规模的了；更重要的是，当你走进中国研究所，很自然地感觉到这里虽然人丁单薄，却自有其"Small is beautiful"（"小就是美"）的特色。每一位学者，分别在不同的学科，以不同的风格研究中国的历史和现状。几名教师加上他们的学生，这座小楼似乎容纳了一个丰富而多面的中国。尤其令我惊讶的是，在这座小楼里听到的普通话和广府话，比我们中山大学的任何一座办公楼和教学楼传出来的都要标准。作为一个来自中国广东的学者，由此有一种特别的亲切感觉。

以中国研究所为基地，牛津大学为本科生开设中文和中国历史的相关课程。目前在牛津大学学习中文课程的本科生，一般保持在 60 人以上，他们学习现代和古代汉语、古代和现代文学、近代史、中国艺术、古代文献、现代中国政治，等等。这些本科生好些是因为父母曾在中国香港或内地任职而来学中文的，但他们入学前大多不懂中文。牛津大学的中文教学尤为重视语文基本功的训练，中文考试往往着重考他们对中文的理解和联想力。例如，考试时教师会告诉考生，"火"字的意思是 fire，"山"字的意思是 mountain，然后问"火山"是什么意思，看看考生能否答出是 volcano。不过在牛津大学学中文的本科生毕业后很少有兴趣继续从事中国研究，和我们的学生一样，他们大多对中国贸易工作趋之若鹜，常常会很快地在银行和其他商业公司找到一份比他们的老师收入更丰的工作。

最能够反映出牛津大学中国研究的未来趋向的，也许是研究生们研究兴趣和研究风格的变化。在牛津大学，有超过50人的硕士和博士研究生以中国为研究对象。这些研究生很少是从牛津大学本科毕业的，几乎都来自其他学校，来自英国的也不多，很多人来自亚洲、欧洲和北美，其中包括中国内地和香港地区。这些研究生虽然不是出身于牛津大学，但他们报读牛津，实际上首先是对老师的选择。牛津的导师制度和培养方法，也使他们在入学后受到导师很大的影响。所以，他们的研究选题和研究类型，也往往反映出他们的导师对未来学术发展趋向的理解和兴趣。以我比较熟悉的中国近代史为例，研究生的选题往往围绕着政府与市场运作、国家体制与近代的企业发展、国家象征与地方社会文化演变等问题展开。这些选题都属于目前国际上中国研究的一些前沿的课题，也显示出牛津大学的中国研究已经远远超出了传统汉学的范围，而紧跟着当代人文社会科学发展的步伐，走向新的高度。

作为一个中国的学者，在牛津看到中国研究在那里的新发展，自然很兴奋。不过兴奋之余，更有兴趣的是，那里的教师和学生是在怎样的条件下教书、研究和学习的。观察之后，感触良多。最大的感触就是，在牛津看到有很多事情的逻辑好像和我们平时所想象的刚好是颠倒过来的。譬如，我们许多人都以为，大学的薪水越高，越能吸引好的教师。在牛津好像并非如此。牛津的教师的薪水明显与他们的社会地位不相称，但牛津大学却吸引了许多具有很好的学问根底和专业修养的教师，他们选择牛津大学，是选择那里的学术环境。从某种意义上说，正是低微的薪水，吸引了那些只把大学作为做学问的地方的学者，对于不想做学问的人来说，这里是毫无吸引力的。当然，我并非主张越穷越好。大学当然需要有一个让教师能够生存与维护自己尊严的物质生活条件，但切不要以为有钱就有学问。又譬如，我们往往以为要提高学术水平，就要加强管理，搞出很多形式主义的花样。而在牛津，那里最有特点的恰恰是"乱"。在中国人看来，那里的行政组织系统的混乱，简直到了无法理解的程度。我到牛津后逢人就请教，花了一个月，才算弄明白了一点，牛津大学的行政组织系统的秘密，就在于它的系统很难也不需要真正被弄清楚。反正学生要读书，有数十个图书馆可以提供世界上最丰富的藏书；学生想听课，每学期可以拿到一份最详细的全校的课程表，你只需要按照课程表的安排到指定地方去听课。学校没有规定要修多少课程，没有规定要拿多少学分，学生修读什么课是自己的事情。不过不要以为可以偷懒。我看那里的学生尤其是研究生，在学习上比我们的学生要紧张，因为你如果不听课、不读书，毕业考试是不容易过关的。最给人深刻印象的，是几乎每天从早到晚，总是在举行着各种各样的学术研讨会：有学生组织的，有教师组织的。比如，在中国研究所，每星期都有一次例行的学术研讨会，主讲者大多来自世界各地。此外还有现代中国研究中心举行的以现代中国经济为主要内容的研讨会，还有学生搞的研讨会。这些研讨会的水平当然参差不齐，但由此营造出来的学术气氛，却是牛津大学能够保持其世界一流学术水平所不可缺少的。

不过，在牛津，最不可缺少的大概是每天数次的"喝茶"了。师生之间、同事之间的许多讨论和交流都在喝茶的时候进行。作为一个囊中羞涩的中国学者，或者一个被高昂学费掏干了腰包的穷学生，你可能需要节省开支，但你可以不吃饭，却绝不能省下每天喝上数回茶那一百几十便士。因为只有在喝茶的时候，才能和更多的学者有无拘束的交流，才能遇见因为论文没有进展而不敢见的导师，你可能会意外地得到他乡遇故知的惊喜，也可能遇见以为失踪了的同学，你可能有机会认识来自不同国家的同行，也可以听到来历不明的各路人马的高谈阔论。说起来，喝茶的习惯，大概也是从中国传入的吧？英国人拿过来"中为英用"，虽然已经全然没有了华夏神韵，但喝英国茶，讨论着中国文化的学者们，在把中国带到世界的同时，不也把世界带到了中国么！

（原刊《东方文化》1996 年第 2 期）

食货发凡

传统中国的经济史研究需走出形式经济学

　　非常感谢中国人民大学清史研究所邀请我参加这个会议！听了一天半的会，学了很多东西，尤其很多年轻学者用了很多新材料研究了很多新问题，提出了很多富有启发性的见解。会议提出要我们谈谈经济史研究再出发的问题，显然是大家都意识到，中国经济史研究现在已经进入一个新的阶段，再出发成为大家共同关心的问题。刚才青年朋友们的报告，让我们看到他们已经再出发了，我也许只能跟在后面唠叨几句了。

　　我入经济史门四十年，踩着前辈的足迹，在前辈开辟的路上行走，一路上遇到很多的新问题、新困惑，也有新思考。20世纪90年代以后，我感觉经济史研究逐渐有点迷失，有点失语，自己开始努力探索，但没有做出好的成绩。近年来，看到很多年轻人努力探索新的路径，在好多新议题上做出了令人耳目一新的研究，真有一种再出发的气象，令人欣喜。

　　所谓再出发，首先要问的是，出发点在哪里？按我们做历史研究的人的思维习惯，现时的所谓起点，也就是过去的终点，或是从过去走过来的路的一个中途驿站。认识起点，需要通过回望旧时路来辨识、来定位，才可以看清楚再出发的方向，才不会走了回头路还以为在向前奔。

在当代学术意义上的中国经济史研究，大略算起来，已经走过了将近一百年的路。同中国历史学其他领域不一样，现代意义上的经济史研究是从拓荒开始的，20世纪前半期，最早一代学者筚路蓝缕，开辟了中国经济史研究的道路。中国经济史研究经过大约五代学者的努力，到今日已经自成体系。作为社会科学化的历史研究，经济史需要有基本的理论假设，有明确的问题指向，也需要有一套有严格逻辑关系的为学者所共同接受的分析性概念体系。中国经济史研究一开始在中国社会史大论战的背景下起步时，核心的问题来自对中国社会性质的认识，其基本假设是，中国虽然有古老的文明，但近代以后，社会经济发展落后于发达国家。开始的时候，研究者对于中国经济是否一直停滞在封建主义，资本主义不能发展起来，存在分歧的看法，后来才逐渐形成了中国封建社会长期延续的共识。但是，这种长期延续的共识，由于资本主义萌芽论的提出，打开了一个探求中国经济现代化道路的窗口。

由此出发，中国经济史研究从一开始就以经济现代化为主题，具体讲就是资本主义化的问题。虽然不同的学者对这个问题的理解、表述和侧重点有很多差异，但在以资本主义

经济为目标这一点上，实质上是一致的。中国经济史研究在
这个阶段集大成的成果，是许涤新和吴承明先生主编的三卷
本《中国资本主义发展史》，这个书名就明确标出了这条中国
经济史研究的主线。在这条主线下，在相当一段时间里研究
的焦点放在了一个富有争议的范畴，就是所谓"资本主义萌
芽"问题。由于这个范畴的提出有着很强的政治意涵，二三十
年来逐渐被搁置起来了。尽管这个范畴逐渐被冷落了，但经
济史研究在更广泛的意义上，实质上并没有走出原来的基本
框架。到目前为止，中国经济史研究还是在资本主义发展史
这个框架下，无论是过去的资本主义萌芽问题、封建地主经
济问题，还是最近一些年来的近代化问题、大分流问题，都
没有真正脱离资本主义发展这个核心议题。正如万志英
（Richard von Glahn）在最近出版的《剑桥中国经济史》一开头
对中国经济史研究所做的概括，他说中国经济史过去是"通过
西方的或者走向资本主义民主或者走向社会主义乌托邦的'自
由'进步的历史变革目的论视角"（"through the lens of west-
ern teleologies of historial change predicated on the progress
of 'freedom'，leading either to capitalist democracy or so-
cialist utopia"）[1]来看待中国历史的。在人类已经发生的历史

---

[1]　Richard von Glahn，*The Economic History of China*：*From Antiquity to the Nineteenth Century*，Cambridge：Cambridge University Press，2016，p. 1.
这句话在中译本里翻译为："以历史变革目的论的视角来看待中国历史……
以为'自由'的进步，要么会引发资本主义，要么则通向社会主义乌托邦。"
我觉得这译文不太贴切，所以自己进行了重译。

上，我们能够看到的"自由"发展程度最高的形态是资本主义，而资本主义萌芽虽然是以导向社会主义乌托邦理论为前提建立起来的范畴，实际上也是从资本主义的逻辑推演出来的，所以，尽管今天人们冷落了资本主义萌芽的论说，经济史研究还是在资本主义经济的逻辑下进行分析，在"自由"的进步这样一种目的论逻辑下展开。

既然中国经济史研究一直以资本主义发展为核心，那么经济史研究的基本假设、理论范畴、概念体系和分析的逻辑，就一定建立在以分析资本主义经济为对象的经济学基础上。我们在考察资本主义成长的历史时，不仅使用的是分析资本主义经济的经济学分析框架和基本概念来研究前资本主义的经济，也是从资本主义经济逆向推演出资本主义发展或不发展的逻辑，用从资本主义经济运行的经验性事实中建立起来的概念范畴，来研究前资本主义经济。这种惯性的套路甚至已经成为一种范式。因此，中国经济史研究走出资本主义萌芽的窠臼之后寻找的新议题、新方向，更是直接采用资本主义经济的概念提出问题和建立分析框架。

然而，回望中国经济史研究的历程，我们也许容易忽略一个长期有点羞羞答答的面相，很多研究者其实从一开始已经认识到（或感觉到、意识到），在资本主义之上建立的经济范畴和分析概念，用于研究中国的传统社会其实存在明显的不适应。从社会史论战时提出的"宗法封建社会"和"商业资本主义"，到后来经常以欲言又止的方式在不同阶段一再提到的马克思的"亚细亚生产方式"，还有梁漱溟提出的"职业分途"
"伦理本位"社会，都隐含着一种脱离资本主义经济学逻辑的
潜在倾向。在马克思主义史学主导下的中国经济史研究，对
中国传统社会经济的认识，主要是在资本主义政治经济学的
理论框架下建立的，但中国经济史研究的学者还是努力提出
一些命题，试图对在中国经济的实态与资本主义经济学范畴
之间存在的矛盾做出调适。"地主制经济"和地主、商人、高
利贷三位一体经济模式的提出，都是重要的理论建构；将资
本主义萌芽的发生从明代一直推到战国，也隐含着对中国经
济史实态的认识对于既有经济逻辑的背离；还有傅衣凌先生
提出的"弹性"和"多元"结构的理论和梁方仲先生提出的商业
与商业资本"畸形发展"的见解，也都是从中国的经验事实出
发提出的对既有经济学理论的质疑。现在的年轻人可能觉得
这种种观点太过遮遮掩掩，实际上还是要维持既有的理论模
式。对于这点，我也不想做更多争辩，但我更重视的，是从
中国经济史研究的前辈这些努力中获得的启示，即中国传统
社会的经济，与既有的基于资本主义发展建立起来的经济理
论明显不相嵌合，一些基本的概念和分析逻辑，并不能直接
适用于传统经济研究。

　　谈到这里，人们一般会把问题放到理论抽象与历史事实
之间的紧张关系中去讨论，但是，我想应该从卡尔·波兰尼
（Karl Polanyi）区分"经济的"两种意义的界定去讨论。卡尔·
波兰尼提出，"经济的（economic）"有"实质的（substantive）"

和"形式的（formal）"两种意义，"经济的实质意义派生于人类因生计而对自然和其伙伴的依赖。它涉及与自然和社会的环境进行相互交换，这种交换最终向他提供满意的物质财富"。"经济的形式意义派生于手段-目的关系的逻辑特点……如果我们认为支配手段选择的规则为理性行为的逻辑，那么我们姑且可以将这一逻辑的变体称为形式经济学。"波兰尼提醒说，"经济的"形式意义源于逻辑，实质意义源于事实。"只有'经济的'的实质意义才能产生社会科学用以研究过去与现在任何经验性经济时所需要的概念。"①

经济学规范理论与中国经济史事实之间的矛盾，要解决的与其说是理论与实际的关系，还不如说是"经济的"这两个意义之间的纠结。时下的经济史研究直接使用的经济学分析概念和逻辑模型，都是在"经济的"形式意义上建立的，即作为"选择的科学"的经济学话语②，而处理"经济的"实质意义上的经验性事实，也就是人类为生计向自然界攫取资源并通过各种社会交往形式获得财富的活动，总会同形式主义经济

① 以上引述波兰尼的话，出自〔匈〕卡尔·波兰尼：《经济——有制度的过程》，见〔美〕马克·格兰诺维特、〔瑞典〕理查德·斯威德伯格编著：《经济生活中的社会学》，瞿铁鹏、姜志辉译，35 页，上海，上海人民出版社，2014，引用时参考英文原文对译文稍做了改动。

② 关于形式经济学的定义，莱昂内尔·罗宾斯（Lionel Robbins）的表述为："经济学是一门研究有关结果和可选择替代用途的稀缺手段之间关系的人类行为的科学。"（Lionel Robbins, *An Essay of the Nature and Significance of Economic Science*, London：Macmillan and Co., 1945, p. 16.）原文为"economics is the science which studies human behavior as a relationship between ends and scarce means which have alternative uses"。

学的既有概念与逻辑相抵牾。研究者虽然一直努力要在这两个意义间找到妥协、连接,形成自圆其说的理论解释,但是,正如波兰尼所说,这两个意义其实是没有共同点的。在形式经济学主导经济史研究的范式下,在实质意义的"经济的"历史中所看到的事实,总是在质疑乃至挑战形式经济学的逻辑。20世纪以来,形式经济学本身的发展,已经越来越通过从"经济的"实质意义上的经验性事实建立新的概念和方法,形成了更为完整也更具解释力的经济学理论。从新古典经济学到新制度经济学,继而扩展为整个社会科学分析路径的新制度主义,也为经济史研究打开了新的空间。不过,我认为,这些发展,都只是丰富与完善形式经济学的努力,如果从"经济的"实质意义去建立可以做社会科学研究的分析性概念,对于前资本主义经济研究来说,仍然是有待努力的。在这方面,西方世界的经济学已经有很多重要的发展,尤其是人类学等学科的研究对经济学产生了深刻的影响,非市场体制的经济学从理论到方法都逐渐体系化,但在中国,我们的经济史研究似乎还没有相应的进展。从这个意义上说,我认为中国经济史研究的再出发,有两个可能的方向:一是跟随经济学在20世纪以后的发展,以经济学的现代理论发展出来的新概念和分析方法,开拓经济史研究的新视域;二是更自觉地在经济的实质意义上着力,从经济史的经验性事实中建立具有解释力的社会科学分析性概念。这两个方向最终或许是殊途同归的,但目前在研究实践上,至少是两种不同的策略。

　　第一个方向，最近一些年来已经有越来越多的年轻学者在努力探索，目前正在方兴未艾中，做出评论为时尚早。至于第二个方向，我想再把话题拉回到前面回顾旧时路的论述上。在20世纪下半叶的中国经济史研究中，有一个重要的经济范畴，现在大家不太讲了，就是"地主制经济"。这个范畴的提出与认识的发展，我认为是前辈学者在这个方向上探索的一个例子，虽然这步子走得有点趔趄。最早的时候，学界努力的方向是把地主制经济作为"封建的"经济的一种形式，用"封建的"经济范畴来诠释地主制经济。到胡如雷先生写《中国封建社会形态研究》的时候，我们看到他虽然仍然是用封建经济形态的范畴，在《资本论》的框架下分析地主制经济，但已经从经验事实中，提出了一些关于地主制经济的新的分析概念。后来，李文治先生关于地主制经济的研究，也提出了一些与既有的理论逻辑不相契合的理论，包含了一些重要的新思考。随着关于"地主制经济"范畴研究的深化，中国社会科学院经济研究所的先生们在80年代发起过一次关于地主制经济和商品经济的关系的讨论，当时对我有着很大的触动。这场讨论提出，在中国历史上，商品经济内在于地主制经济之中，是地主制经济的一个重要成分。这样一个命题意味着交换和市场流通不再必须被放置在生产分工及资源配置的逻辑框架下理解，也就不能从由市场经济体制产生的形式经济学逻辑逆推分析传统经济体制下的商品交换市场。这对于基于形式经济学形成的关于自然经济演变到商品经济的成见，隐含了一种颠覆的可能。只是当时还不可能循着这个思路再进一步深入展开，形成一套真正不同于资本主义经济学的理论，令这次讨论的意义后来似乎逐渐被遗忘了。

最近二三十年来，中国经济史学者越来越有要从"经济的"实质意义的事实中形成超越形式经济学的社会科学概念的意识。在这个方向上，我认为吴承明先生是一个先行者。吴先生在 20 世纪八九十年代发表的文章，如果细酌其中之深意隽味，已经开启了往这个方向前行的思路。我自己最受启发的三篇文章是《论广义政治经济学》《试论交换经济史》和《论二元经济》[①]。我受吴先生这几篇文章启发而形成的认识，主要有以下几点：第一，研究中国历史上的传统经济，需要建立一套不是从资本主义经济学体系推演出来的经济史理论，这套经济史理论，不应该从形式经济学所诠释的事实中产生；第二，中国传统经济体制中，一直存在相当规模的交换经济，这种交换经济的发生，不是基于分工和专业化，而是由从生产者手中掠夺的产品构成，这种交换形成的市场，只是产品市场，不是要素市场，因此，对这种交换经济的认识，就不能从市场经济由不发达到发达的发展轴上去理解；第三，在这个认识基础上，近代中国经济发展，不是一种从前资本主义到资本主义，从自然经济到市场经济的替代式的线性发展，而是传统经济体制与近代经济体制长期并存和互动的过程，

① 三篇文章分别见于《经济研究》1992 年第 11 期，《中国经济史研究》1987 年第 1 期，《历史研究》1994 年第 2 期。

构成所谓二元经济的结构。

这几点是我从吴先生的论述中引出来的认识，不完全是吴先生的原意。吴先生提出要建立关于中国前资本主义的经济学时，用的是"中国封建主义经济学"的提法，但他在具体论述中，指出了多处"封建经济"理论不适用的事实。正因为这样，在20世纪90年代以后，吴先生和经济史学界越来越多地用"传统经济"取代"封建经济"，这本身已经显示出，中国传统经济有很多问题，并不适合用现成经济理论中的"封建经济"来解释。我一直想，"传统经济"这个用法只是一个放弃了"封建的"之后的权宜说法，需要用一个不是从形式经济学中演绎出来的词来标称在中国资本主义发展以前的传统经济体制。近年来，我从约翰·希克斯（John R. Hicks）在《经济史理论》中提出的"岁入经济（the Revenue Economy）"[①]概念得到启发，将这种经济体制称为"贡赋经济体制"。这个概念，在本质上与希克斯提出的"岁入经济"是一样的，都是指一种非市场经济的体制。但我对这个体制的认识有一点与希克斯的论述不太一致，在中国的历史经验中，商品交换和流通在贡赋经济中有着非常重要的位置，所以，在中国历史上，用"食货"作为这种经济体制的名称也许更为确切。

有关这个概念，我在其他场合已经讲过，这里不展开了。但有两点我想借这个机会做一点澄清。

---

① 参见［英］约翰·希克斯：《经济史理论》，厉以平译，11～24页，北京，商务印书馆，1999。

第一，我用贡赋经济体制这个词，可能会引起一些误解，以为我讲的是赋役制度或财政体制，以为我要强调国家权力对经济（市场）的作用。其实，认识到自由市场经济的局限性，强调财政、国家权力以及社会制度和文化因素对经济运行和发展的影响，是第二次世界大战后几十年经济学本身的一大进展，研究者已经发展出很多方法将这些因素引入作为经济分析的要素。我所说的贡赋经济体制，不是指中国历史上的"贡"和"赋"，而是指一种实质意义上的"经济的"体系，是在希克斯所讲的"非市场经济体制"的意义上，借用"贡赋"这个词来指称这种体制。我期望展开的贡赋经济体制研究，与在市场经济体制下讨论国家财政的作用或将国家力量的影响引入经济分析，不是一个意思。我认为，现在大家已经耳熟能详的在经济分析中纳入国家、社会和文化因素，仍然是在以市场经济为对象建立起来的形式经济学的范畴之内，而我希望努力的，是从"经济的"实质意义的经验事实中，建立起一种分析非市场体制的经济理论模型。也许可以用一个简单化的说法，未来中国经济史研究需要更着力的地方，不只是市场经济运行中国家权力的影响，更不只是在市场经济体制基础上赋役和财政制度的作用，而是贡赋经济体制下的市场运作模式和"食货"体系中的市场机制问题。

第二，我不认为这"贡赋经济体制"只存在于中国的历史经验中，我反对把"贡赋经济体制"直接标签为"中国特色"。当然，同市场经济体制一样，在不同民族、不同文化中，这种经济体制的具体形式可能千差万别，但作为一种在人类历史上比市场经济体制更普遍存在，有更长久历史的经济体制，其绝非中国所独有。当然，以我"井底之蛙"的见识，研究这种经济体制，恐怕中国的材料是最丰富的，不仅历代食货志、历朝档案文献、诏令奏议有记载，在中国古代经典和后代很多学者的论述中，都有大量材料。在中国思想资源里，关于"食货"体系的原理，已经有非常成熟的体系化的理论。所以，中国经济史也许是研究贡赋经济体制的一个理想的实验场，我希望看到这个领域成为中国经济史研究再出发的一个方向。

（原刊《清史研究》2020 年第 6 期）

作为经济史方法的"食货"

　　我理解这次会议主题的所谓"文史哲传统"，可能有两层意思。所谓"文史哲"，肯定是一个现代学术的范畴，但是，今天大家讲到"文史哲"的时候，还是很自然地会联系到传统学术的意义上。所以，在中国的"文史哲传统"，既可以理解为文史哲内含的中国学术旧传统，即所谓"经史之学"，也可以理解为 20 世纪从这个旧传统发展出来的新传统。我自己是把这两个层次的意义糅合起来理解这个会议的主题的，或者可以说，所谓"文史哲传统"，是以中国经史之学为渊源的中国现代学术传统。我的学科领域是中国古代社会经济史，就我从事的学科领域而言，在这个意义上，我觉得有一个能够把中国经史之学传统与现代中国经济史方法联系起来的基本范畴，就是"食货"。所以，下面我想谈谈作为经济史方法的"食货"原理，希望尽可能切合会议的主题。

　　当代中国经济史研究者在用到"食货"这个词的时候，好像已经没有太多的分歧，一般来说都把"食货"当作"经济"的同义词。但是，在我年轻的时候，即20世纪五六十年代，当时的中国经济史研究者基本上不认为历代正史中"食货志"的内容就是经济史。我记得那时比较主流的看法认为，因为传统中国的"食货"不讲生产力与生产关系，所以也就与经济学不是同一个概念。最近三四十年，随着中国经济史研究不再以生产力和生产关系为核心议题，研究的问题和范式都越来越多元化，"食货"作为一个经济史的范畴也越来越少见到被质疑了。

　　然而，在人们自然而然地接受"食货"是一个经济史范畴的同时，也出现了另一种倾向，就是忽视或模糊了传统中国的"食货"与现代学术意义上的"经济"在内涵上存在的区别。因此，用中国传统文献史料中关于"食货"的内容来研究王朝时期的经济史，必然存在严重的错位。中国古代文献里有关"食货"的内容，基本上是关于王朝国家贡赋体系的制度和运作实践，而研究者使用的现代经济学理论和方法，则是从市场经济中发展出来的一套概念及其逻辑，姑且不论这些概念是否适用，单是事实内容的构成和资料的结构，"食货"就难以与经济学的理论体系相对应，更不用说相嵌合了。这个事实，注定了中国传统意义上的"食货"与现代学术意义上的"经济"本来就不是两个可以随意转换的范畴。经济史学界比较习惯的通行做法是用相对简单化的方式来处理，把王朝贡赋系统归入财政体制，将食货体制下交换与贡纳的关系转换成市场与财政的关系，或者市场与国家权力的关系。这样一来，似乎就可以把"食货"直接套入由现成的经济学理论和方法构成的研究范式中进行分析和解释了。然而随着研究的深入，这种方式的局限性就逐渐显露出来，虽然人们一直努力通过调整转换概念内涵的方式来推进思考，但当这种转换成了一种普遍的途径之后，我们是否应该在整体的理论范式层面做出改变呢？

用现成的经济学理论来研究中国王朝时期以"食货"为主题的经济史，学界常常采用的另一种方式就是在社会进化的模式下，将"食货"作为前资本主义的经济形式，将资本主义市场经济的规律作为经济发展的一般道理，用资本主义经济的概念在逻辑上进行推演，研究前资本主义经济。这样，王朝时期的"食货"与现代的"经济"就可以理解为经济发展的不同阶段，以进化的阶段性差异，作为不同经济形态之间可以共同适用同一套经济学理论框架的合理化方式。

然而，几十年研究明代经济史的经验，令我怀疑这种从资本主义市场经济学原理出发演绎出来的研究中国王朝时期"食货"的方式，会妨碍我们对人类社会在现代经济形成之前的经济行为的认识，从而影响我们了解非资本主义形态的经济逻辑。在这个问题上，我们应该重视当代人类学对经济学的挑战。这种挑战来自经济人类学建构的实质主义经济学。人类学学者，从马林诺夫斯基（Bronislaw Kaspar）到萨林斯（Marshall Sahlins），对非资本主义社会中人群的经济行为和经济关系做了大量的研究，揭示了人类社会不能用市场经济学的概念逻辑解释的属于物质生活领域的事实，逐渐形成了超越古典的形式主义经济学的理论和方法。这些在人类学中被称为经济人类学的研究，以及由此建立的实质主义经济学理论，对我们在研究传统王朝时期的经济实态和中国文史传统关于经济问题的观念的基础上，探索关于传统中国王朝时期经济体制的理论与方法，有重要的启发。我们要从中国经史传统中的"食货"原理发展出现代社会科学的方法，从实质主义经济学而不是形式主义经济学出发应该是更需要努力的方向。

今天在座的有王铭铭等多位人类学学者，我是外行，不敢讲太多经济人类学的源流和相关理论，但为了能够把后面的讨论放到一个现代社会科学方法的框架下，还是需要交代一下基本概念。关于实质主义经济学的概念，我以卡尔·波兰尼的界定为根据，波兰尼的理论，是从"经济的"这个概念的两个意义出发的，他用很清楚的表述去确定"经济的"这一术语在所有社会科学中具有一致性的意义，他提出，有可以独立出来的词根的"经济的"（economic）这个词所表达的人类活动包括了两种意义，分别可称之为"实质的"和"形式的"意义。他对这两种意义做了如下的界定：

> 经济的实质意义出自人们为生存而对自然和他们的同伴的依赖，这指的是他为了获得满足其物质需求的收益而与自然和社会环境之间的相互交换。
>
> 经济的形式意义出自手段-目的关系的逻辑特性，很明显地在"精打细算"（economical）或"节省开支"（econo-

mizing)这些词上体现出来，这些词表达了特定的选择情境，即由于手段的不充分而需要对手段的不同用途做出选择。如果我们把控制手段选择的规则称为理性行为的逻辑，那么我们姑且可以把这一逻辑转义表达为形式主义经济学。①

所谓实质主义经济学，是在这里界定的"经济的"实质意义上展开的，也就是把人类出于生计，通过处理他们与自然的关系以及人与人之间关系以达到获取物质财富的目的作为经济行为的内容，而不涉及因资源短缺，为获取收益最大化而做出选择的方式。确定这种选择方式是形式主义经济学的基本目标，这种选择要通过市场机制来实现，因而市场必然成为形式主义经济学的基础和核心。下面我将讨论的"食货"，虽然也包括市场交换的内容，但这种交换是在经济人类学建立的这种"经济的"实质意义上去理解的，比起放到形式主义经济学的框架内去分析，更有解释力，是更能深入理解中国传统时期经济的方式。

关于王朝时期的"食货"的基本原理，《汉书·食货志》的"序"综合了古代经典的论述，做了非常扼要的概括。我们首先来看看它的原文：

---

① Kard Polanyi, "The Economy as Instituted Process," in Mark Granovetter and Richard Swedberg (eds.), *The Sociology of Economic Life*, Boulder: Westview Press, 1992, p. 29.

　　《洪范》八政，一曰食，二曰货。食谓农殖嘉谷可食之物，货谓布帛可衣，及金刀龟贝，所以分财布利通有无者也。二者，生民之本，兴自神农之世。"斫木为耜，揉木为耒，耒〔耨〕之利以教天下"，而食足；"日中为市，致天下之民，聚天下之货，交易而退，各得其所"，而货通。食足货通，然后国实民富，而教化成。黄帝以下"通其变，使民不倦"。尧命四子以"敬授民时"，舜命后稷以"黎民祖饥"，是为政首。禹平洪水，定九州，制土田，各因所生远近，赋入贡棐，楙迁有无，万国作义。殷周之盛，《诗》《书》所述，要在安民，富而教之。故《易》称："天地之大德曰生，圣人之大宝曰位；何以守位曰仁，何以聚人曰财。"财者，帝王所以聚人守位，养成群生，奉顺天德，治国安民之本也。故曰："不患寡而患不均，不患贫而患不安；盖均亡贫，和亡寡，安亡倾。"是以圣王域民，筑城郭以居之，制庐井以均之，开市肆以通之，设庠序以教之；士农工商，四民有业。学以居位曰士，辟土殖谷曰农，作巧成器曰工，通财鬻货曰商。圣王量能授事，四民陈力受职，故朝亡废官，邑亡敖民，地亡旷土。①

　　这篇序文非常全面也非常精确地概括了"食货"的基本原理。开头定义了"食"与"货"的含义，其字面上的意思，如果

---

① （东汉）班固：《汉书》卷 24 上《食货志第四上》，1117～1118 页，北京，中华书局，1962。

用我们今天的常识来理解，"食"就是农业，"货"则是工商业。但如果放在经济学的理论框架下，"食"可以理解为生产，"货"则近似地理解为流通，也许更贴切一些。将"货"的含义归为流通，是因为"货"的核心要义是"分财布利通有无"，实现的方式是"日中为市，致天下之民，聚天下之货，交易而退，各得其所"。在这个流通体系中，货币担当着重要的角色，作为流通的媒介，是"货"的主要物质形态。我们把"食"与"货"的意义理解为生产与流通，还需要进一步了解这样一种经济体制下的生产与流通的关系和以市场体制为对象的形式主义经济学理论中生产与流通关系的区别。

在形式主义经济学中，生产与流通都以财富增值为目的，其出发点是，利用市场机制合理化地配置自然资源，通过生产和流通实现价值的增长。但《汉书·食货志》的序很清楚地表明，"食"是基于"黎民祖饥"，为维持人的生存需要，通过使用农具按农时耕耘，获取生命所需的食物；"货"则是为了"使民不倦"，即以"通其变"，满足生活多样性的需要，《汉书·武帝纪》记汉武帝诏引《易经》中"通其变，使民不倦"语下应劭集解云："以日中为市。交易之业，因其所利，变而通之，使民知之，不苦倦也。"颜师古注亦曰："此《易·下系》之辞也。言通物之变，故能乐其器用，不解(懈)倦也。"[①]可见在古人的认识中，"不苦倦""不解(懈)倦"同获取维持生命的食物一样，都是人生存的基本需求。伪孔传《尚书》解"食货"为"勤

---

① (东汉)班固：《汉书》卷6《武帝纪第六》，169页，北京，中华书局，1962。

农业"与"宝用物",二者都是人类生存不可缺少的条件,获得这种条件的物质需求如果可以转换成一个现代学术话语下的经济范畴,与前引波兰尼定义的"经济的"实质意义是相通的。这样,我们就可以从中国经史传统中的"食货"原理出发,走出形式主义经济学的框架,形成可以被纳入现代学术体系的经济史研究方法,乃至不同于形式主义经济学的经济史范式。

形式主义经济学以资源短缺这个基本假设为前提,通过合理化配置资源,获得收益最大化,而在上面所说的意义上理解"食货",并不涉及由于手段不充分而做出选择的问题。那么,"食货"的基本假设是什么呢?我认为就是《汉书·食货志》序中引《易经》所说的"天地之大德曰生,圣人之大宝曰位"。也就是说,人们获得生存所需的物质条件,出自天地之德,天地所生提供了充分的物质财富,人们获取这些物质财富的能力,是由"人主施政教于民"得到的,这些居于人主之位的"圣人"通过控制自然财富,得以"聚人守位,养成群生",这是他们"奉顺天德,治国安民之本"。圣人守位的合法性来自"仁","仁"体现在他们能够奉顺天德,控制财富以养成群生。这是一个把自然财富与社会政治秩序直接挂钩的逻辑,按照这个逻辑,出于天地所生的自然财富的获得和流动,都以帝王的权力为要枢。我就是在这个意义上,认为"食货"的本质是一种贡赋经济体制。

所谓贡赋经济体制,是从约翰·希克斯在《经济史理论》中提出的"岁入经济"的概念引申出来的,他认为经济学以往专注于市场体制，而经济史研究还需要对非市场经济体制更认真地加以重视。他所说的非市场经济体制包含"习俗经济"和"岁入经济"两种类型。① 我认为，从传统中国经济的性质看，使用"贡赋经济体制"的概念更合适。如果我们把中国传统王朝时期的"食货"体制理解为贡赋经济的一种典型形式，那么，通过探讨"食货"的原理去建立贡赋体制经济史的研究方法，应该成为未来中国经济史研究的一个重要领域。

根据《汉书·食货志》序的概括，"食货"经济的基本内容，是"各因所生远近，赋人贡棐，楙迁有无"，其中既包括了物资财赋的缴纳输送，也包括了不同物产之间的交换和长途贸易。以现代的经济学概念去理解，贡纳和运销分别属于财政和商业两个领域，而在贡赋体制中，贡纳与运销的制度设计和实行方式，都是从物资"所生远近"出发，把二者紧密结合起来的，是实现财货流动分配的机制。这两种机制如何互相配合，互为实现方式，互相制约，是我们研究"食货"经济运行的核心议题。从历史实践来看，从汉代的均输平准，到唐代的平籴与回造纳布，再到明清时期的开中和漕运，等等，都是将贡赋与贸易运输机制结合起来的"食货"体制的典型制度。

中国传统"食货"经济运行的"聚人守位"目标，存在一个看似是悖论的逻辑，这个逻辑在《礼记·大学》中表述为："君子先慎乎德。有德此有人，有人此有土，有土此有财，有财

---

① 参见［英］约翰·希克斯：《经济史理论》，厉以平译，11～24 页，北京，商务印书馆，1999。

此有用。德者，本也；财者，末也。外本内末，争民施夺。是故财聚则民散，财散则民聚。"这是理解《汉书·食货志》序里引《易经》中"何以聚人曰财"的基本原理。按照这个逻辑，聚人才是理财的关键。要实现聚人，就需要做到《论语》中所言的"不患寡而患不均，不患贫而患不安；盖均亡贫，和亡寡，安亡倾"。这可以理解为"食货"经济运行的均衡状态。

这种均衡状态体现在历代王朝国家的治理目标上，就是要贯彻"均平"原则，这是"食货"经济的理性原则。什么是均平？不是要所有人都拥有等额的财产，也不是所有人都有同样的义务，而是要实现"圣王量能授事，四民陈力受职"，这是"食货"经济最核心的内容，历代经济政策无不体现这一原理，限于时间，这里就不展开了。

以上非常扼要地阐述了中国古代经典中关于"食货"的原理，希望可以呈现一个从传统中国学理下的词语出发，通过将其转换为现代学术话语的范畴来探求经济史研究新理路的例子。这样一种追求，需要把对传统经典文献的阐释与现代学术理论方法勾连起来，既不离旧学之奥义，又可嵌入现代学术的理论架构，通过实证性的研究实践，构建解释中国王朝时期经济的理论体系和概念方法。前路一定艰难，却有着广阔的空间，相信学界同道的努力，一定可以开拓新视野。

（原刊《开放时代》2021 年第 1 期）

非经济的"食货"概念

　　2020 年 11 月，在云南大学举办的第十八届开放时代论坛上，我以《作为经济史方法的"食货"》为题做了一个发言，后来《开放时代》将其整理出来发表了。在那个发言中，我谈到，中国传统知识体系中的"食货"概念，与现代学术意义上的"经济"并不是可以在意义上相嵌合或相转换的范畴，无论是把"食货"看成是一个在同一经济理论体系下同市场相对应的财政范畴，还是把"食货"置于社会进化逻辑中，将其看成是可以用基于市场机制的经济理论推演的前资本主义分析方法去认识的经济范畴，都是不恰当的。我近年来在不同场合提出这种说法，由于尚未形成系统性的论说，引起了一些误解，因此，我想利用这个会议再进一步做一些说明，希望得到大家的批评。

　　我用了这样一个有点"极端化"的标题，是希望更清晰地表达要把"食货"这个概念同现代经济学所研究的"经济"概念区分开来这样一个目的。但是，由于"经济"这个词在人类认识史上是一个语义非常多样的词，无论在日常生活一般人的用法里，还是在经济学或其他学科的概念体系中，其含义其实是非常宽泛且差异巨大的，即使在不同的经济学家那里，在五花八门的经济理论中，其定义也千差万别，因此，当我用"非经济"来表达时，只是相对于非常狭义的"经济"概念而言的，如果不加以界定而在一般意义上说"非经济"，就不是一个严谨的表述。这里的"经济"一词，更确切一点说，是指"economic"这个词的意思。所以，这个发言的标题，如果用英文表达为"'Shihuo' as a Noneconomic Concept"，也许会少一点歧义。

人们一般把"经济"（economy）或"经济学"（economics）这个词追溯到亚里士多德那里。一般理解的亚里士多德的经济思想，是他在《政治学》中讨论的家庭管理和获取财富之方法，所谓经济指的是为获取具有使用价值的财富的活动。在这个意义上，中国古代的"食货"，与亚里士多德思想中的"经济"，其意义颇为接近。① 由于我对亚里士多德的思想缺乏深入研

---

① 亚里士多德在《政治学》中所讲的家庭管理（经济），其基本的内容是："在这里财产是家户的一部分，获得财产的技艺是家户管理的一部分（因为没有生活必需品，就不可能维持生计并让生活过得好）；正如专门的技艺要发挥其作用，就必须有合适的工具一样，家户管理者也一定是这样的。"［*Aristotle's Politics*（second edition），translated and with an introduction，notes，and glossary by Carnes Lord，Chicago and London：The University of Chicago Press，2013. 原文为："Now property is a part of the household，and the art of acquiring it a part of household management（for without the necessary things it is impossible either to live or to live well）；and just as the specialized arts must of necessity have their proper instruments if their function is to be performed，so too must the household manager."］这里表达的最基本意思，与《汉书·食货志》序中表达的"食货"的意义很类似。

究，这里无意不自量力地将"食货"置于亚里士多德的思想框架中展开讨论，只是要特别说明，我所谓"非经济的"，不是相对于亚里士多德的"经济"范畴而言的。

我在这里的所谓"非经济"，是相对于自18世纪以来发展起来的经济学的研究对象而言的，即以市场交易为基础，以货币计算的价格形成和调节机制为分析手段去解释其运行方式的经济现象，也就是在古典经济学视野里的"经济"，米塞斯称之为"狭义的经济"（economic in the narrower sense）。这是一种基于资源稀缺的假设，通过分工与市场交换进行资源的合理配置以实现财富增长的活动，这个"经济的"概念，表达的是一种行为和逻辑上的事实。而我上一次在开放时代论坛上所讨论的"食货"，是一种基于中国王朝体制的经验事实，其核心内容是"各因所生远近，赋入贡棐，楙迁有无"（《汉书·食货志》），通过在王朝国家控制下的财富缴纳输送以及不同地域之间物产的交换和长途贸易，实现财富的再分配。"食货"这个概念，既不以稀缺性为前提，也不关涉调节资源配置的选择机制，显然与上述"经济的"概念有本质性的区别。

《汉书·食货志》序概括了"食货"这个概念的内涵和基本的原理。根据这段论述，"食货"原理的出发点是人类对物质财富的基本需要，第一是维持生命，第二是活得更好，也就是亚里士多德说的"to live or to live well"。"食货"理论的基本内容是如何以稳定有效的方式获取自然财富，并在一种统治与被统治的人身支配的政治格局下，通过交换手段实现财富使用价值的再分配。这个意义上的"经济",在人类历史上的不同文明和不同国家体制下是共通的。但在中国古代历史发展中形成的国家意识形态和王朝体制运转中,"食货"作为一种人的行为和物质运动的方式,以王朝国家编户齐民作为基础,通过"圣王量能授事"和"四民陈力受职"的贡赋体系,实现生产条件的分配与贡赋责任对应的"均平"原则,同时,国家通过控制货币发行和流通,并对商品流通实行专营和管制,控制交换领域以作为敛财的重要机制,维持经济运转和政治稳定的均衡。这种体制自秦汉到明清,以不断改革具体的制度设计维持稳定的结构,形成了一套中国独特的知识和制度。

自从 18 世纪古典经济学产生以后,迅速发展的经济学虽然一直不断扩张其领地,但以定价市场体制为研究对象一直没有根本改变,现在流行的经济学的理论和方法,都建立在市场体制的基础之上。随着经济学视野的扩展和研究方法的增加,奥地利学派的经济学家路德维希·冯·米塞斯(Ludwig von Mises)主张要从古典的政治经济学中脱胎出人的行动科学(praxeology),经济学由此成为人的行动学的一部分,不过他所谓人的行动学,主题仍然是基于市场的选择行动,他说:

> 从古典学派的政治经济学里,人的行动学通论脱胎而出,这就是"人的行动学"(Praxeology)。经济的或交换(Catallactic)的问题都被纳入一门更为一般的科学,再

也不会脱离这一有机关系。经济问题本身的处理，决不
能避免始于选择行动，经济学由此转变为一门更普遍的
科学，即人的行动学的一个部分，虽然其迄今为止依然
乃其最精致的一个部分。

Out of the political economy of the classical school
emerges the general theory of human action，praxeology.
The economic or catallactic problems are embedded in a more
general science，and can no longer be severed from this
connection. No treatment of economic problems proper can
avoid starting from acts of choice；economics becomes a
part，although the hitherto best elaborated part，of a more
universal science，praxeology. ①

他用 19 世纪英国都柏林大主教提出的一个概念"catallactics"
来命名本来就是经济学核心的理论与方法，即通过研究市场
上的商品和服务的价格如何决定，以货币表示的价格计算，
分析如何由选择的行动去解决稀缺性的问题。虽然米塞斯在
"economics"范畴中分出了"catallactics"这个概念，但无论是
奥地利学派还是在其他大多数的经济学者那里，"catallac-
tics"仍然是经济学最核心的方法。因此，直到今天，人们一

---

① Ludwig von Mises，*Human Action*：*A Treatise on Economics*，San Francis-
co：Fox & Wilkes，1996，p. 3. 此处中文译文引自[奥]路德维希·冯·米
塞斯：《人的行动：关于经济学的论文》上册，余晖译，6 页，上海，上海人
民出版社，2013。

般还把经济学的研究对象和方法与"catallactics"等同起来，中国学者翻译这个词的时候，有的人译为市场学、交换学，但也有的人直接译为经济学或政治经济学，这反映出在一般的观念里"catallactics"仍然是经济学的核心内容。然而，米塞斯建立的这样一个经济学的概念架构，大大拓展了广义经济学的视域，打开了把非市场机制纳入经济学分析体系的空间。米塞斯这个概念架构可用图6来表示：

图 6　米塞斯的经济学概念架构

在这个架构中，视域是自左至右渐次收窄的，右边的概念构成其左边学科概念的核心理论和方法，于是，我们可以把这三个概念理解为同义的(对于绝大多数的经济学研究而言，这是不言而喻的)，也可以理解为其指涉的意义有着由广义到狭义的差异。我的所谓"食货"是"非经济的"概念，更精确地说，是相对于"catallactics"而言的。如果尝试将"食货"概念纳入米塞斯这个学科概念的架构，也许可以将其变形为这样一种概念架构：

图 7　加入了"食货"概念的学科概念架构

如果不是直接套入米塞斯的模式，而回到一般的经济学架构，我们可以进一步简化为下面这个架构：

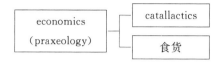

图 8　一般的简化的经济学架构

　　图 7、图 8 两个图示的区别只在于对"economics"的界定，如果把"economics"界定在"catallactics"的意义上（即前面所说的狭义的经济），就是图 7 所示；界定在"praxeology"的意义上（即广义的经济），就是图 8 所示。简单地说，在广义的经济学的框架下，可以有两个不同意义的经济学概念，一个是以18 世纪以后形成的市场经济体制为对象的经济学"catallactics"，一个是在中国历史的经验事实中形成的"食货"原理。

　　我们把"食货"纳入广义的经济概念中，并将其作为经济学研究中与以通过定价的市场分析为核心的经济学相对的概念，理论上的逻辑可以从卡尔·波兰尼关于"economic"的论述出发。波兰尼在他的一篇题为《作为建构过程的经济》（"The Economy as Instituted Process"）的论文中，从"economic"的两种意义［一是实体的意义（the substantive meaning of economic），二是形式的意义（the formal meaning of economic）］入手，讨论了从实体意义研究的经济与从"catallactics"研究的经济在研究对象、理论逻辑和分析方法等方面的根本区别，可以作为我们界定"食货"与市场经济的不同的理论性基础。波兰尼指出，经济是一种人类为满足物质需求而与其所处环境互动的制度化过程，形式意义的经济学产生于对特定类型经济及市场体制的分析，在经济的形式意义上，"经济"是由稀缺处境引起的一系列选择行为，而选择行为是在市场体制下通过价格分析的方法实现的。然而，在定价市场体制之外，这种分析方法作为探究经济运行的方法就无能为力了。波兰尼认为，在实体意义上，经济的整合过程中的运动，是地点转移和"换手"（a change of place and a change of "hands"），其整合形式主要表现为互惠、再分配与交换。波兰尼特别分析了在贸易形式、货币和市场要素的研究上实体主义的经济学与形式主义的经济学的不同旨趣，他直接就用米塞斯的"catallacties"来指称形式意义上的经济学。[①] 中国政治理论体系中的"食货"，显然属于波兰尼在经济的实体意义上的制度原理。[②]

受奥地利学派影响，约翰·希克斯在其《经济史理论》一书中，也针对经济学过去的学术传统中专注于市场经济学，不愿意承认还有别的体制可供选择的局限，提出应该更加重视非市场体制。他提出有三种类型的经济：习俗经济、岁入

---

① Karl Polanyi, "The Economy as Instiued Process," in Mark Granovettee and Richard Swedberg (eds.), *The Sociology of Economic Life*, Boulder: Westvies Press, 1992, pp. 32-33.

② 参见刘志伟：《作为经济史方法的"食货"》，载《开放时代》，2021 年第 1 期；《王朝贡赋体系与经济史》，见林文勋、黄纯艳主编：《中国经济史研究的理论与方法》，416～438 页，北京，中国社会科学出版社，2017。

经济和市场经济。在希克斯这个框架中,"食货"属于岁入经济的一种典型的模式。

要言之,从概念的形成与其经验性基础而言,"食货"无疑是一个在由中国自身的历史经验形成的自主知识体系中,具有不同于西方经济学的独立含义的概念。但这种在中国自主知识体系中的概念,并不是外在于人类共同的知识和学术体系的,应该置于人类共同的知识体系中去定位和界定。"食货"的原理作为一种至少在两千年间的中国王朝历史中主导着国家经济制度和社会经济运行,并在历史实践中不断丰富完善的理论,把经济的实质意义和王朝国家的政治原理、统治经验结合得非常完美,由此可以认为是一种相当成熟的在经济的实质意义上形成的经济理论。由"食货"这个范畴,我们看到,作为中国自主知识体系中的这类核心概念,只要同其他国家的历史和学术传统对话,就可以为人类共同的知识体系的完善做出独特的贡献,构成人类共同知识体系一个内在的组成部分。

(原刊《开放时代》2023 年第 1 期)

贡赋经济研究三题[*]

一

在梁方仲教授诞辰 110 周年(2018 年),我们开辟这个专题栏目,纪念这位中国社会经济史研究的奠基人。

梁方仲先生的中国社会经济史研究,从王朝国家的赋役征派入手,着力于户籍、地籍、田赋、差役、货币、漕运、仓储诸制度,探究王朝国家财政与乡村基层社会的运作机制,以及社会经济各个方面发展的性质。这样一种社会经济史的研究路径,以王朝国家的贡赋经济体制为重点,与中国古代正史中的"食货志"传统一脉相承,同时又嵌入现代经济学理论、概念和分析性研究的范式,开拓了立足中国历史经验探索社会经济史的一种路径。

* 本篇原为《中山大学学报(社会科学版)》开设的三期"贡赋经济体制研究专栏"的解说,现合为一篇,以"贡赋经济研究三题"为标题收入本集。

英国经济学家约翰·希克斯在《经济史理论》一书中，指出经济学曾经专注于市场经济学，忽视了非市场经济体制的存在，只是在市场的完善和不完善之间寻找让市场完善起来的方法。他提出，经济史研究应该对非市场体制更加重视。20世纪发展起来的中国社会经济史研究，也同经济学这个传统相一致，以市场体制为经济分析的基础性模型，即使是研究非市场体制的经济史，也是将历史线索放在市场体制从不完善到逐渐完善的发展轴上去描述、分析和定位。作为一位经济学家的梁方仲先生的研究，自然也不可能一下子走出这种范式。但是，他从中国王朝时期的贡赋经济体制入手，并以贡赋经济运作为主要对象的研究实践，客观上将经济史研究引向了非市场经济体制分析的方向。

2016年11月，为纪念梁方仲先生的经典著作《一条鞭法》中文版出版80周年，以及作为哈佛大学东亚专著丛书第一种的该书英文版出版60周年，我们与哈佛大学费正清中国研究中心合作，在上海的哈佛中心举办了一次小型的研讨会。这个会议没有采用惯常的各人报告论文并评议的方式，十多位对中国古代贡赋经济有专门研究的青年学者聚在一起，就如何继承梁方仲先生开拓的中国经济史研究传统，如何从财政问题入手推进贡赋经济体制研究的深化，展开了充分的讨论。讨论涉及多方面的问题，提出了许多新颖的思考和认识，让我看到新一代学者的努力，已经在这个方向上取得了许多新的进展，令人振奋。会后，我向与会的年轻学者约了数篇文稿，先选了其中三篇编成这组专题论文。这三篇稿子从不同的角度，展示了我们在贡赋经济体制研究中关怀和思考的一些带有方向性的主题。

在一般的经济学概念中，贡赋属于国家财政的范畴，因此在中国经济史研究中，往往把贡赋制度作为一个财政问题来研究。然而，我们所说的贡赋经济体制，是指汉代以后的历史典籍中用"食货"这个概念来表达的经济事实，以"赋入贡棐，楙迁有无"为核心内容。因此，所谓贡赋经济体制，就不只是一个单纯的财政体制，而是一个涵盖了中国王朝经济体系的整体性范畴。从这个认识出发，便引出了一个可能的研究视角：虽然贡赋是王朝国家运作所依赖的财政资源，历代王朝也总是有一套完备有效的贡赋征纳机制来聚敛财富和征调人力，但是，历代君主制国家的资源获取和运用，并不只是以财政运作的方式实现的；从另一个角度说，中国王朝时期，是否存在一个近代意义上的国家财政体系还是一个可以讨论的问题。在中国历史上，一个近代意义上的财政体系的形成，有一个逐渐发展的过程，这个过程，是与市场经济体制从贡赋经济体制中逐渐分离出来的过程相配合或同步的。以这个假设为前提，梁方仲先生毕生研究的明代一条鞭法就是一个关键的转折点，一条鞭法为中国近代财政体系的形成奠定了基础，指明了方向。我这里说的近代国家财政体系，有两个重要的标志，一是地方财政的建立，二是国家财政逐渐被纳入一个集中管理并统一核算的系统中。本专题收入一篇讨论明清时期"地方财政"的动态演变过程的论文和一篇关于明朝末年的定期奏报制度的论文，反映出明朝末年乃至后来延伸至清朝的国家财政管理体制逐渐转型及完善的趋势，希望能够显示出我们期待能持续深化的一个研究议题，探讨一条鞭法之后近代国家财政体制形成的过程，并从中认识中国王朝国家贡赋经济体制的性质及其演变机制。

走出单纯财政意义的视域，在社会经济史的关怀下研究贡赋经济体制，是梁方仲先生一生的追求。我们研究历代王朝国家的赋役制度，真正的目的不是要究明国家统治的手法是如何改变的，更重要的，是要从中认识历史上的中国社会。在贡赋经济体制下的社会结构和经济活动的运作机制，首先体现在作为贡赋经济体制基础的户籍制度和相应的社会组织的构造和变动中。梁方仲先生开创的这个研究方向，近年来由于大量新材料的发现和整理研究，有了非常大的进展。本专题中收入的一篇利用徽州文书研究明代前期里甲赋役制度下的乡村社会的文章，细致地分析了在贡赋经济体制的实际运作中形成和使用的图籍文书，如何呈现出当地乡村的社会组织的构造。这种研究的取向，同财政体制研究相配合，体现了我们期望发展的贡赋经济体制研究的旨趣。

这个专栏的开辟，我期望只是一个开始，日后期待有更多年轻学者的努力，能够将这个研究方向继续下去。

二

在 20 世纪 50 年代，梁方仲教授用"役中有赋，赋中有役"来形容明王朝赋役体制的特征，认为这其中的背景"微妙地将一部明代封建制度发展史的场面烘托出来"。这一独到的眼光，打破了人们习惯把王朝时期的田赋理解为土地税，力役理解为人丁税的"常识"，启发我们从赋与役的错叠交合及其演变脉络去认识王朝国家向编户征派赋役的原理，并提示我们可以从这样一种赋役体制的结构中探求社会经济发展的整体面貌。

在中国古代典籍中，"有田则有租，有丁则有役"的说法屡见不鲜，这的确是自古以来王朝国家向编户征派赋役的合法性理据和均平原则。现代人从这一原则性的字面表述，很自然会读出与现代土地税、人头税相一致的含义。

然而，细致地分析历代赋役的构成，从各类赋役项目的征派方式中把握其内涵，令我们认识到，以现代的赋税概念来理解王朝时期的赋役，其实是一种误读。这种误读可能掩蔽了王朝赋役的本质，阻碍了从王朝赋役体制的实际形态去探究王朝国家赋役的原理。中国王朝时期的赋役同现代概念的土地税和人头税的本质区别，在于承担这些赋役的主体，是王朝的编户齐民，他们纳赋服役，是基于与君主之间的人身隶属关系，是臣民为君主当差。王朝国家按田土征收赋税，只是编户当差的一种方式；而征调差役，实际上也根据人户的财产状况来分派差役负担的轻重。历代征收税粮和佥派差役，都是以人户与土地财产相配合为基础的。赋役的来源不是财产，而是编户的臣属身份，而土地财产，只是臣民承担赋役能力的保障和衡量均平的标准。贡赋经济体制的这一性质，在朱元璋建立的制度下得到了非常典型的体现。

本期专栏刊载的三篇论文分别以明代赋役中的三个重要类别为讨论议题，侯鹏的文章围绕着一般被理解为土地税的田赋征收以及与此相关联的种种差役展开，丁亮的论文以在明代差役中占有重要位置的上供物料为主题，李义琼讨论的是可以被广义地归类为流通范畴的盐法制度。三篇文章都以非常清楚的事实，显示了明王朝国家运作资源的获取，如何以赋役相兼的形式实现。不过，三篇文章的核心论点，并不是要论证这样一种贡赋经济体制的特质本身，而是要从这种"役中有赋，赋中有役"的动态中，考察赋与役兼而有之，互动互转机制的变化，如何构成贡赋经济体制下市场发育的制度空间与内在动力。

侯鹏的文章由明代田赋制度中非常独特又影响深远的苏松重赋问题，以及为解决江南重赋问题开展的周忱改革入手，揭示了田赋负担与田赋征解责任之间紧密相扣、互为消长的关联，展示了赋与役之间你中有我、我中有你，纠缠难分的情形。该文颇为精彩之处在于，从这样一种赋与役之间的共生、吸收、转化、替代过程，以及由此发生的赋役征收组织的改变，引出社会权势转移、商业化与资本积聚等明代社会经济变迁的重大问题，说明了赋役构成、地方权力结构与市场体系之间的互动关系，以生动的历史呈现出前述梁方仲先生所提示的场面。

历来学者对明代的上供物料属于赋还是属于役的问题，一直存在不同的理解，这种分歧恰恰证明了上供物料既有赋的属性也有役的属性。有司委派里甲办纳物料，无论给价还是不给价，毫无疑问是一种役，而从税粮中折征办纳，则更多属于赋。即使在这两种相对比较纯粹的形态下，仍然是赋与役纠缠不清，在实际施行过程中，更多表现为亦赋亦役，而且通过不定式的相互转换形成弹性的制度空间。丁亮通过考察上供物料征派方式的转变，指出这种"里甲制下的配户当差"，并不排斥市场的存在，"恰恰是里甲成为与市场接触最频繁的一级，使得这种计划性质很强的徭役体系周围始终包裹着货币与市场的外壳"。在这样一种认识的基础上，文章尝试提出从赋役体制变化引向解释市场机制的一种视角。

明代盐法的演变是一个非常纷纭复杂的课题，明初实行的开中法，是王朝国家通过对食盐生产流动领域的控制，利用盐商承担边防物资供应的一种差役。其后白银财政体系逐渐形成，开中纳粮变为在司纳银，一般被理解为由役到赋，由实物财政到白银财政的转变。但李义琼的文章通过两淮、两浙盐区盐法的演变，聚焦于明代盐法转变到以白银为手段运作后库价、京解、帑银等白银财政项目的内容和相互关系，揭示明代后期食盐运销各环节中不同商人与王朝政府的复杂关系，提出了白银财政体制非但没有必然带来役的消失，反而在获取白银的目标驱动下，形成了新的佥商应役方式，存续着赋与役结合的体制。

这几篇文章虽然都仍显不同程度的粗涩，但所论触及了传统中国贡赋经济体制中，赋役结构演变与市场脱嵌过程的复杂关系。我们在这些讨论中，看到市场是在贡赋经济体制下成长的，赋役征派运作的动态过程，既可能是市场发展的一种内生动力，又规限着市场的性格与运行机制；反过来，市场活动也促成和引导着赋役结构的转变方向和方式，改变着贡赋经济体制的模式。如何在这种互动中把握市场体制的活力与贡赋经济体制的弹性，这几篇文章尝试探索可以由实证研究去认识的视角和研究路径，这是一种可以推进到更宏观的理论思考与方法探索的努力。

三

春秋时，齐桓公与管仲有一段对话，其中两句为"桓公曰：'然则吾何以为国？'管子对曰：'唯官山海为可耳。'桓公曰：'何谓官山海？'管子对曰：'海王之国，谨正盐策'"。可见盐的收入，是古代王朝国家仅次于农业的经济支柱。但与粮食生产和人群分布基本在空间上大致重合，故农业生产可以自给自足为主调不同，盐产依赖于特殊自然条件的地域分布与人群分布的空间错离，食盐生产与消费之间必须通过广泛的流通来运转，作为一种人类不可缺少的消费品，食盐的价值天然地依赖流通来实现。于是，从食盐生产、流通与消费环节中获取资源一直是历代王朝国家立国的经济基础，而食盐流通也自然成为最早生长出市场交换关系以及市场机制成长的场域。这样一种特性，决定了盐业经济最典型地体现了古代中国贡赋体制"食-货"一体的本质，体现了王朝的财赋国用与市场流通之间不可分离的关系，我们要探讨贡赋体制下的食货经济原理，盐的历史，是最具丰富学术资源与研究价值的领域，我们有理由期待盐史的研究有助于深化我们关于中国王朝贡赋经济体制的理论解说的认识。

由于盐在王朝国家体制中占有如此重要的地位，学界历来对历代盐法已经有多方面的研究，有了很多基础性的研究成果，但由于对食盐在国家禁榷制度和市场流通机制下的运作原理，仍未能突破固有的经济概念的惯性认识，而盐史研究领域的术语概念五花八门，制度框架多种多样，变化过程错综复杂，在盐的流通与管制中各种行为主体之间的博弈、暗藏在公开文献下的各种奥妙难以窥探，盐史研究长期未能有根本的突破，要从历代食盐生产流通的历史中引出关于中国王朝经济体制与运作的理论思考，仍然有待于在新的思路下对更多细节进行分析性的研究。中山大学明清经济史研究团队将盐政作为主要的研究领域，耕耘了三十余年，在这个团队成长起来的一群年轻学者在"问题意识""微观材料""宏观视野"等方面，开辟了引领新方向的研究路径，取得了许多重要进展。本辑发表的四篇论文，有三篇是这个团队从不同的角度分别对明代中期以后不同盐区进行研究的成果。徐靖捷的论文将两淮盐场从"计丁办课"到"课从荡出"的转变，置于盐场地理变迁的视角中，通过对作为灶户差役的盐课向盐场荡地税收转变的分析，讨论了明代盐法的制度框架与盐商经营的市场动力之间的互动机制，对两淮盐场基本制度的演变提出了富有理论挑战的认识。叶锦花的论文直接将福建盐业体系拉出单纯财政观点的视角，揭示了明中叶福建生产管理方面的制度变迁，是政府从对抗食盐市场到顺从市场调节机制的结果。文章精彩地展现了在对抗市场趋势的努力失败后，福建运司如何配合明中期全社会的市场化走向，改变生产管理策略，放开食盐生产环节的管控，同时在财政需要的推动下，将原来的场外盐生产纳入盐政体系，增加盐课课入。李晓龙的论文考察了明代两广盐业生产的地理空间的此消彼长的过程，揭示了这个过程中所发生变化的市场动力机制，并从两广盐政运作的宏观高度，对其进行了精妙的解释，说明了在以往被认为由政府依据财政需要设定生产格局和贸易规定，与市场格格不入的食盐流通，其实也深受市场机制的影响。

三篇论文都以细致的实证研究，展示了在王朝贡赋经济体制下，盐政不可能是一个单纯的财政问题，在食盐的生产、流通、消费各个环节，市场一直具有很强的主导性。但是，这个过程，并不是导向贡赋经济体制向市场经济体制的转型，而是不断调整财政制度去适应市场的运转，并将市场机制纳入财政机制中。市场动力与国家财政之间的这种在矛盾中互相适应、互相配合的机制，以及在这种矛盾运动中的演变逻辑，构成了王朝时期贡赋经济体制的一个基本特点。陈锋教授是研究清代盐政多年的大家，他在对清代盐政有全面深刻的把握的基础上，为本专辑贡献了这篇论文，从清代食盐运销的成本、利润及相关问题着眼，展示了在盐政中市场机制与财政机制的辩证关系。从他根据大量史料做出的分析中，我们看到食盐市场中的成本概念含义、价格机制和盐商经营利润率的形成，都体现出食盐流通中市场机制与财政机制是如何相互影响的，为我们从盐业经济领域出发建立关于贡赋经济体制的认识，提供了很好的实证性研究基础。

［原刊《中山大学学报（社会科学版）》2018 年第 1 期，2019 年第 4 期，2020 年第 5 期］

梁方仲经济史统计表格遗札介绍

梁方仲先生遗稿中有数叠明清财政原始数据的统计表格，这些统计表格只是一些零散的草稿，我们将其收录进《梁方仲文集》（以下简称《文集》）中，一则是这些表格本身的数字和整理方式，对今天的研究者，或许还有参考价值，二则更重要的是，我们从中可以对梁方仲先生以统计表形式整理经济史数字的努力及其成就有更多的了解。

梁方仲先生还在清华大学经济学系就学时，即非常重视中国史籍中原始数据的统计整理和分析。他 1933 年提交的研究生毕业论文《明代田赋制度考》的附录即包含丰富的统计表格。[①] 后来这些统计表格经增补，题作《明代户口田地及田赋统计》，发表于《中国近代经济史研究集刊》1935 年第 3 卷第 1 期。后来梁方仲先生与汤象龙先生等同人一起在北平社会调

---

① 《梁方仲文集》所附表格梁承邺编《梁方仲先生学术编年》作《明代田赋制度概要》，梁承邺撰《无悔是书生：父亲梁方仲实录》作《明代田赋史述要》（47 页），段雪玉著《梁方仲与明清档案的整理》据清华大学档案作《明代田赋考略》。此处根据为梁方仲《明代户口田地及田赋统计》一文。

查所(后合并改名为中央研究院社会科学研究所)为研究中国近代经济史而从事清代档案整理,主要工作之一就是将各类黄册所载数据以统计表形式进行整理。这些宝贵资料今存于中国社会科学院经济研究所图书馆,题作《清代黄册》,共计293巨册。

以统计表形式整理原始数据,是我国现代经济史学研究方法史上的里程碑。我国传统史学虽颇重视"旁行斜上"的表格这种表现形式,但局限于谱系、年表。对中国史籍中的数字史料以统计表形式进行整理、呈现,是现代经济史学的创造。从汉字到阿拉伯数字,从叙述形式到统计表形式,貌似只是呈现方式的差异,其实蕴含着全新的发现可能。这一变革之于20世纪中国经济史学的意义,不啻今天数字人文的"可视化分析"之于21世纪的历史学研究,都是数据呈现形式改变给学术研究带来的创新契机。

以统计表形式对原始数据进行整理是一种方法,对其的利用形式根据问题意识不同而不同。有些学人误以为梁先生缺乏对这些数据的批判分析,其实是一种误解。梁先生整理原始数据的本意,并不是要以这些数据作为真实财政经济历史的指标,据此进行历史分析,而是要"将这些矛盾参差的各种记载,明白简单地提示出来"[1]。梁先生自己的史料批判意识,从《中国历代户口、田地、田赋统计》的各种按语,特别

---

[1]　梁方仲:《明代户口田地及田赋统计》,见《明清赋税与社会经济》,4页,北京,中华书局,2008。

是别编中都可以看出来。

一手史料上记录的财政经济的原始数据，哪怕有再多缺陷，都是一切财经历史研究的出发点。利用这些数据的前提是对数据进行史料批判。但是数字史料的批判方法与叙述性史料不同，往往需要借助对大量同类或关联史料的比对、统计分析才能够辨明数字的性质和职能。这就是以统计表形式对原始数据进行整理的意义所在。易言之，梁先生所进行的原始数据整理工作，是史料批判工作的第一步。这种统计，是将"原始数据"作为史料，而非史实的一种统计。近年来随着档案史料的开放和数据库技术的发展，各种科研项目纷纷以量化数据库为骨干。此时我们更应该吸取梁先生的研究进路，以统计方式整理原始数据，借此探究作为史料的数字之历史，为进而构建可以作为真实历史指标的历史数据奠定基础。[①]

收入《文集》中的这些统计表格草稿大致可以分为两大类。

第一大类，是梁方仲先生从事相关研究、撰写学术论文的草表，对我们理解他相关学术作品的研究、写作过程很有帮助。例如，《南海群岛诸国》《马来半岛诸国》《印度沿海诸国》等表，从《岛夷志略》《瀛涯胜览》《诸蕃志》《东西洋考》中摘录其贸易所用交易手段的资料；《万历三年东西洋船水饷等第

---

① 关于两种数据库建构和利用的思路，又可参见申斌、杨培娜：《数字技术与史学观念——中国历史数据库与史学理念方法关系探析》，载《史学理论研究》，2017 年第 2 期。

规则》《万历十七年、四十三年税额与货价》则是根据《东西洋考》卷七《饷税考》编制的。这些显然是梁先生从事明代白银与国际贸易问题研究时所积累的资料，后来为《明代国际贸易与银的输出入》所采用。《明代国际贸易与银的输出入》有一条注释，以税率遵循"值百抽二"的制度规定为前提推算货价并与现今价格相比。[①] 注释中梁先生只是给出结论，而略去了所依据的对照表格。而《文集》所收《东西洋考》推算货价表与《海关报告册》所载 1931 年（个别为 1934 年）货价对照表，则显然是梁先生这一注释结论的分析依据。

除少数被论文采用的表格外，这些表格草稿中有的只是研究中积累的素材，撰写论文时没有被直接采用。例如，《明代银矿工人运动表》显然与梁先生研究国内银矿、为撰写《明代银矿考》所做的准备工作有关。这显示出梁先生在研究中从来不是将物的生产和生产者作为人的社会活动割裂开来考虑，只是出于论文表达需要而有所取舍。这种取向一方面充分考虑经济现象作为独立分析对象的自我解释逻辑，不等同于将经济解释完全还原于社会关系的"社会经济史"；另一方面又在做经济分析时充分考虑社会关系因素，也不同于将经济分析要素从社会整体中割裂出来的"纯粹经济史"。这种既突出经济思维、不以社会史分析取代经济学逻辑，又不盲目以内在经济逻辑自洽为满足、无视历史整体的研究进路，尤其值

---

① 参见梁方仲：《明代国际贸易与银的输出入》，见《明清赋税与社会经济》，551 页，北京，中华书局，2008。

得今天的经济史学研究者好好揣摩。

这些草表中，很多还是研究过程中的整理工作，还没有最终形成研究成果，有些还根本没来得及展开研究。在这些未竟的研究准备中，最值得注意的有两种。

一是梁先生对《万历会计录》卷二至卷十六所载各地田赋数据做了详细的统计整理。虽然在后来的《中国历代户口、田地、田赋统计》一书中采用《万历会计录》的资料并不多，但显然梁先生对《万历会计录》的研究计划绝非仅止步于发表一篇《万历会计录》的评介文章，摘录若干数据，而是有着一个长期规划。① 今天中国社会科学院经济研究所图书馆藏有中央研究院社会科学研究所整理的《万历会计录》统计表四巨册（索书号 F230/G939），将《万历会计录》中的全部数据制成表格，并且抄录沿革事例于后。两相对照，再结合中央研究院社会科学研究所社会经济史组的工作计划，我们有理由认为《万历会计录》的整理工作是梁先生主持进行的。② 但这份整理成果长期不为人所知，直到 2015 年万明、徐英凯两先生的巨著《明代〈万历会计录〉整理与研究》出版，《万历会计录》才全部以方便今人阅读利用的表格形式公开问世。

二是梁先生对清代田赋档案的编年整理。梁先生与汤象龙先生等人一起从事清代档案资料整理工作是人所共知的事

---

① 参见梁方仲：《评介〈万历会计录〉》，载《中国近代经济史研究集刊》，1935 年第 3 卷第 2 期。

② 参见梁承邺：《无悔是书生：父亲梁方仲实录》，120～121、169 页，中华书局，2016。

110

情，但是梁先生利用档案资料撰写的论文却不多，仅《易知由单的研究》为其代表。① 《文集》收录了他围绕征收钱粮"自封投柜""遵用滚单""顺庄滚催"等主题，对雍正、乾隆时期档案加以整理编制的若干年表，显示出他探究一条鞭法之后田赋在"征法"上的后续变迁的学术关心。可惜天不假年，梁先生自己未能完成这一事业。直到 20 世纪七八十年代，日本学者川胜守、山本英史等人才利用地方志资料在这一领域做出推进。直到今天，系统挖掘档案资料对这些问题进行的专题研究似乎仍不多。

表格草稿的第二大类，是关于民国时期和中华人民共和国初期农业、财政、人口的统计表格。梁先生毕业于经济学系，且供职于社会科学研究所、经济学系长达 19 年，直到 1953 年才转任历史系教授。财政和农业经济是他自学生时代就一直关心的问题。他虽以经济史为主要研究方向，但这种专业背景使得他的学术问题意识始终来自对当代中国经济的关心，来自从历史维度更深刻地认识中国经济逻辑的关怀。这些表格主要集中在几个方面。首先是配合 1939—1940 年西北土地经济调查而编制的表格，如《陕西二十八年度县地方岁入预算表》，而又尤以绥德县为主（这是因为调查缘起于绥德行政专员何绍南提出的《土地公债券方案》），如《陕西绥德县各乡人民职业分配表》《陕西绥德县耕地分配表》等。其次是户

---

① 参见段雪玉：《梁方仲与明清档案的整理》，载《华南师范大学学报（社会科学版）》，2009 年第 5 期。

口表格。这一类表格以从内政部档案抄录的《民国各省市历年户口表》[民国元年(1912)至民国二十五年(1936)]为集中。最后是对卜凯《中国土地利用》统计的摘录。其他还有一些关于田赋、地方财政、进出口、工业产值等的统计表格，来源包括《中国经济年鉴》《财政年鉴》《统计月报》《人民手册》等多种文献。

今天中国经济史研究在数据整理和统计分析上已经有很多新的进展，对今天的经济史学人而言，这些资料可能已经只在学术史方面具有重要的价值。但是它们默默诉说着我国经济史学第一代学人在问题意识、研究方法以及所利用史料上所做出的开创性工作。近年量化历史研究方兴未艾，已经超越经济史而得到整个社会科学的注意。回首来时路，我们看到无论是重视量化分析，还是大规模挖掘档案资料，抑或是思考理论与史实的对话可能，在 20 世纪 30 年代为中国经济史学奠基的第一代学人那里，已经开始了艰苦的努力，取得了可观的成果。限于时代条件，他们的工作在当时没有能够得到延续，很多还在探索过程中，当然也难免存在种种缺憾。但他们的学术关怀，他们在艰难条件下所付出的努力和开创的进路，无疑是不应忘记的初心。

［本文与申斌合撰，原为《梁方仲遗稿·新拾文存》（广东人民出版社，2019）中收录的经济史统计表格的"编者按"］

社会史览

天地所以隔外内

　　我生在南岭，长在岭南，对南岭有一种特殊的情感，我从事研究和教学时脑子里冒出的很多问题意识和学术观点，也得益于在这片山地的生活经验。因此，当我看到身边几位从事历史地理研究的年轻同事要在南岭做一番研究，自然要凑过去探头窥望一番。尽管坊间有"观棋不语"的规诫，但观棋之人总是自己沉溺局中，虽不能左右棋局，却欲言难止，观战一轮，忍不住就要发一点议论，希望不会被棋局中人轰走。

一

　　所谓南岭，一般认为是"五岭"的别称，在我的印象中，历史文献上多见的名称是"五岭"，而当代更习用"南岭"之名。按照比较通行的说法，"五岭"由大庾岭、骑田岭、都庞岭、萌渚岭、越城岭五座山岭组成。不过，这五座山岭其实并不是一个整体上延绵相连的山脉，而是由湖南、江西进入岭南地区的五座峻岭为主体构成的山脉的合称。这几座山岭大致上呈东北—西南走向，再东西一列排开，连成一个独特的山脉系列。在历史上，关于"五岭"的说法并不一致，如屈大均所言，"大抵五岭不一，五岭之外，其高而横绝南北者，皆五岭不可得而名也"①。历来关于"五岭"的不同理解，恰恰表明了在众人的观念中，"五岭"只是一个笼统的名称，泛指湖南、江西与两广之间的这片山地。"其高而横绝南北者"这层含义，并不是"五岭"二字在字面上的意义所能涵盖的。今日人们多用南岭而少用五岭之名，庶几亦为此故。

古人以"五"来指称这个山地，很可能与秦分兵五路入岭南的历史有关。顾祖禹在《读史方舆纪要》中，罗列了文献中关于五岭的不同说法，其中所引宋人周去非的见解颇值得注意。周去非《岭外代答》云："自秦世有五岭之说，皆指山名之。考之，乃入岭之途五耳，非必山也。自福建之汀，入广东之循、梅，一也；自江西之南安，逾大庾入南雄，二也；自湖南之郴入连，三也；自道入广西之贺，四也；自全入静江，五也。乃若漳、潮一路，非古入岭之驿，不当备五岭之数。桂林城北二里，有一丘，高数尺，植碑其上曰'桂岭'。及访其实，乃贺州实有桂岭县，正为入岭之驿。全、桂之间，皆是平陆，初无所谓岭者，正秦汉用师南越所由之道。桂岭

---

① （清）屈大均：《广东新语》卷 3《山语》，69 页，北京，中华书局，1985。

当在临贺，而全、桂之间，实五岭之一途也。"①这个说法，毫无疑问与今天习用的"五岭"定义不符。我们没有必要纠缠于这个说法有多少合理性或正确性，作为地理概念的五岭，当然应该是"指山名之"，周去非以"入岭之途五"理解之，可谓别有深意。我们之所以重其说，乃因为可以由此得知北人之观"五岭"，以"中国"出岭外为视角，此为理解"五岭"或"南岭"作为一种地理概念的文化意涵之关键。在这样一种观念之下，南岭作为一个地理区域的范围，当不应因五岭间各不相连而坏其完整之体，亦不必以五岭本身山脉延绵之界域为局限。由周去非之说所得广义之南岭概念，向东伸展与武夷相接，向西接云贵高原，向南延绵与九连山一体，向北则同罗霄山脉相连。此种认识，与南岭在文化意义上的区域概念相通。我所理解之"南岭"，亦当为此广义之域。

从"中国"出岭外的角度看，南岭为"中国"出岭外之天然屏障，这恐怕从来不存在歧见。两粤既为"岭外"，被中土之人目为蛮夷化外之地，数千年来未有真正改变，《水经注》言："古人云：五岭者，天地以隔内外（会贞按：《汉书·严助传》载淮南王安上书，谏伐南越，曰：越与中国异，限以高山，人迹所绝，天地所以隔外内也。），况绵途于海表，顾九岭而弥邈，非复行路之径阻，信幽荒之冥域者矣。"②岭北与岭南，

---

① （宋）周去非著，杨武泉校注：《岭外代答校注》，11 页，北京，中华书局，1999。
② （北魏）郦道元注，（清）杨守敬、（清）熊会贞疏：《水经注疏》下册，2998 页，南京，江苏古籍出版社，1989。

无论气候、风俗、语言、人群，自古至今，均有明显差异，此乃不待详论而明之常识。其分隔之屏障，自然是层峰叠嶂之南岭群山。

然而，屏障未必是天堑，南岭山地的地形构造，特别是由多个较小规模的山脉东西并行排列的格局，崇山峻岭之间又分布着多处相对平衍的丘陵，形成了多处岭北岭南间交通之孔道。最重要的是，在南岭北部，通往长江的有湘江流域的湘水、潇水、耒水，赣江流域的贡水、桃江、章水；在南岭南部，西江流域的桂江、贺江，北江流域的连江、武水、浈水，东江流域的寻乌水、定南水，韩江流域的石窟水、汀江等多个水系，直接把南岭接到南海。这些长江流域与岭南的南海周边地区连接起来大致呈南北走向的水道，均深入南岭腹地，而且岭南、岭北之间的水道在山脉间交错，彼此相隔的分水岭上的陆路交通相对便捷。如果我们相信行政区的边界划分多是基于交通条件形成的话，还可以看到，在全州、郴州、赣州、汀州等段都存在省的界域与流域界域犬牙交错的情况，这也多少反映出南岭地区的地理特点。这种交通条件，使得南岭这个南北相隔的天然屏障，同时也成为南北人群交往和商品流通的孔道。顾祖禹《读史方舆纪要》中就有多处描述了南岭作为分隔岭外屏障的同时，也是南北往来门户的状况。

必须强调的是，经由南岭山地的南北交通，并非简单地只是把同一经济体系中的两个地区联系起来，更是连接环南海地区和中国大陆两个世界性区域的纽带。明人王临亨在《粤剑篇》中记录行经南岭的经历感受时说:"二日早发南安,平旦度梅岭。其阴,石径蛇行,屈曲而多委;其阳,峭壁林立,深秀而多致。要皆平坦靡咫尺,险隘足困客趾者。忆余尝由金华过括苍,度一岭,高险倍之,而以僻,故其名不传。此岭独以横截南北,为百粤数千里咽喉,犀象、珠翠、乌绵、白氎之属,日夜辇而北以供中国用,大庾之名遂满天下。山河大地亦自有幸不幸耶!"①这段话非常贴切地道出了南岭的特殊地理角色。在中国版图上有很多山脉或山区也都是沟通南北东西的咽喉,而南岭之所以重要,是因为不仅经由穿越南岭的交通孔道运送的商品数量规模庞大,而且这种流通是南海与内陆之间的物资流动、人员交往以及由此产生的文化交流。在这样一种宏观交通格局下,南岭内部山岭间还有一个纵横棋布的交通网络,正如屈大均下面这段议论所描述的那样:

> 予尝谓昔称五岭,以人迹所绝,车马不通,天地所以隔内外,故尉佗绝新道,拒三关,而盗兵即不得至。今梅岭之旁,连峰叠嶂间,小陉纷纭,束马悬车,纵横可度,虽使千夫扞关,万人乘塞,而潜袭之师已至雄州城下。又况郴之腊岭,与连之星子、朱冈,皆可以联镳

---

① (明)王临亨:《粤剑编》卷4《志游览》,96页,北京,中华书局,1987年《贤博编》《粤剑编》《原李耳载》合刊本。

径入乎。①

这种情形，在整个南岭山地皆然。如此地理大势，伴生着一种重要的地形地貌特点，即在万山中分布着无数的大大小小的盆地或平岗。这些盆地土壤肥沃，水源丰足，有很好的生态条件，可以容纳很多人口居住、垦殖。至于小盆地、溪洞和平岗，在南岭地区更是星罗棋布，加上山岭间大小河溪蜿蜒穿流形成的河谷，拥有良好的水源和土壤条件，可以为相当规模的人口提供适宜生存的生态空间，南岭山地由此成为大量人口以聚居或散居形态栖息之地。从局部看，这些人群的栖息之地与外界为山岭所阻隔，但从南岭山地的整体来看，这又是一个由四通八达的交通线和商品集散地构成的具有整体性的区域体系。

二

我们把南岭视为一个作为学术研究对象的整体性区域，首先要面对的，是以往学界形成的作为研究与分析单位的种种区域概念。无论是以行政区还是以经济区、文化区来划分的区域，南岭都处在这些区域的分界交叠的位置。就行政区而言，南岭连接着湘赣粤桂闽数省；以学界熟知的施坚雅

---

① （清）屈大均：《广东新语》卷 3《山语》，67 页，北京，中华书局，1985。

(George William Skinner)提出的经济大区划分来说，南岭的南北分别属于长江中游区域与岭南区域，东西则连接着东南沿海与云贵高原。施坚雅的区域划分，建立在由人们的交易活动形成的市场网络层级体系之上，大区以在市场层级体系中高层次市场中心所在的江河流域和盆地为核心，周边则由大河流域的分水岭构成各大区的边缘。显然，如果把南岭视为一个整体性的"区域"，在概念上与施坚雅的市场体系模型下的"区域"截然不同。

然而，施坚雅基于市场层级体系建立的区域模型，对于以区域研究方法来认识中国历史的意义，不在于其区域划分在形式上有多少合理性和多大的适用性。学界的关注多放在他的市场和区域模型的抽象结构形式上，而忽视了他构建中国区域体系的方法在认识论上的启示。我认为，施坚雅建立的分析模型对我们的启发，不应该只局限在从市场行为出发去建立区域层级体系的方法，我们无须生硬地把他所建立的区域模型直接套用到所有的研究之中。施坚雅建立中国区域体系的方法，舍弃了从王朝国家政治版图或行政辖区出发的逻辑，提供了一个从人的行为出发去解释和定义区域的范例。用他自己的话说，他所建立的区域模型，"是一个地方和区域历史的网状交叠层级体系(an internested hierarchy)，这些地方和区域的范围分别以人之互动的空间形构(the spatial patterning of human interaction)为依据"。他作为分析出发点的"人"，是具有经济理性的人。如果我们在这个层面延续施坚雅的逻辑，以"人之互动的空间形构"作为理解区域的方法，扩展研究视野，从人的非经济理性行为和经济理性行为交织的各种历史活动着眼，就不难明白，国家权力的扩张与抵抗、人口的空间流动、生态的适应与改造、族群的文化互动等历史过程，可以形构出不同的"网状交叠层级体系"。

在这样的认识下，南岭虽然在施坚雅模式中处于几个经济大区的边缘，区域内几乎没有真正的区域中心城市，套用不了施坚雅的市场网络的层级结构，但在这个边缘地带的山岭中生活的人群，在山地生存和族群交往中长期持续的文化互动，令南岭整合为一个具有某种地理和文化上的整体性的区域。这个区域南北沟通海陆华夷，东西串联汉壮瑶畲，四周与几个经济大区相接，局部的封闭性与整体的开放性并存，构成南岭作为一个整体性区域的特质。

这样一种关于南岭区域的观念，可以联系到费孝通先生提出的中华民族多元一体格局下"南岭走廊"的概念。20世纪80年代初，费先生提出中华民族的分布地域可分为北部草原区、东北高山森林区、青藏高原区、云贵高原区、沿海地区和中原地区以及藏彝走廊、西北民族走廊和南岭走廊。费先生提出的这个由六个区域板块和三个民族走廊构成的空间格局，虽然是从民族分布着眼，以已经形成的民族单位为基础划分的，但是他强调这些民族分布的形成，经历了多种人群的接触、混杂、联结和融合的过程，你来我去，我来你去，我中有你，你中有我，形成了以民族分布呈现出来的区域。

表面上看，民族走廊的空间模式与施坚雅的区域模式截然不同，但这样一种从人群的互动形成空间认知的取向，从人的行为出发去建构的区域范畴，与施坚雅的区域模型在认识论上其实也可以相通，只是施坚雅主要从人的经济理性行为出发，而费孝通则主要从人的文化认同形成着眼，我们可将其视为中国社会与历史的区域研究的两种可以互补的区域空间认知范式。

承接着施坚雅与费孝通提出的区域模型在认识论上的逻辑，我们把南岭视为一个具有某种整体性的研究区域，就不必建立另一种区域模型去取代他们的区域理论，而可以在他们的模型基础上，叠加从人们的不同行为和活动出发构成的地图，从这些不同的空间图层之间的叠合与互动入手展开研究。我们需要建立的空间构想，不是一个单一图层的区域地图，而是由多层地图叠合后互相渗透与干扰形成的区域图层。

通过具体的研究实践体现出这种追求的一个范例，是梁肇庭教授在客家研究中建立的空间概念。① 他从施坚雅的区域理论出发，导出了一个与施坚雅的区域划分不同的客家区域，这个区域，大致相当于二百年前惠州丰湖书院山长徐旭曾所描述的范围："西起大庾，东至闽汀，纵横蜿蜒，山之南，山之北，皆属之。即今之福建汀州各属，江西之南安、

---

① Leong，Sow-Theng，*Migration and Ethnicity in Chinese History*；*Hakka*，*Pengmin and Their Neighbors*，Stanford：Stanford University Press，1997.

赣州、宁都各属，广东之南雄、韶州、连州、惠州、嘉应各属，及潮州之大埔、丰顺、广州之龙门各属。"[1]这个区域大致覆盖了南岭中部、东部及其与武夷山脉连接的地区和向北延伸到罗霄山脉的山地。不过，至少在 18 世纪以后，客家人和客家话的分布一直延伸到了大庾岭以西至广西东北部地区，也就是说，实际上客家方言群的分布覆盖了以广义南岭为核心并向东北延伸的山地区域。梁肇庭的客家研究颠覆了罗香林关于客家源流的成说，把客家源流和客家族群意识形成过程，置于施坚雅模式下的区域体系的空间过程中去解释。他从施坚雅建立的大区模型出发，将"客家"的历史同施坚雅的大经济区域的周期发展联系起来。在施坚雅的区域体系中，大区划分主要是以江河流域和盆地为基础的，而形成客家共同体的山地则分布在几个大流域的分水岭之间，亦即不同大区的边缘。梁肇庭教授以"客家"作为一个"整体"的研究对象，尽管他的讨论本意是要发展施坚雅的区域体系理论，但实际上已经勾勒出一个叠加在施坚雅的区域地图之上的区域图层，这个区域跨在以流域和低地为核心的大区之间。在这个区域里，生活在跨区域边缘地带的山岭中的人群，在与各大区的核心地带互动的过程中形成了自己的互动空间与文化认同，在此基础上，这些人群整合为一个有很强认同感的族群，在

---

[1] 罗香林：《客家史料汇编》，298 页，香港，中国学社，1965。徐氏这里以行政区列出的地域范围西至连州，但以地理标识列出的则云"西起大庾"，故这里说的大庾应该是泛指五岭。

空间上也形成一个具有自身特质的人文地理学意义上的区域。不难看出，由这种论述的逻辑发展下去，就有可能导出一种以南岭山区地貌为基础，由山地与谷底间的人口流动、国家扩张、族群互动和文化认同形成的区域概念，进而建立一个由多种网络错综叠合的空间模型，并由其交织互动过程去演绎区域的历史节奏，拓展和深化施坚雅建立的以区域周期解释中国历史的解释。

梁肇庭教授在客家研究中采取的这样一种从跨区域边界人群的流动和互动去解释区域认同形成的分析方法，是在既有的区域知识架构下从边缘与中心的互动过程来展开的。如果说这实际上还没有真正走出既有的区域研究的"核心－边缘"分析模式的话，荷兰阿姆斯特丹大学的历史学家威廉·冯·申德尔（Willem van Schendel）教授近年来提出的赞米亚（Zomia）地区的地理概念，推进了在学术研究领域中关于"区域"的认知。申德尔教授提出，"区域"是一种把特定的社会空间以及特定的分析规模具象化和自然化的地理隐喻，区域研究在产生出为人们所了解的特定地理单位的同时，也制造了学术视野之外的地理单位。区域研究的特定结构，形成一种区域的中心与边缘的认知模式，从而在认知上形成一个特定区域与特定的知识类型的周缘地带。以往，这种处在各区域之间的边界地区常常只被视为中心的边缘，没有以其独特的学术价值进入研究者的视野。然而，当我们要分析跨境流动的时候，以国家或区域作为研究单位就受限于规模的不适应，除了流动本身不会局限在这样的规模之中，在流动规则方面的竞争状态也一直持续不断地影响着地理单位规模的变动，并改变其相对的重要性，甚或创造出全新的地理单位。于是，"过程地理学"在边界地区最能够得到显现，研究者由此得以跳出区域的规模，发展出一种新的区域空间的概念。申德尔把在第二次世界大战以后形成的东亚、东南亚、南亚和中亚几个区域之间的边界相连地区命名为赞米亚，建立起一种由几个区域的边界地区相连而成，以区域间的政治过程以及跨区域的人群、物资、知识的流动构建的知域。[①]

这样一种由跨区域的边界和流动去建立地区空间概念的历史人类学研究取向，我相信可以在南岭研究的实践中得到很好的体现。前面我指出了南岭山地既是天地所以隔外内的分界，又是沟通长江流域和珠江流域的通道，这个区域里的人群和物资以及文化与知识的跨境流动，是形成南岭社会与文化特质的基本动力，也是研究者认识南岭历史与社会的着眼点。在这样一种视角下，南岭就不仅是简单的同一政治体系中的两个地方性区域之间的边界，而是一个多类型和多层次的空间流动交叠形成的区域。南岭以南，是环南海区域的北部，流入南海的珠江以及邻近几条小江河把南岭山脉延伸至海岸的一片陆地与南海海域连成一个在地理上具有整体性

---

① Willem van Schendel, "Geographies of Knowing, Geographies of Ignorance: Jumping Scale in Southeast Asia," *Environment and Planning D: Society and Space*, Vol. 20, No. 6, 2002, pp. 647-668.

的区域。这个地理板块在自然地理，生态环境、交通条件、人群流动与分布等方面属于学界称之为"亚洲地中海"的世界性区域。而南岭以北，在漫长的历史时期属于中华帝国的核心版图，由南岭流出的多条江河把南岭与在长江中下游地区的湖区连接起来，成为"九州"的组成部分，南岭由此与帝国核心区连成一个整体。虽然秦始皇和汉武帝成功地把岭南纳入帝国版图，环南海地区的北部（甚至部分西部）地区由此也成为帝国版图内的边缘地区，但在相当长的历史时期里，南岭兼具帝国边缘与环南海边缘地区的角色一直在延续。在南岭以南地区，环南海周边的文化渊源延绵长久，人群和文化也一直没有脱离环南海区域的深层影响。刘安《淮南子·原道训》云："九疑之南，陆事寡而水事众，于是民人被发文身，以像鳞虫；短绻不绔，以便涉游；短袂攘卷，以便刺舟。"这类描述清晰地记录了南岭以南虽然已经被纳入汉朝版图，但生活在这里的人群相对于南岭以北的人来说仍属异类。又《史记·货殖列传》记："番禺亦其一都会也，珠玑、犀、玳瑁、果、布之凑"，则显示出岭南对于中国的意义在于提供中原地区所缺而王朝国家所需的南海周边地区的独特物产。因此，如果我们从界域与流动的角度去研究南岭，首先要在以环南海地区为核心的"亚洲地中海"与以黄河长江流域为核心的中华帝国两个世界性区域互动的层面上把握。所谓"天地所以隔外内"，就是站在"中国"中心的角度看，这两个区域的边界，分隔了"内"与"外"地区，这个内外之间的人与物的流动，构成了南岭历史的基调，南岭地区的文化特性、社会形态、族群互动、政治格局、经济活动，缀成了一个个色彩斑斓的乐章，而南岭之所以能够构成一个作为研究单位的区域，也是在这个基调下演绎出来的。

三

在这样一种理念下，我们研究的出发点，首先是跨越这个边界活动的人。出入于南岭山地的，既有持续不断从"中国"向南迁移的人，也有环南海圈里流动着的形形色色的人。他们在南岭的进进出出，或者面对生存和竞争压力在山地间的移动，以及由此引出的不同人群之间的互动，展开了南岭的历史长卷，这一幕幕历史画卷形塑出南岭的社会构造与文化特质。同时，作为帝国边缘的南岭，其历史始终在帝国扩张的大背景下展开。这个"帝国"，既是一种政治力量的延伸，即王朝国家通过设立军事与行政机构，向南岭伸进，在这个区域建立国家统治的秩序，同时也是一种"文明"的渗透，通过文字与教化的推广来实现。这个人群流动和国家扩张交织的历史过程，在由南岭连接起来的两个区域体系之间的物资和知识的流动中展开。

以往对于边缘地区的历史认识，是在王朝国家历史的主导下，由中心向边缘张望的观察，因而在人们熟悉的宏大历史叙事中，南岭的历史几乎是完全没有位置的，最多也只是一

种边缘对中心的配合或回响。然而，当我们以这种跨界区域
作为研究的单位，就可以期望从这种连接多层区域的边缘地
区的历史中引出一些新的学术关怀，提出新的问题，发展出
新的研究路径，并获得有自身学术价值的历史认识。由于我
们对南岭历史的研究才刚刚开始，现在要讨论这个方向可能
发展出哪些新的方向，还为时过早，这里就我对南岭历史的
一些皮毛认识，提出一些最轻率的想法。

既然南岭的历史是由进出于南岭山地的人群的活动构成
的，那么，这些不同文化背景的人群，在这片跨区域的山地
通过怎样的行为机制形成本地的区域社会与文化，是南岭历
史研究的一个基本问题。在这一点上，台湾的研究经验或许
是有益的。台湾人类学者以台湾汉人社会为对象的研究，提
出了理解区域社会的三种理论假设：第一种是强调历史文化
传统重要性的假设和解释，第二种是环境适应的假设和解释，
第三种是族群互动与文化接触的假设与解释。[①] 庄英章教授
在讨论台湾的客家学建构时，明确提醒我们要走出种族中心
论的视野，从族群互动、认同与文化实作的角度，尤其是从
贯时性的历史社会变迁的角度来研究。[②] 在漫长的历史中，
来自不同地区的人持续地进入南岭山地，并且频繁地在山地
间的流动，是南岭历史的一个主题，以往的历史观常常把这

---

① 参见庄英章：《汉人社会研究的若干省思》，载《"中央研究院"民族学研究所
辑刊》，1996 年第 80 期。
② 参见庄英章：《试论客家学的建构：族群互动、认同与文化实作》，载《广西
民族学院学报(哲学社会科学版)》，2002 年第 4 期。

种人群的移动视作移民史和开发史的课题。毫无疑问，由人的流动和流动的人的活动构成的历史，的确可以从移民的角度来观察，但更值得我们去深入探究的，不应该只停留在人的空间移动上，这些人来源的复杂性及其文化传统的多元化、移动时间的持续性和周期性、多种方向甚至看似无序的流动路径、在不同历史时刻外来者与相对而言的当地居民之间的互动，以及在这些过程中文化认同的形成机制等，都可以令我们超越移民史的视角，转为由人与物以及文化的流动和互动去建立关于区域社会建构的认识。在一个以户籍制度作为王朝国家统治体制基础的社会体系中，那些持续不断地进入南岭的人口，原来已经是国家编户的，与其说是移民，不如说是逃户；而随着南海北部各河口三角洲和山区间的河谷盆地被王朝国家深度渗入，那些南岭的山地自然成为那些自居化外的蛮僚最后栖息的家园。于是，山地人往往不是沿着江河流域，而是沿着山岭高地或在山峒间移动。他们的流动方向大多是散漫且多向度的，有的甚至是在山地间的无序流动，有从山地之外向山地流动的，也有走出山地向外移动的。这些本来在历史文化传统上有很大差异性的人群，在流动中彼此之间发生频密的互动。在同一种生态环境中，这种流动和互动的过程，逐渐酿成了文化上的共同性，也形成了新的分类。南岭山区中正在消失中的方言岛现象，以及我称之为南岭山地普通话的"客家话"的形成和空间扩展，就是这个事实的一种折射。

要更加深入地了解这个过程，我们需要在山地生态环境及其对人们生存方式的影响，山地人群应对王朝国家统治的策略及其行动，还有山地的市场体系以及人群的市场活动等方面进行深入研究。以市场为例，如果套用施坚雅的市场模式来看，南岭山地的市场，在层级结构上比较单一，稀疏的市场中心所覆盖的市场区域范围远比平原地区的广大，甚至还往往同时兼具了从基层市场到中间市场和中心市场的功能，并且直接同更大的区域性市场联结起来，这导致了山地居民相对于平原地区的乡民有更广阔的市场活动空间。这对于山地人群的族群性和文化认同的形成而言，是非常重要的一种机制。至于这样一种本地的物产（尤其是矿产）以及本地市场的交换流通，与南岭作为前面所说的跨区域市场流通的通道之间的关系，我们所知甚少，但可以想象，跨区域的物资流动和人的交往，在把不同的人群源源不绝地带入南岭山地的同时，也必然拉动更大规模的区域范围的文化交流。

虽然目前南岭地区的考古发现和社会调查的成果还有点零碎，但已经可以让我们看出多元文化的长期影响。考古学者卜工先生从考古学的角度讨论岭南的文明进程时，概括地告诉我们，先秦时代，南岭以南有独立的考古学文化，与南岭以北地区截然不同，所以苏秉琦先生曾说"岭南有自己的夏商周"。卜工先生认为，在石器时代，南岭以南地区的考古学文化有着相对独立和稳定的发展时期，有一个"珠江的大传统"，在文化渊源和传统上与南岭以北的中国迥然有别。这个

"珠江的大传统"在珠江下游、粤北山地和沿海地区有着文化面貌上的一致性，也存在着他表达为"南北对话""海陆有别"的多样性。后来，南岭以北的文化不断通过南岭进入珠江流域，"距今6000年前后，湖南安乡汤家岗遗址的彩陶由湘水走灵渠而入西江，然后一路南下……开始动摇了珠江的大传统"，"距今5000年前后，江西清江流域的樊城堆等遗址以三足盘鼎代表的遗存与浙江好川墓地以陶鬶、玉宗为代表的遗存重组后翻越大庾岭梅关进入广东，取大珠江传统而代之，以石硖文化的崭新面貌独立于粤北山地"，"距今3500年以后，福建九龙江流域以虎林山遗址为代表的遗存不断地由东而西渗透岭南"。[①]考古学者的这些意见，在具体的表述上不管是否精确，都可以让我们看到南岭作为南北通道在文化传播、流动以及交互影响过程中的角色，而石硖文化的例子也显示出多元文化传统在南岭这个通道中重新整合形成新的文化类型的可能性。

在文字传统方面，我们今天在南岭人群中可以看到的各种与文字传统多重相关的文化遗存，如瑶族畲族的盘王传说、过山榜、家先崇拜与祭祀、师公的仪式、亲属称谓以及婚姻形态、家族制度、聚落和建筑的风水传统、以客家话为主体的汉语方言、女书文字，乃至以汉文书写的契约文书、族谱、碑刻等，都是不同的文字传统持续不断在这里渗透，并与非

---

① 卜工：《岭南文明进程的考古学观察》，载《历史人类学学刊》，2005年第3卷第2期。

文字传统交融整合的结果。特别要强调的是，我们在这些文化遗存中看到的文字传统，并非单一的王朝国家和推崇儒学传统的士大夫推广教化的结果，在日常生活中的本地文化传统中，文字的应用和传播对南岭山地社会产生的更长期、持续、深入的影响，显然来自佛教和道教以及各种民间宗教传统的传播和扎根。

当然，南岭北部的王朝国家及其文化长期持续的渗入、控制和整合，国家制度的存在和王朝历史的节奏，对南岭社会、文化与历史有着最深远的影响。与南岭西北更广袤的山地相比，这里自从被纳入中国版图之后，就不再被视为王朝的边疆。虽然南岭东西两翼在相当长的时期里，也处于国家控制相当薄弱的状态，但由于越过南岭直接到达的桂林—广州地带在王朝体系中长期具有很强的核心性，穿越五岭南北的交通相对而言也相当便捷，历代王朝都在南岭地区设立州县直接管辖，所以，中国的王朝国家的存在，是研究南岭社会文化历史时首先要确定的事实。正是这个事实，与南岭以南地区在地理上属于环南海区域的事实叠合在一起，使得国家在南岭的存在以及国家力量在南岭社会的整合过程及其影响都表现出复杂性和独特性。

在南岭及其以南地区，一方面是中原王朝在广州、桂林这样的都会建立起王朝政治控制的区域中心，沿着主要的交通路线，国家也很早就设立州县管治；另一方面，在中心城市以外的地区，长期居住的人口大多数是本地蛮僚。这样一种国家沿着交通线设立了行政中心，而政治权力又不能真正覆盖地理版图上的大部分的平面空间的情况，在王朝时期持续了相当长的时间。南岭交通线的变化以及户籍人口分布的改变，可以反映出这种状态下的国家存在及其历史动态。例如，由中原入南岭的主要交通线从汉代的灵渠到唐代以后的大庾岭的转移，就显示出南岭与国家历史动态的联系；从南岭向南延伸的山地中，沟通岭南东西部的大藤峡和罗旁地区在明朝中叶受到王朝异乎寻常的重视，是王朝政治控制转变的一种反映；在南岭中部的粤北地区，从宋代以前为岭南人口密度最高的地区到明代以后变成人口最为稀疏的地区，也是王朝国家的空间格局改变的结果，更隐含着国家在地方社会的存在形态在明代中期以后发生重大转变的意义；明代中期以后国家在南岭的存在最重要的转变，则突出体现在南赣巡抚的设立以及这个区域的政治版图的显著改变上。仅从这些既有的历史认识，我们已经可以看到王朝国家扩张历史在南岭区域社会整合过程中的角色，国家的历史毫无疑问是南岭研究中的一个基本向度。

如果我们把这样一种国家历史的向度，拉回到南岭当地发生的历史的视角中，也许最为引人瞩目的事实，是长期持续的叛乱传统和族群分类形成的。叛乱和族群问题，是南岭中最为外界所关注的历史，文献上有关南岭的资料，几乎绝大部分都是关于这两个题材的记载。我们可以相信，叛乱和族群互动，是形塑南岭社会文化特质最重要的机制之一。南岭地区叛乱与族群的历史,很鲜明地反映出南岭作为中国的王朝国家和环南海地区的跨界角色,凸显着这两个区域政治与文化互动的特质。例如,在南岭以南地区的叛乱势力,往往是山盗海寇一体,海寇上山或山盗下海,成为很多大规模叛乱的活动方式;在官府的眼中和文字书写的历史记载里,这些叛乱往往都打上了族群的标签;在一些人的观念中,甚至逐渐形成上山为瑶、入水为疍的分类成见。这些现象,都体现了南岭跨区界域的特色。叛乱是对国家政治权力的反抗,而族群则往往是一种对主流文化认同的抗拒,两者交织的关系,不可避免地总是我们观察南岭历史的主要内容。讨论到这一点,也许我们可以把南岭研究联系到近年来学界关于前述申德尔教授称为赞米亚地区的研究中提出的一个热门话题,就是从山地人群"逃离国家"的选择去解释像赞米亚这类跨界边缘地区的历史与社会形态。在这个问题上,我有一些不成熟的想法,借这个机会再多谈几句。

四

"逃离国家"的话题,是由詹姆斯·斯科特(James Scott)教授在关于赞米亚地区历史的研究中提出的。作为一种关于地域空间的研究,斯科特引入垂直空间视角去观察赞米亚地区的政治和社会结构与历史过程,他由个人及群体的能动性去解释高地社会的政治体制,把身为历史行动者的山地人群的"无国家"政治选择作为理解高地人群的生存条件、生产与生计方式、价值体系和社会结构的出发点，建立一种关于山地区域历史结构的解释模式，颠覆了既有的国家史观。① 斯科特的著作用了一个颇具刺激性的标题——《逃避统治的艺术：东南亚高地的无政府主义历史》作为书名，鲜明地表达了其颠覆"国家史观"的用心，从高地人群的立场和能动选择去论述高地社会与政体发展的历史。这个标题在表达学术主张与理论特色上是非常成功的，但是也造成了一些误读，最常见的是以为他讲述的是一段非国家化的历史与没有国家统治的区域和社会形态。其实，他从高地人群逃离国家的选择出发的讨论，非但不是呈现一个无国家的历史过程，相反恰恰是出于由"国家效应"出发的一种分析立场，只是这种国家效应不是从国家扩张与人群的被动应对来说明，而是把高地人群的逃离国家作为一种主动选择和立场坚持乃至意识形态建构来分析国家效应在赞米亚区域历史中的展开。我以为，这种立场在方法论意义上，不只适用于赞米亚地区，也适用于其他国家建构已经广泛渗入的地区，如我们在这里讨论的南岭山地。这个地区虽然也存在国家体系持续面临挑战的空间，也存在从没有中断的逃离国家的政治选择，但如果我们不是

---

① James C. Scott，*The Art of Not Being Governed*：*An Anarchist History of Upland Southeast Asia*，New Haven：Yale University Press，2009. 我对斯科特的著作的理解，从何翠萍等的《论 James Scott 高地东南亚新命名 Zomia 的意义与未来》(载《历史人类学学刊》，2011 年第 9 卷第 1 期)一文得到很多启发，谨此致谢！

把南岭山地的国家存在只理解为一般意义上的政治统治体制，而更多把国家存在看成是一个多层的权力和文化体系，那么可以认为，南岭地区长期以来一直是在国家体系下创造自身的历史与文化的。

　　毫无疑问，南岭在空间上不在斯科特所圈划的赞米亚范围，但其山岭与赞米亚地区直接相连接，是中国西南山地向东延伸出来的一条"陆梁"（借用辛德勇的说法）。不过，这片山地的人群，与赞米亚地区的人群有非常紧密的联系，民族语言学家把岭南地区原有居民的语言归入苗瑶语系或壮侗语系，尤其是在南岭山地中的瑶人，一般被认为属于广泛分布在赞米亚区域中的勉语人群。然而，与赞米亚地区最明显的不同，是这个区域从秦汉以后一直在中国历代王朝设立州县的直接管治之下。前面讲到的南岭在地理上同时兼具"天地所以隔外内"与"为百粤数千里咽喉"的双重功能，使其在中国的王朝国家体系中占有重要的位置。在这个意义上，南岭也许是一个可与赞米亚地区比较，并由此推进关于山地社会与国家扩张历史认识的理论建构的一个实验场。

　　南岭山地中人群的生存情况和国家存在状态，乍看起来有很多与赞米亚地区相类似的现象。南岭及其周边连绵的崇山峻岭，在相当漫长的历史时期里，也是大量如斯科特所见的选择"不被统治"的人群逃离国家的藏身之地。王阳明曾经描述这片山地是"政教不及，人迹罕到"。明代嘉靖《韶州府志》说这里的"山谷之民，至今有老死而不见官府者，大抵土旷民稀,流移杂处"①。明朝江西巡抚陈有年描述粤东北与赣南之间的山地人群时说:"广东惠州之和平、龙川、兴宁,与潮州之程乡、平远,与赣州定南、龙南、长宁诸邑,犬牙相人其间,皆旧巢遗种,习染未除,平居负山阻峒,骄悍自恣,一有罪愆,官司绳之稍急,则呼叫蹪躐而起。"②类似的记载,在明清时期的文献中俯拾皆是。这些文献中所指的"旧巢遗种"和"流移杂处"两类人,用现代的语言来表述,大致可以简单理解为当地的原有居民和外来的移民,这些人相对于作为王朝编户的"民"来说,可以认为不在王朝国家的直接统治之下。

然而,如果只是简单地将南岭山地的人群视为逃离国家统治的人,潜在地隐含着对南岭历史的解释只是在"逃离"与"加入"国家,或国家"退出"与"扩张"的循环中兜转。这样一个反复拉锯过程的事实,虽然是我们研究中不可避免要面对的议题,但只在这个议题中纠缠,就可能限制我们对南岭山地社会的认识,而我们对山地区域动态发展过程的研究也难以在更宏观的层次上对中国历史进程的解释做出贡献。

历史文献中关于南岭山地的人群的指称,无论是"旧巢遗种"还是"流移杂处",最习见的是与"盗""贼""寇"这类概念相提并论,南岭因此历来被视为盗贼渊薮。这些盗贼的构成,

---

① 嘉靖《韶州府志》卷1《风俗》,见广东省地方史志办公室辑:《广东历代方志集成·韶州府部(一)》,15～16页,广州,岭南美术出版社,2007。

② (明)陈有年:《陈恭介公文集》卷4《奏疏·邻境宿寇荡平议处地方善后事宜疏》,见《续修四库全书》编委会编:《续修四库全书·1352·集部》,678页,上海,上海古籍出版社,1995。

用明嘉靖年间谈恺纂《虔台续志》中的说法，是"瑶僮滆焉，渔疍伏焉，逋亡集焉，盗所由出也"。在这里，我们看到了当时的国家官员标签和定义异己时习用的两种话语——"瑶僮渔疍"属于人群和文化分类的话语，"逋亡"与"盗寇"则属于王朝国家政治范畴的话语。在官员们书写的文件中，所谓"旧巢遗种"是在前一种话语下使用的概念，所谓"流移杂处"的人群则是在后一种话语下使用的概念。这两种概念在明清文献中，几乎理所当然地与"盗贼"相提并论，而"盗贼"之名，更鲜明地是一种基于王朝统治的合法性与道德价值的话语。从这几套概念的交错叠用的文字记录和历史记忆出发，可以是理解和解释这个区域历史文化过程的一个切入点。

在中国文人的观念和表述中，惯用族类的概念来区分和标签在文化上和身份上不属于王朝编户（即所谓"民"）的人群，用汉字书写的文献，都把南岭以及岭南地区的人统称为"蛮"，并分别用多种族类名称来标识之，这些名称主要有"瑶""僮""僚""俚""疍""倮""岐"等。按清代比较通行的说法，广泛分布在南岭地区的"瑶"，是原居湖广溪峒间的蛮夷，后逾岭而居溪峒；其他诸蛮则是旧越人诸种。[①] 不过，这些族类名称，并非这些人群的自称，而是古代外来读书人用来指认当地居民的他称，每一种名称也没有精严的定义，同一名称所指的

---

① 参见（嘉靖）《广东通志》卷 67《外志四·夷情中·瑶僮》，见广东省地方史志办公室辑：《广东历代方志集成·广州府部（四）》，1759～1771 页，广州，岭南美术出版社，2007。

可能是不同的人群，同一人群也可能用不同的族称。当代的学者若执泥于把这些族称与现代民族识别划定的民族分类等同起来，甚至沿袭过去的读书人和统治者的话语，把使用文字的人贴在不使用文字的人身上的这些分类的标签，认作有不同文化本质的人群的分类，那么即使提出看似纷纭的解说，仍不免胶柱鼓瑟。如果我们不是执着于这些标签的种族属性和文化本质，而是着眼于这些标签在操控汉字书写的读书人观念中的文化和社会意涵的话，就可能发现，文献中出现的族群名称的差异，隐含着南岭及岭南地区原有居民与王朝国家关系的微妙改变。

南岭山地的原有居民，早期的文献中多称"僚"与"俚"，清代以后则渐渐少见以至消失。对南岭的瑶族有深入研究的李默先生在讨论广东的瑶族源流时曾经提出，瑶族中包括了古代广东的俚僚。他列举了大量文献，显示出宋代以前的文献用"俚僚"指称"岭南原民"（李默先生用语），明清之后逐渐多用"瑶僮"之名，他把这个变化称为"瑶化"。[①] 虽然他的讨论关注的仍然是族属和族类源流变化的问题，但从他的揭示的事实，我们看到这个"瑶化"过程，与其说是一个族群融合演变更替的过程，不如说是一个在文献书写上呈现的"瑶化"过程。这个过程所表达的，是王朝国家对本地族群的观感和认知变化，这种变化反映出国家政治控制和文化扩张，本地

---

① 参见李默：《广东瑶族与百越族（俚僚）的关系》，载《中南民族学院学报》，1986年增刊。

人群的身份与角色的演变以及相关的社会变迁的历史。在文字书写上以"瑶""僮""畲"的名称取代"俚僚"来指称本地的人群，说明他们既不属于国家编户的"民"，又与古代的"俚、僚"有所区别，他们在文化上可能仍属化外，但在身份上已被纳入王朝统治的秩序之内。因此，如果只囿于从"逃离"还是"进入"国家的二分法来分析南岭山地的人群，是不足以由族群标签与身份的改变去解读这个区域的社会过程的。

明清时期文献中所见南岭山地中在州县编户之外的人群，主体是分布在山岭溪峒中的瑶人。关于这些瑶人的文化与社会，崇祯《博罗县志》中有这样一段简要的描述："椎结跣足，随山散处，刀耕火种，采实猎毛，食尽一山则他徙，粤人以山林中结竹木障覆居息为峯，故称瑶所止曰峯。自信为狗王后，家有画像，犬首人服，岁时祝祭。其姓为盘蓝雷钟苟，自相婚姻，土人与邻者亦不与通婚。瑶有长、有丁，国初设抚瑶土官领之，俾略输山赋，赋论刀为准，羁縻而已。今瑶官多纳授，从他邑来兼摄，亦不常置。"这段描述的后半段，清楚地显示出瑶人并不是在国家之外的，但前半段所讲的瑶人生存状态，也会令我们联想到斯科特的所谓"逃跑农业"（escape agriculture）和"逃跑社会结构"（escape social structure）。这些居住在溪峒之中的过山瑶，在过去也多依赖打猎和采集块根植物为主要食物来源，即所谓"采实猎毛"。用我们在南岭山地调查时听到的当地瑶族的说法，他们过去每到一个山头，都是用一把锄头，挖蕨根作为食物，"食尽一山则他徙",一地的蕨根挖完了,就到另一个山岭去,仍然是以挖蕨根为生,一代一代在不同的山岭上流动。这种不断迁居的生存方式决定了他们的家庭形式,现在七八十岁一代的瑶族,能够追溯的祖先一般不会超过三代,加上过山瑶的双系继嗣的亲属制度,使得他们不太可能形成超出家庭规模的继嗣群体组织。因此,过山瑶的社会基本上是一种家屋社会,以核心家庭为基础,没有形成基于血缘继嗣分支的家族组织。

然而,在文献上"瑶僮"的名称逐渐取代"俚僚"的名称,隐含着这些人群同国家发生联系的转变。李默先生考辨瑶名时除确认"瑶"名是他称外,更指出"瑶"这个名称有特定的含义。他用宋明时期的资料阐发宋人周去非《岭外代答》中所谓"瑶人者,言其执徭役于中国也"一语。他认为宋代曾下令在岭南招土人营田,"俚僚营田而为瑶";元代则营田屯戍之蛮僚是为瑶人;明代有瑶兵制,岭南俚僚之裔又化为瑶;因此嘉庆《广西通志》释"瑶"谓:"瑶者,徭也。粤右土著,先时就抚,籍其户口,以充徭役,故曰瑶。"①由此可见,"瑶"的名称,在汉字书写的语境下,其实是一个同王朝国家体制相联系的符号。从这个解释出发,我们可以说,南方的蛮夷在宋明以后多以"瑶"称,也就是所谓"瑶化",其实是南岭原住溪峒之人(俚僚)被拉入王朝统治下的国家体系的过程。

这一看法,看起来与惯常的认识相悖。一些文献记载提

---

① 李默:《韶州瑶人——粤北瑶族社会发展跟踪调查》,49~54页,广州,中山大学出版社,2004。

到瑶人时，常有"不事赋役""免其徭役"的说法，以致人们一般都相信"瑶"之名来自"莫瑶"之意。但其实，只有已经处在王朝统治体系之中，"免其徭役"才是一种有意义的优待。而且瑶人得此优待，是以其承担其他义务为条件的，如充当峒丁瑶兵、承种瑶田、贡纳方物等。明代瑶人中"有力者从藩司纳银若干，给札为瑶官，诸瑶听其约束"①，也是瑶人在国家体系中生存的一种方式。更值得一提的是，在南岭地区，很多自称汉人的外来者为获得合法的土地所有权，获得合法的编户身份和定居权利，常常都会用顶承瑶田瑶粮的方式作为门径。很显然，把被称为"瑶"的人群简单视为"不被统治"的人群，是不能解释这个族群与王朝国家的复杂关系的，也容易导致对山地瑶人社会的误解。在这个意义上，南岭这样的山地区域与斯科特所描述的"Zomia"地区，在性质上有根本的区别。

　　与斯科特关于"Zomia"的讨论中揭示的情况相似，南岭山地中的确有相当大量的人是从国家统治体系中逃出来的。明清时期的文献很清楚地记载，在山地中那些被称为"瑶"的人，也有相当多的数量是从州县编户中逃离出来的。在相当长的历史时期，南岭山地，历来都是逃离国家的人藏匿之区，"外为流寇窃入之门，而内为穷寇逋逃之路"②。这些逃进山

① （明）王临亨：《粤剑编》卷2《志土风》，76页，北京，中华书局，1987。《贤博编》《粤剑编》《原李耳载》合刊本。

② （明）陈有年：《陈恭介公文集》卷4《奏疏·邻境宿寇荡平议处地方善后事宜疏》，见《续修四库全书》编委会编：《续修四库全书·1352·集部》，682页，上海，上海古籍出版社，1995。

144

中脱离政府直接管治的人，在官员和文人的笔下，常常被认作蛮。元代的时候，有云"广东一道，为海上雄藩。南距海，北抵庾岭，东接闽，西连雷化，地方数千里，户口数十万，瑶僚半之。近年以来，民化瑶僚之俗者又半，视礼乐者为迂阔，弄刀兵如儿嬉。苟抚字无方，则啸山林，泛江海，相胥起而为盗"①。到明清时期，如清人吴震方《岭南杂记》所说："明通志凡山寇皆谓之僚，盖山寇亡命乌合，未必种传，无从究考。"清初屈大均也非常明白地指出，瑶人中，"其非盘姓者，初本汉人，以避赋役，潜窜其中，习与性成，遂为真傜"。

在这个意义上，宋明以后南岭山地中的所谓"瑶化"，除了古代"俚僚"转变为"瑶"，还有另一个意义，就是原来的州县编户逃避州县赋役，逃入山中成为"瑶"。在官方眼中和士人的笔下，贴上"瑶""僚""畲""疍"这类标签的南岭山地的人群，有相当数量是本地和周边地区逃脱州县编户身份的人。可以说，在文字记录中使用的"瑶疍"一类名称，包含了"流移""逋逃"的意义，从王朝国家的角度看，他们的"无籍"身份，自然也是一种逃离。南岭山地中的"旧巢遗种"与"流移杂处"纠杂在一起，构成了一种逃离国家的状态。

不过，南岭山地人群这种逃离国家的行为，在王朝国家的统治格局下形成了独特的政治形式和社会状态。自秦军分

---

① （元）刘鹗：《惟实集》卷3《广东宣慰司同知德政碑》，见（清）纪昀、（清）永瑢等编纂：《景印文渊阁四库全书·集部一四五·别集类》，1206/310页，台北，台湾"商务印书馆"，1986。

五路通过南岭进入岭南地区之后，历代王朝一直在这个地区设立州县实施直接的统治。我们在前面指出过，南岭既是中国南北相隔的天然屏障，同时又是中国通往南海的孔道，这样一种特殊的地理角色，使得历代王朝一直非常重视控制这个地区，延续了两千多年的直接统治。但是，直到明代中期以前，中央王朝在南岭地区设立的州县治所，大多是在交通要道上的河谷盆地，稀疏地成点状形态分布，州县的行政辖区非常辽阔，山岭之间相当广大的地区，包括许许多多的河谷盆地在内，大部分实际上长期是"政教不及"之地。元代时官拜江西行省参政、征讨南岭峒僚被执身亡的刘鹗曾这样描述南岭中的人群："五岭，大庾其一也，岭之南九十里为南雄府治在焉。群山环揖，两江合流，居民繁伙，真壮郡也。属邑惟保昌、始兴负郭，始兴去城百二十里，而远僻在万山间，与韶之翁源，赣之龙南、信丰相接，溪峒险恶，草木茂密，又与他郡不侔，故其人为僚，暴如虎狼，至如寻常百姓，渐摩熏染，亦复狼子野心，不可以仁义化也。"①明代福建按察司兵备金事胡琏亦言："两省居民，相距所属县治各有五日之程，名虽分设都图，实则不闻政教。"②明代两广都御史吴桂芳曾上疏论曰："广中一县，常五六百里，缓则不驯，急则啸

---

① （元）刘鹗：《惟实集》卷2《南雄府判琐达卿平寇诗序》，见（清）纪昀、（清）永瑢等编纂：《景印文渊阁四库全书·集部一四五·别集类》，1206/305～1206/306页，台北，台湾"商务印书馆"，1986。

② （明）王守仁：《添设和平县治疏》，见《王阳明全集》卷11，上海，上海古籍出版社，1992。

聚，未可归之山川与有司绥抚失策也。"[①]在这种政区格局下，南岭地区州县辖属的编户人数是非常稀少的，大部分人口都不隶属州县管治。明代嘉靖年间广东布政司辖下南岭地区 15 个州县的在籍户数一共只有 35000 多户，其中最极端的例子如大庾岭南麓的南雄府保昌、始兴两县在嘉靖二十一年(1542)户数最少时只有 502 户。南岭山地中的人群看起来不在王朝国家的直接统治之下，主要表现在他们不在政府户籍体制下，也就是身份上不是王朝编户。

然而，身份上不是国家编户是否就意味着他们处于王朝国家统治之外，是否意味着他们有独立的社会系统呢？这牵涉更多很复杂的问题，也许正是我们在未来的南岭研究中要继续努力探讨的问题。这里可以顺着这个话题简单直接地提出的问题是，这些人群在南岭山地中以什么为生？他们的生计和生存空间是怎样一种结构？他们的生活方式形成了怎样的社会结构？这是我们了解南岭社会的基本问题。虽然在官方文献的笔下，南岭中的人群大多为盗寇山贼，似乎主要以劫掠为生，但实际上，我很难想象在这么大片的山地中的大部分人口可以长期靠劫掠为生。在文献记载和实地考察中，我们都可以看到，南岭山地其实是一片资源丰富、物产繁盛的土地。很多人进入山地，或开垦，或佃种，从事农业生产。例如，在闽粤交界地区的白叶坂，"有田，半系贼开垦，半系

---

① 万历《永安县志》卷 1《建置志》，见广东省地方史志办公室辑：《广东历代方志集成·惠州府部(十一)》，68 页，广州，岭南美术出版社，2007。

窝主陈弼家业，系贼者赖以自赡，系陈弼者辽远不能自耕，往往招募流徙耕种。夫流徙者，平素习非之人也。业主利其代耕，而不问来历；流移者乐有所托而因肆其狂图，是前田盗之招也"。明中叶时，在南岭腹地的乐昌县，"邑东西近山，其地僻旷，流民聚居于中，始以佃耕为生，久之人日益众"①。南岭山地中不仅有非常多水源丰富、土地肥沃的被称为"洞"的小盆地或山溪谷地，而且还有很多小的丘陵台地，可以开垦为水田和梯田，在这样的生态条件下，农业耕作在南岭山地中也是主要的生计模式。在这种农耕经济的体系中，土地的权利和经营方式，都是我们在认识山地社会时不可忽视的问题。

除农耕之外，南岭山地矿产资源十分丰富，明代以后，这里的矿冶开采吸纳了大量的流移人口聚集。例如，在赣粤交界的长宁县，"原为旧巢新抚之区，铁冶鼓铸，动集万计，往往夜聚晓散，椎埋为奸"②。除了矿山聚集大量人口，南岭作为"独以横截南北，为百粤数千里咽喉"之区，穿越南岭的商路上日夜络绎不绝的货物运输，也吸纳聚集了千千万万的流移人口。例如，"负山阻险，逋逃攸萃"的和平县，地处南岭山地深处，但因在江广之交，"计有明建治垂百余年，文物日盛，货殖日多，熙穰日众，久已成为大道"。"上下往来，

---

① 康熙《乐昌县志》卷 5《武备志》，见广东省地方史志办公室辑：《广东历代方志集成·韶州府部（五）》，40 页，广州，岭南美术出版社，2007。

② （明）陈有年：《陈恭介公文集》卷 4《奏疏·邻境宿寇荡平议处地方善后事宜疏》，见《续修四库全书》编委会编：《续修四库全书·1352·集部》，679 页，上海，上海古籍出版社，1995。

无论鱼盐茶油，与一切杂货，争由是路。且番舶洋货以及山珍海错，无不出乎其途。"①于是，和平县的人口"半借肩挑糊口，养活几万余家，全赖过客生活"。总之，大量人口聚集到南岭山地，虽然在官员们看来，是"招致四方无籍，隐匿远近妖邪"，但"避役逃民并百工技艺游食之人杂处于内"的最主要动力和契机，是南岭山地的开发，包括山地的垦殖、矿冶、以及商业贸易的繁盛，构成一种巨大的吸纳空间能力，把千千万万的外来流移人口拉进南岭山区。因此，我们在南岭山区看到的从王朝国家直接管治的体制中逃离出来的人群，其实是生活在一个更大的经济体系之中，在结构上仍然在国家体系之内，是王朝国家整体性的经济与社会体系的组成部分。

此外，对岭南山地人群的社会组织、信仰、仪式、婚姻以及亲属制度的研究，更可以让我们看到这个地区在文化上与更大的文化系统之间长久的整合过程及其机制。例如，我们前面已经提过的文字传统的深度影响、仪式专家的传统、客家语的普及等，都体现出对这个地区及其人群的社会与文化，不可能脱离大的文化系统去理解。南岭山地的历史运动，一定要走出逃离还是拉入国家的循环，放到一个更宏大的场景和更复杂的脉络下去认识。

观棋之人拉拉杂杂发了一番议论，只要不动手动脚去搅

---

① 周维东：《洪公祠碑记》、朱超玫：《重建九子岗茶亭记》，转引自乾隆《和平县志》卷8《艺文》，见广东省地方史志办公室辑：《广东历代方志集成·惠州府部（十九）》，318、336页，广州，岭南美术出版社，2007。

局，其实是无关紧要的。棋怎么下，下出什么名堂来，还是静观棋局的进展吧！我们的南岭历史研究才刚开始，一群年轻的学者已经做出了可观的成绩。这篇所谓"序"，只不过是大戏开始前的一轮锣钹鼓乐而已，当大幕拉开，剧情将会一场比一场精彩，丽情迷人、笃思萦怀的人们，就会把序场的铙鼓嘲轰遗忘。这是我的期待。

（2015 年 9 月 28 日搁笔于台大宿舍）

家族研究与社会科学中国化

　　本文的所谓社会科学中国化，包含了两个层面的意义，首先是中国研究的社会科学化，即运用西方近代以来发展起来的社会科学理论和方法来研究中国社会；其次是要通过对中国社会的深入研究，在大量的实证观察和科学分析的基础上，建立一套从中国社会抽象出来的概念、法则和理论体系，发展起一种对中国社会更具有穿透力的研究范式，从而使中国研究(这里主要指中国学者对本土社会的研究)不仅可以在相当广泛的领域与西方社会科学对话，而且更可以为世界社会科学的现代发展做出特殊的贡献。本文试图以中国家族研究为例，就社会科学中国化的问题谈一些粗浅的看法。

一

　　家族制度，是中国传统社会结构的重要一环。中国学者在开始学习用西方社会科学的眼光检视中国社会时，就已经

敏锐地体察到，家族主义，或家族本位，是传统中国社会与
文化不同于西方社会与文化的基本差异所在，研究传统家族
制度，对于破解中国传统社会结构，有着特别重要的意义。
从 19 世纪末 20 世纪初西方社会科学传入中国以来，中外学
者在研究传统中国社会时，把相当多的注意力放在了家族制
度上，努力用近代社会科学的理念和方法，剖析传统家族制
度。例如，梁启超在《中国文化史》中关于"家族及宗法"的讨
论，虽主要是阐述传统文献中的宗法理论和根据传统宗法观
念记录下来的事实，但他的阐述，已经是用西方社会科学的
眼光来解释传统文献的记录，他着重分析的是家族组织的构
成法则、权利义务关系和社会功能等由西方社会科学的研究
经验引出的问题，这就在认识的角度和深度上，表现出和传
统宗法理论的根本差别。20 世纪三四十年代国内出版的关于
中国家族制度研究的著作，如吕思勉的《中国宗族制度小史》、
高达观的《中国家族社会之演变》、陶希圣的《婚姻与家族》等，
都表现出类似的旨趣。尤其是潘光旦先生在 30 年代写成的
《明清两代嘉兴的望族》一书，在运用近代社会科学方法整理
和利用家谱资料方面，做出了开创性的贡献。

　　与此同时，一些受西方社会学、人类学教育培养出来的
中国学者，如费孝通、李安宅、陈翰笙、杨懋春、林耀华等
人，更彻底地脱离了中国的学术传统，突破了传统诠释文献
资料和宗法理论的局限，用从西方社会科学研究传统中学到
的方法，开展实地调查和处理文献资料，走出了一条用西方

社会科学方法研究本土社会的道路。传统家族制度同样是他们研究的主要问题之一，他们或者把家族私有制度作为他们进行社区研究的重要一环，或者对家族制度的一些侧面进行专题研究。他们着重考察的大多是从西方社会科学的研究经验中引出的基本问题，如亲属称谓、血统继承原则、乱伦禁忌、家族财产关系、家族组织的结构和社会功能，等等。由于他们的努力，中国研究的社会科学化从一起步就达到了比较高的水平。

20 世纪 50 年代以后，关于中国家族制度的研究得到了进一步发展，研究风格更为多元化。在中国大陆，由于众所周知的原因，社会学和人类学研究曾一度中断，但一些历史学家运用马克思主义阶级分析的观点和方法，利用历史文献资料，在研究传统家族制度与封建社会经济形态和专制统治的关系及其发展演变的趋势方面，已取得一定的进展。而在台湾，则有一批人类学家，着重以台湾社会为研究对象，做了大量的人类学调查和研究。一批西方人类学家也在香港新界地区和台湾，对中国传统家族制度展开了深入的研究，在大量个案研究的基础上，建立起一套关于中国家族制度的研究理论和研究范式。另外，日本的学者则从历史学的角度，搜集和整理了大量的文献资料，并着重从村落共同体、家族法、族产制度等方面，考察中国传统家族制度。

中外学者这些研究，尽管角度不同、方法多样、风格各异、良莠不齐，但大多都是根据西方社会科学的研究经验，把西方社会科学研究传统所使用的概念体系、理论法则和研究技术，直接移植于中国传统家族制度的研究。这些研究对于传统中国社会研究的科学化，有着无可否认的积极意义。一方面，运用西方社会科学的理论和方法来剖析中国传统家族制度，改变和深化了人们对传统中国社会的认识（尤其是对于中国人来说，传统家族制度本来只是我们直接参与其中的一种生活体验）。虽然中国传统文化早已形成了一套在世界上堪称发达和完备的宗法理论，但这套理论是从中国传统的自然观、伦理观和思维方式中产生出来的，是一种凭直觉和睿智建立起来的政治伦理学说，与西方社会科学的价值取向、认知结构和思维方式有着根本的差异。引入西方社会科学的理论和方法研究中国家族制度，使国人得以走出伦理观念和心理情感的圈子，从理性和科学的角度认识本土社会。无论是从家族制度中寻找中国社会停滞和落后的原因，还是把宗法制度解释为封建主义的重要组成部分，虽然带有简单片面化的缺陷，但这些认识都曾经在近代中国革命中引起了对传统家族制度的强大冲击，大大改变了中国社会的面貌，显示出用西方社会科学理论和方法研究中国社会可能产生的革命性影响。另一方面，这些研究所取得的成功，证明了中国社会研究置于社会科学的一般框架之中的可能性，证明了中国社会和历史的事实，在很大程度上可以运用西方社会科学理论的一般法则来解释。例如，主要由西方人类学家根据研究部落社会的经验建立起来的功能主义理论和功能分析方法，就曾成功地广泛应用于中国家族制度研究。特别是英国人类学家弗里德曼的华南宗族研究，更是把功能学派的单系继嗣群体理论成功运用于中国传统社会研究的一个范例。

总之，近几十年来关于中国传统家族制度研究的进展，改变了中国人对本土社会的认知结构，显示出用西方社会科学理论来研究中国社会的可能性和必要性。但随着研究的深化，进一步从中国传统社会研究的实践中，发展出一套关于中国社会的分析观念与研究范式的必要性，也越来越为人们所认识到。

二

在中国社会研究逐步深化的进程中，研究者们越是努力把中国社会和文化套入西方社会科学的框架之中，就越能发现，中国社会与西方社会、中国文化与西方文化之间，在相当深刻的层面上有着根本的差异。从由西方文化中产生的问题意识出发，把一些由研究西方社会所获得的经验性法则作为分析中国社会的基本假设，以至直接套在中国的历史事实上进行解释，往往会力不从心，甚至会使中国社会和文化的独特性湮没在一堆西方式的概念术语和逻辑法则之中。本来一些通过比较不难体察到的差异，也可能会由于采用了西方社会科学的概念以及分析方法来研究，而变得模糊难辨，或似是而非。因此，重新检讨西方社会科学的研究范式对于研究中国传统社会的适用限度，就成为深化对中国社会文化的研究时难以回避的问题。

在家族制度的研究中，西方的社会科学早已发展出了一系列的理论和研究方法，但这些理论和方法，或是由西方社会和历史的经验中抽象出来的，或是从西方人对各种部落社会的实地观察与亲身体验中归纳出来的。那么，由西方社会和部落社会归纳出来的理论、法则，如果直接套在中国的史实之上，可能会产生多大的偏差呢？它们是否足以解释中国家族制度的独特性和复杂性呢？我们在承认这些理论、法则在相当程度上适用于中国社会的同时，似乎还应该对可能存在的局限有充分的了解。事实上，中国传统社会和文化，无论在外观上，还是在深层结构上，都与西方社会和部落社会有一系列重大的差异。从文化价值系统到思维方式，从文明的起源到后来的历史过程，中国的文化传统都有其相当明显的独特性。显然，从西方社会和部落社会的研究经验中归纳出来的理论和研究范式，要直接套用于中国传统社会研究，必然会出现种种不相适应的问题。

譬如，关于家族制度的演变法则及其历史地位，根据西方的历史经验建立起来的理论一般认为，血缘关系本是人类最早的现成的社会关系。随着国家的形成，进入文明社会以后，血缘关系就被地缘关系撕裂并取代。宗法关系必然会随着社会经济的发展而逐步解体。大家族的解体与家族规模的小型化，则是资本主义经济发展的结果。马克斯·韦伯甚至断言，中国的宗族制度，绝对不利于经济的发展。这些观念，长期以来已经成为一种"成见"。这种"成见"，虽然不能说完全错误，但中国传统家族制度及其演变历史的复杂性，包含许多现象和问题，并不是这些"成见"所能解释的。中国古代文明的起源，就没有以撕裂血缘关系为前提来确立地缘关系，而是血缘关系与地缘关系有机地紧密结合起来，国家系统和宗法系统高度统一起来，整个地缘性群体往往有着血缘性的纽带。在几千年的文明史中，家族关系和家族组织的外观形式曾有过很大的变化，但其文化内涵却一脉相承地存续下来。尤其是 16 世纪以后，尽管商品经济有了长足的发展，货币经济关系广泛渗透到社会各个领域，也没有导致宗法关系的解体。甚至经济越发达、商人资本越雄厚的地区，地域性社会组织越是表现出家族化的倾向，血缘关系恰恰由于商品货币的力量而更为强固。同时，在宗法关系交织渗透于一切社会关系，大家族组织广泛存在的同时，那种一般被认为到资本主义时代才占统治地位的小家庭，又在两千多年前已成为中国社会中最基本的家庭形式。而近年来，随着人民公社的解体，乡村小家庭的经济基础更为稳固的时候，宗族组织却又"死灰复燃"，联宗活动异常活跃。这些事实，如果根据西方社会科学的经验，看起来是颇为矛盾和难以解释的，但是，如果我们注意到中国历史与文化的独特性，从中国的实际出发，建立一种更适合于解释中国社会的理论解释模式，形成对中国社会更具穿透力的研究技术，归纳出一些社会科学的新法则，就不但可以大大深化人们对中国家族制度的认识，更可以修正以至丰富社会科学的一般理论，为社会科学理论体系的发展做出贡献。

中国传统家族制度有一个很值得注意的特性，就是中国的传统家族制度，不仅仅是一种社会制度，同时也是一种政治制度，并且作为一种文化系统，包含了一套系统化、规范化的家族宗法理论和伦理观念。这一套理论，既是国家意识形态和正统的社会政治学说的核心内容，又深深影响和制约着基层社会的家族结构与亲属行为；既外化为一种由国家权力提倡的社会理想规范，又内化为一般社会成员普遍的心理体验和内心自觉。于是，在这种政治伦理学说长期影响下所形成的家族主义价值观和符号系统，就不仅构成了大传统文化的基本内涵，更在长期的历史过程中不断地向基层社会渗透，融为地方小传统文化的一部分。这就决定了研究中国传统家族制度，除了要区分理想规范与实际社会关系，区分大传统与小传统，更有必要发展出一种从历史过程与文化过程的互动中把握家族制度的社会特质与文化性格的分析方法，建立起一种关于大传统与小传统如何在长期的历史过程中相互渗透的理论解释模式。

要做到这一点，西方社会科学传统的研究方法尤其显得不能适应中国社会研究的要求。西方社会科学的研究传统，主要是以西方社会为研究对象的社会学研究，以及以非西方社会为研究对象的人类学研究，基本上都是采用实地调查和亲自参与作为研究对象的社会生活的研究方法，通过对调查问卷等资料的分析，从研究者观察和体验到的事实中，抽象出一系列分析性的概念，再通过理性的思考形成理论。除了像马克思、韦伯这样的思想大师，社会科学家很少重视历史的方法，很少注意历史因素的作用，对历史资料的意义也缺乏足够的认识。但传统历史学的研究，没有理论假设，不重视对现实社会的观察与体验。特别是中国的正统史学传统，把文人的记录等同于社会的现实，把理想的规范当作实际的社会关系。这两种倾向都妨碍了对传统中国社会研究的深化。就中国传统家族制度而言，文字记录下来的事实，与传统社会的实态之间是有相当大的距离的。但文字记录的文化传统，又对现实中的家族制度有相当深刻和复杂的影响。因此，在具体地考察家族组织的构造及其与社会经济条件之间的现实联系时，如果没有对早已成为一种理想规范的观念，对文字记录下来的传统有深入的了解，也就很难真正认识到家族制度的全部价值系统和符号系统的意义。于是，要想把历史的方法与社会科学的方法结合起来，把对历史文献的阐释同对实地调查资料的分析结合起来，在历史传统与现实社会关系的相互作用中揭示出中国传统家族制度的真相，需要发展出一套更为有效的研究技术和方法。

我们似乎无须将西方社会科学研究范式运用于中国传统家族制度研究时可能遇到的问题一一举出，以上的一般性例子显然已表明，在关于中国传统社会的研究实践中，建立起有关中国传统社会的分析理念和研究范式，已成为当今以中国社会为对象的研究者们不可回避的责任。

三

如何建立起中国社会的科学研究范式，这种研究范式又应该是怎样的？这个问题的答案，应该在大量的研究实践中形成。事实上，近几十年来关于中国家族制度的研究，不管研究者是否自觉，都已经走出了一条新路，积累了许多有益的经验。但现在要从大量研究实践中总结出关于中国传统社会的研究范式的一般原则，也许为时尚早，亦非笔者学力所能胜任。这里只打算谈一点笔者从前人的研究实践中得到启发而形成的想法。

由中国文化传统的特定范畴出发，从中国传统社会的历史实际中，抽象出一套适合于分析中国传统社会的概念体系，是社会科学中国化的一项基本要求。传统的中国学术缺乏逻辑的分析的方法，很少通过抽象的概念来分析社会事实，也就不需要建立起具有内在逻辑联系的概念体系。所以，在西方社会科学被引入用于研究中国社会时，很自然地首先引进了西方社会科学的概念体系，将西方社会科学研究中形成的概念套在中国的社会历史事实之上进行分析。例如，在中国家族制度的研究中，最常见的是把诸如 nuclear family、stern family、joint family、extended family 这一类在西方家庭研究中形成的分类概念，套在中国传统社会的家族组织之上，作为分析中国传统家族形态的基本前提。这种把按西方社会之"足"定制出来的"履"，套在中国社会之"足"上的做法，虽然简单易行(中国传统社会中复杂异常的家族组织，因为套上了这些概念，也就很容易被分类和分析了)，但正如把按人脚外形制造的鞋子套在猩猩之足上一样，开头或许会产生一种新鲜感，但新鲜感过后，因不合"脚型"而产生的不适就会越来越令人感到别扭。

其实，中国传统社会的许多基本范畴，都有着与西方社会根本不同的特殊内涵，即使在个人、群体、社会这样最基本的范畴上，其文化内涵也与西方有本质上的差异。把西方社会科学的概念直接搬过来分析中国传统社会，总难免出现移橘为枳的结果。在家族制度的研究中，甚至一些最基本的概念也难逃此"厄运"。以 family、lineage、clan 这三个概念为例，这三个词如果翻译成中文，其一般之意分别是家、宗族和氏族。但实际上，西方社会中的 family 与中国传统社会中的"家"有着很不相同的内涵。由西方人类学研究中界定的 lineage 和 clan 两个概念的含义，也与中国传统社会中的"宗族"和"氏族"有许多重要的差异。西方人类学者开始时就曾为应把中国传统的宗族组织译为 lineage 还是 clan 而感到困扰，这本身就说明中国的宗族与 lineage 和 clan 都有差异。后来弗里德曼等西方人类学家，在研究了中国传统社会中各种类型的继嗣群体的基础上，或根据功能性因素，或根据谱系关系，界分了 lineage 和 clan 两个概念的区别，力图使之更贴近中国社会的实际。但实际上，"宗族"作为中国传统社会的特定的文化范畴，它的意义是很难与 lineage 或 clan 直接等同起来的。作为一套文化符号的集合，中国传统的宗族，并没有人类学家界定 lineage 与 clan 时所指出的区别；作为一种社会组织实体，西方社会科学的这两个概念又不能涵盖中国传统家族组织的多样性和复杂性。值得玩味的是，西方人类学研究者一般把有更明确的谱系关系和更强的文化功能的继嗣群体定义为 lineage，反之则为 clan。但近年来中国出版的许多译著，却常常将 lineage 译为"世系""族系"，反而将 clan 多译为"宗族"。虽然这主要是由于译者对西方人类学家关于中国宗族制度的研究不熟悉，但即使将 lineage 译成"宗族"，clan 译为"氏族"，是否就与这两个中文词语的本义一致呢？这一简单的事实，反映出两个不同的文化系统中的一些基本的理念，是很难准确地互译而不发生"误读"与"变形"的。这种文化的差异面导致对"话语"的会意"颠倒"，在跨文化研究中是普遍存在的。正因如此，由另一文化母体中产生出来的概念体系不能直接搬来套用于中国传统社会与文化的研究就是不言而喻的了。

诚然，社会科学研究本来就是通过一系列由社会事实抽象出来的概念来分析社会现象的，抽象的概念当然不必直接等同于社会事实本身。因此，我们无意否认西方社会科学既有的概念体系对于中国研究的社会科学化能够起到积极的作用。但事实上，无论研究者是否承认，当他们把西方社会科学的概念移用于分析中国社会时，总是要重新界定或调整这些概念的定义。当西方人类学家把中国传统社会中的血缘群体界分为 lineage 和 clan 时，也就赋予这两个词语以新的含义了。既然如此，我们建立一种关于中国传统社会的分析理念和研究范式时，不是更应该从中国传统文化特有的范畴出发，从中国的史实中抽象出一些新的概念吗？这些由中国社会的研究中产生出来的概念，并不是与西方社会科学体系原有的概念系统相冲突的，恰恰相反，由中国传统社会的研究而形成的概念系统，必将丰富和完善社会科学的整体理论架构，使之具有更广泛的适应性，因而对人类深化对于自身社会的认识具有更强的穿透力。

建构关于中国研究的概念体系，并不只意味着发明一些新的术语，界定一些新的概念，而是要由此形成一套关于中国传统社会的分析理念。因此，困难在于要从中国社会的事实出发，根据中国文化的内在逻辑来形成概念。当我们只是借用西方社会科学的概念来分析中国传统社会时，我们实际上是在学习用西方人的眼光，用西方文化的逻辑来观察本土社会。我们都知道，西方文化的逻辑与中国的传统是格格不入的。西方的文化是一种个人本位的文化，西方的学术传统是建立在原子论思维方式的基础上的。在这一文化传统中产生出来的社会科学也就必然是从个人出发，说明个人组成群体、组成社会的种种法则。在家族研究中使用的群体（group）、组织（organization）和法人（corporation）等概念，以及像功能主义这样的分析方法，都是在一种从个体到整体的逻辑基础上形成的分析理念。而中国传统社会从来就不是由个人本位构成的，社会组织在本质上并不是由个体组合成的界限分明的团体，四十多年前，费孝通先生提出了"差序格局"的概念来说明中国社会与西方社会的差别，对于形成中国社会科学的分析理念是一大贡献。用"差序格局"的理念来分析和理解中国传统社会的结构，意味着形成一套与西方社会科学既有概念完全不同的概念系统，它要求从思维方式到研究方法都必须更多地根据传统中国文化的逻辑来调整。

关于中国研究的社会科学分析理念，应该通过对中国传统社会与文化的一系列独特的范畴进行现代诠释来形成。黑格尔说过："文化上的区别一般地基於思想范畴的区别。"[1]故此，用现代社会科学的方法阐释中国传统文化中的基本范畴，是建立一种关于中国传统社会的社会科学研究范式的基本途径。在传统家族制度的研究中，诸如礼、气、孝、义、宗、家、房、伦之类的范畴，对于我们理解传统家族制度而言，都是一些关键性的范畴。怎样用社会科学的研究方法阐明这些范畴的意义，建立起一系列分析性的概念，可能是一件困难的事。因为中国传统文化中的这些基本范畴的意义往往十分歧混，很难用西方社会科学的抽象思维方式和概念化、逻

---

[1] ［德］黑格尔：《哲学史讲演录》第 1 卷，北京大学哲学系外国哲学史教研室译，47 页，北京，生活·读书·新知三联书店，1956。

辑化的分析方法去把握和规范其概念。形成这些范畴的中国文化母体本来就缺乏逻辑思维与抽象思维的传统，对这类范畴只需要凭直觉与悟性去体验，或者从具体化的形象来理解。于是，要用在科学主义时代形成的社会科学分析方法来解释和定义这类纯中国式的文化范畴，并企图从中抽象出形式化的概念系统，似乎存在着难以逾越的障碍。这就又牵涉到了一个更深层次的问题，即社会科学的中国化，还包括了在认识论的层面更新社会科学研究范式的内容。

认识论的问题应留给科学哲学家去讨论。这里只想指出，中国传统的宇宙观与思维方式，是一种强调矛盾和谐的整体连续性的表意思维，与西方的原子论宇宙观和分析性逻辑思维方式有着根本的差异。是否能形成一种既建立在近代科学分析方法的基础之上，又能为传统思维方式留有一席之地的认识论，并在这种认识论的支持下，形成更适合于对传统中国社会进行社会科学研究的新方法，也是建立中国本土化的社会科学研究范式的一个关键。令人感到乐观的是，20世纪科学认识论的新发展，与中国传统的整体观与表意思维方式有相通的一面。这就意味着，社会科学中国化的努力，有可能得到现代科学方法论的支持，并与国际社会科学的现代发展趋势相一致。对中国文化传统中的基本范畴，尽管用逻辑的抽象分析方法难以驾驭，但可以用现代的文化阐释方法，将这些范畴的逻辑规定性悬搁起来，返回其具体性与表意性上，以隐喻思维的方法，形成分析性研究的概念。这样，我们所说的社会科学研究的中国化，就不必回到中国学术传统的直觉和内心体验上去，而可以成为社会科学现代发展的重要组成部分。我们所要建立的关于传统中国的社会科学研究范式，绝不可误解为向中国传统思维方式的回归。如果说，当代西方学术发展的趋势是要把概念从逻辑法则中解放出来的话，那么，中国的社会科学研究，则首先应从内省与直觉中走出来，在实证性和分析性研究的基础上，开辟通向世界学术潮流的道路。

〔原收入王宾和阿让·热·比格编的《狮在华夏——文化双向认识的策略问题》(中山大学出版社，1993)〕

关于语言地图的历史机制的一点思考

　　人类的语言千差万别，语言的差别及其分布，形成了斑斓的语言地图。虽然我们都不用怀疑这种语言的差异及其分布是在漫长的历史过程中形成的，其间经历了种种渐变和突变，但如果希望寻找各种语言形成变化和分布格局形成的历史经过，利用可以作为证据的记录，具体地再现出每一个分化、混合、变异的环节和发生机制，在绝大多数情况下，都是一种不可能实现的企图。不过，依据我们对各种语言流行的区域以及与其相关的更大的地域范围的历史认识，大致可以勾勒出语言地图形成的历史轮廓，并作为我们通过文献、物质和非物质遗存以及口述传统等途径建立起来的历史认识的佐证，反过来由这种历史认识解释语言分布的形成，在历史研究中也是一种可能的路径。

　　解释语言地图形成的历史过程，人们最熟悉也最易被理解的，是移民和传播的叙述模式。一种语言如果分布在不同的地区，人们常常会把一个被视为使用这种语言最典型、最标准的地区定义为这种语言的"原生地"（或"发源地"），虽然大多数情况下人们不会用这样的说法，但在理解上往往作为一种不言而喻的假设。基于这个假设，这种语言分布的其他地方的人，常常会被理解为是由其原生地迁移过来的移民，而语言也自然是由移民传播而来的，而各地的语言差异和变化，只是传播过程中在地化变异的结果。例如，分布地域最广的西南官话是"湖广填四川"，再从四川向云贵地区移民而传播开来的；东北话是由山东移民带来的；甚至不同地区千差万别的汉语，都会被解释为出自同一祖先的移民从中原地区向四周迁移传播的结果。

这样一种解释的套路，最典型地表现在历来被视为"蛮夷"的粤人和闽人的历史叙述上。尽管粤语和闽南语在中原汉人看来，是最难听懂的语言之一，但从来不受质疑地被归类为汉语方言，一些语言学的研究甚至努力论证这里的方言保留了最多的古汉语成分。不过，这种简单地用移民传播解释语言多样性的套路，遮蔽了不同地区历史的复杂性，也把语言学的研究导向简单化。我们不妨以在粤闽地区方言中与北方方言最相似，因而被视为最接近汉语的客家话为例。

客家话是广泛分布在粤北、闽西地区的一种方言，权威的说法认为客家话是直接由北方移民传播而来的。不过，16世纪中期纂修的嘉靖《广东通志》卷二十《民物志·风俗》中关于现在属于客家方言区的粤北州县的方言有以下描述：连州，"语言多与荆湘韶石相类"；阳山，"皆鸟言夷面"；连山，"地接怀贺，居杂民夷，故其好尚语音多有类者"；韶州府，"语音地杂流民，楚越不一，周围二千里，回隔山川，乡音随异；曲江，邻南雄，仁化，邻南安，乐昌乳源接郴州，翁源接惠州，各于近者大同小异，惟英德曲江相同"；南雄府，"语音多与韶同，而杂江右荆湘之语，郡城常操正音，而始兴则多蛮声"；惠州府，"语音郡城中多正音，城厢近南雄"，"惟海丰语音近闽"；河源，"语言好尚稍与博罗同"。

结合其他文献记载，我们从这些描述中了解到明代中期这个地区语言分布的大致格局，有四点可注意：第一，居住在深处山峒的人很多是"鸟言夷面"的"土著蛮夷"；第二，与此相关的是这个地区语言的多样性，形成了在南岭山地的"方言岛"的现象；第三，在语言多样性的情况下，不同地方的通行语言，明显受其相邻的地区语言的影响；第四，持续的动乱，造成这个地区的人口一度十分稀疏，为吸纳流动人口留下了空间，更令后来进入该地区的人有可能成为当地居民的主体。

其中第四点似乎最能支持客家话成为这个地区的共同语言是由移民造成的这一观点。不过，我在研究中认识到，这个地区文化整合的过程至少需要同时考虑四个叠合过程的交织与互动：一是流动的无籍逃户重新被编入王朝户籍体系，二是本地"蛮夷"转化为"王民"，三是南岭山地各类人群在交往中的互动形成了文化（特别是语言）整合机制，四是移民直接引致了文化传播。其中第三个方面我认为是在区域整合过程中尤具根本性的意义的，因而也是解释客家话形成时更值得深入讨论的历史过程。

虽然现代客家话也有区域性的差异，但其基本语音语法是相通的，"客家话"其实是南岭山地的"普通话"。这种语言是在山地人群和语言的多样性与南岭山地人群的混杂性和流动性的矛盾中，通过人群的交往逐渐形成的一种相互间可以沟通的语言。由于生态条件、生存方式、亲属关系、社会秩序等方面的原因，居住在山地的人群比起平原的人群有着更大的流动性，山地人群的流动与相互交往比起平原地区的居民也可能有着更广大的空间规模。南岭山地的田野研究经验告诉我们，在一些深山峻岭中直到现代仍存在着在小社群中使用当地语言的瑶畲村寨，村民往往同时会几种语言，而他们最通用的交往语言，就是"客家话"。我在湖南宜章县的莽山瑶族乡访问一位不识字的老妇人，她自己的母语是瑶语，但她也会客家话和湘语，她说因为她既会去广东的阳山趁圩，也会到莽山外的宜章趁圩，她的客家话甚至比湘语更娴熟。我在广东的阳山县秤架瑶族乡调查时，这里的乡民也告诉我，他们会同时到不同方向的圩镇趁圩，向北会去湖南境内的莽山，南面会到阳山县城，东边会到乳源的天井山，甚至还会往西到连州。他们除了去莽山可以用瑶语，到其他圩镇一般都用客家话同人交流。这些事实可以帮助我们理解客家话成为粤北、闽西地区通用语的机制，而通过这个机制去重构的历史认识，显然要比从移民和传播的角度得出的认识更具历史解释力。

这样一种超越移民与传播模式的思路，也可以用来考量闽南语分布的情形。现代闽南语的分布，大致从浙江南部到闽南、粤东，再沿着广东沿海分布在珠江口、雷州半岛到海南。移民传播模式的解释和当地人关于祖先来源的叙述，都以闽南为其原生地，再经由移民的途径传播开来。但是，我们也不妨做另一种假设，闽南语也许本来是闽粤海上人群的交往语言，后来随着他们分别在不同地区陆居和入籍（或附籍），成为各自隶属于建立在陆地基础上的不同地方系统的住民，在同当地陆居人群的交往中逐渐形成了不同的地域性方言。这种假设也许无法用足够实在的证据去证实，但从这个角度去考虑，对于闽南语在不同地方的分布、差异和变化的研究，也许会引出与移民传播方式不同的角度和思路，反过来也可以促使我们对海上人群的历史有不一样的思考。

要以移民传播模式来解释语言分布现象，最有历史依据的是广州与香港的粤语，由于这两个城市之间的语言联系只需要追溯一百多年的历史，人脉的关联和语言的变化都有清晰的文字记载和记忆，也有大量的语言材料可作依据，用这个模式来认识两地语言的关系，可以很清楚地确认，香港作为一个在历史渊源上从广州复制出来的城市，其主体人口和语言，是直接由广州移植过去的。表面看起来，这可以解释在过去一百多年，两城的语言罕见地完全一致的现象，这是中国任何两个城市之间都没有的。但是，如果我们细致深入地考察，这种语言完全一致的现象，其实并不能真正用移民传播的模式来有效地说明。首先，香港人口中有相当大的比例并不是从广州西关迁入的，但香港的粤语却非常一致地长期以西关音为标准音；其次，在中国其他地区间移民，并不存在这种迁出地与迁入地语言完全一样的现象，可见移民过程本身会导致语言的变异，不可能完全一致；最后，两地语言的一致性，其实典型地体现在 20 世纪 60 年代以前出生的人口中，而在 60 年代以后，尤其是 80 年代以后出生的人中间，两地的语言渐渐出现一些差异。这些事实，恐怕都不是简单用移民传播的模式可以解释的，背后有更复杂、更丰富、更深刻的历史，限于篇幅，这里不能展开讨论，只是指出这可以启发我们做更深层次的考察和思考。

移民传播模式难以解释语言地图的一个典型例子，是区域中心城市的语言形成机制。虽然在很多区域中心城市，可能存在着多种来自不同地方的方言共存的现象，这无疑是不同地方的人口移入城市并将原居地语言带入的结果，但是，我们看到在有一定历史深度的区域中心城市，都会形成一种不同于其周边以及人口来源地的语言，这种语言甚至可能成为其周边地区不同方言方音的人群共同的交往语言，甚至成为同类语言的标准语音。这些现象，使得历史学者可以从语言地图中萌生更多的历史思考，引出更复杂的历史议题。也因为这个理由，历史学者期待语言学者有更多的超越移民传播的历史解释模式的研究，提供视野更广阔的语言学成果。

（原刊《语言战略研究》1997 年第 2 期）

"华南研究"：历史人类学的追求

在中国社会历史研究领域，被称为"华南研究"的方向近年来越来越被学界所关注。这种主要由一群香港、广东、福建的学者从过去三十多年的学术实践中发展出来的研究方向，后来又被贴上了历史人类学的标签。对于这个群体内不同的研究者而言，尽管有不尽相同的学术渊源和学术背景，也有不完全相同的研究兴趣和风格，但他们的确抱持相同的学术理念，也有共同的学术追求，过去三十多年一路走来，也形成了一些关于中国社会历史研究的具有特色的研究取向和解释体系。回顾"华南研究"走过的路，可能不同的学者会有不同的角度和体会，这篇小文，只从我个人理解的角度做一点介绍。①

---

① 有关"华南研究"的旨趣和理念，已经有很多学者以不同方式讨论过，可参阅程美宝、蔡志祥：《华南研究：历史学与人类学的实践》，载《华南研究资料中心通讯》，2001年第22期；陈春声：《走向历史现场》，载《读书》，2006年第9期；萧凤霞：《反思历史人类学》，载《历史人类学学刊》，2009年第7卷第2期；科大卫：《告别华南研究》，见华南研究会编辑委员会编：《学步与超越：华南研究会论文集》，香港，文化创造出版社，2004；梁庆寅、郑振满、陈春声等：《学术共同体》，载《开放时代》，2016年第4期。

一、"华南研究"的足迹

所谓"华南研究"，不是一个很精确的学术概念，多年来，我们用这样一个名称来自我标示我们从事的研究时，也没有刻意去定义其内涵。十多年前，程美宝和蔡志祥写过一篇文章介绍"华南研究"，其中对这个标签有这样的说明："近二十年来，有不少海内外学者在华南地区从事历史学和人类学研究，他们的研究取向逐渐被称为'华南研究'。不过这个'华南'的地域范围，多是从英文 South China 的意义来理解，与中国大陆习惯所用的'华南'不同。"它不是从地理区域的意义去理解，"华南"不是我们研究的一个或数个划定的省区范围。"华南研究"是"以华南地区为实验场，力图在研究兴趣和方法上超越学科界限的研究取向"。① 所以，"华南"只是一个研究的实验场，而不是研究的目的。

那么，为什么这种研究的实践，会特别以华南为实验场呢？这主要是 20 世纪后半期中国大陆以外的学者（以人类学为主）从事中国社会研究的条件造成的。1949 年以后，中国与世界的学术联系被割断了，在中国大陆以外的学者，特别是需要以实地田野调查为手段开展研究的人类学者，基本上都难以直接进入中国大陆从事研究，只能多以中国香港新界、

---

① 程美宝、蔡志祥：《华南研究：历史学与人类学的实践》，载《华南研究资料中心通讯》，2001 年第 22 期。

台湾地区以及海外华人社区，特别是新马地区来自中国南部的广东、福建的华人社区，作为他们继续进行中国人类学研究的田野点和资料来源地。由于这几个地方在人文和历史上与福建、广东地区有很深的渊源，这些研究当时都被视为通过台湾、香港和东南亚华人社区去探讨以广东、福建为主的中国南方社会的途径。我们后面会提到的学者，如弗里德曼、华德英（Barbara E. Ward），还有后来以香港新界和台湾为田野工作点的一批人类学者，如华琛（James L. Watson）、华若璧（Rubie S. Watson）、王崧兴、孔迈隆（Myron L. Cohen）、武雅士（Arthor Wolf）、庄英章等，都取得了在中国社会研究的认识史上具有重要影响的一系列成果，在此基础上初步形成了一种关于中国社会的学术视域、研究风格，初步建立起研究中国传统社会的一套问题意识和理论方法。承接着这种研究的势头，到20世纪70年代中国大陆开放伊始，在这个研究传统下成长起来的学者先后进入中国大陆，自然首先踏足福建、广东，与福建、广东地区的一些学者合作开展研究。这种合作到今天已经持续了三十多年，也影响了一批更年轻的学者延续着这个研究的传统，并把研究的视野扩展到了中国大部分省区。因此，所谓"华南研究"，已经不是局限于在某个区域来做研究，而是追求以地方社会为实验场，结合田野考察和文献资料，建立有关中国历史与社会文化的新的研究范畴和视角。

这样一种学术取向及其实践使用"华南研究"这个名称，

与"香港华南研究会"的角色有直接的关联。香港华南研究会的出现，可以追溯到 20 世纪 70 年代后半期，当时，王崧兴、华德英、科大卫（David Faure）、萧凤霞等人先后受聘担任香港中文大学教席，他们分别在香港新界地区开展了口述历史与民间文献收集计划和人类学田野调查计划，培养出一批青年学生，这些学生后来又到美国、日本继续深造，80 年代中期回港后成为香港华南研究会的核心成员。

20 世纪 80 年代中期以后，香港中文大学的科大卫和后来到美国耶鲁大学任教的萧凤霞开始与广东的历史学者合作，先是萧凤霞和陈春声、刘志伟在中山小榄和新会潮连等地进行人类学田野调查，继而科大卫主持"珠江三角洲传统乡村社会文化历史调查计划"，由叶显恩、陈春声、刘志伟、戴和、罗一星等广东学者在番禺沙湾、三水芦苞和南海沙头等地点开展社会历史调查。1988 年香港华南地域社会研究会（后更名为"香港华南研究会"）成立，在此后相当长一段时间里，香港华南研究会成为这个学术圈子的一个重要活动平台。"华南研究"成为一种在共同兴趣下走到一起的学术圈子的标签，直接就是源于这个平台。

大约差不多的时间，原来主要在台湾地区开展中国社会研究的海外学者也进入福建，开始了与以厦门大学为主的中国大陆学者的合作。早在 1984 年，以台湾为田野点，研究道教仪式传统的丁荷生（Kenneth Dean）到达厦门大学，开始与郑振满教授合作研究福建民间信仰和乡村社会，至今已有三十多年。1989年，美国斯坦福大学人类学家武雅士教授得到亨利·卢斯基金会（Henry Luce Foundation）的资助，聚集了台湾"中央研究院"民族学研究所和厦门大学历史系、人类学系、台湾研究院的学者，共同开展"闽台社会文化比较研究计划"，由两岸学者各自选择若干农村社区，围绕家庭、婚姻、收养等社会习俗，探讨闽台各地的社会文化差异及其历史成因。

海外人类学者自20世纪80年代开始在广东、福建两地与中国历史学者的合作，使得20世纪50—70年代以港台和海外华人社会为实验场的中国南方社会研究传统自然延伸到中国大陆地区。与此同时，福建、广东两地学者之间，在厦门大学傅衣凌教授的带领和影响下，渐渐形成了密切的交流与合作关系。

在这个基础上，到1991年，在耶鲁大学的萧凤霞教授和香港中文大学的陈其南教授主持下，启动了一项名为"华南传统中国社会文化形态研究计划"的合作项目，这个项目我们简称其为"华南研究计划"。这项由香港和台湾的人类学者主持的研究计划的主要参与者是香港、广东、福建的历史学者，旨在"结合人类学的田野研究和历史学的地方文献分析"，对华南社会文化的主要层面进行深入的历史考察。这一计划以"田野工作坊"的方式，在原来相对独立从事研究的学者之间建立起互动的机制，计划每位参与者分别在各自的研究点主办田野工作坊，参与计划的所有成员一起考察研究的社区，解读当地现存的历史文献，通过深入的讨论，逐渐形成了学术共识和研究兴趣。每位参与者也通过这种相互的论辩，接受严格的检验，不断修正和明确自己的研究成果或解释框架。①

回顾过去二三十年来"华南研究"走过的路，1991 年开始的这个"华南研究计划"，在所谓"华南研究"的发展历程中，是一个具有转折点意义的标志。这不仅因为这个计划采用的田野工作坊的方式一直延续下来，成为我们开展各种集体学术研究活动的基本模式，甚至也应用在我们的学生训练实践中；也不仅因为这个计划把一群在学术上有共同追求的朋友聚集在一起，形成了后来被人们称为"华南学派"的群体；最重要的是，这个计划把人类学者和历史学者、研究闽（含台湾）和研究粤（含香港）的学者、西方教育背景和中国教育背景的学者聚集在一起，大家无拘无束地交换研究心得，在历史现场考察中因思想碰撞而触发新的灵感，在热烈讨论和激烈争辩中，发展出一种关于传统中国乡村社会历史和文化的研究取向，形成了渐次清晰的理论思考，甚至建立起一种富有特色的研究模式，不仅影响了计划参与者，也影响了他们一大批学生的研究。

"华南研究计划"在 1993 年因为主持人陈其南离开香港中

① 关于这个计划，可参见刘志伟：《"华南研究计划"追记》，见游子安、卜永坚编：《问俗观风——香港及华南历史与文化》，1～14 页，香港，华南研究会，2009。

文大学回台湾而自然中止了，但实际上，因这个计划而开始的研究并没有停止，计划的参加者已经建立起来的合作关系继续加强，依托另外一些研究计划，"华南研究"继续发展着。之后发生的一系列事情，都是"华南研究"走过的一步步足迹，其中比较重要的，有 1995 年科大卫在牛津大学主持召开"闽粤地区国家与地方社会比较研究讨论会"，科大卫、萧凤霞主编的《植根乡土》(*Down to Earth*) 出版，香港科技大学建立华南研究资料中心 (1997 年改名为华南研究中心)，《华南研究资料中心通讯》(后更名为《田野与文献》) 创刊，中山大学主办一年一度的华南研究年会，2001 年中山大学历史人类学研究中心成立，2003 年在香港大学香港人文社会研究所资助下创办《历史人类学学刊》并连续 12 年举办一年一度的历史人类学高级研修班，2010 年香港大学教育资助委员会卓越学科领域计划"中国社会的历史人类学研究"启动，香港中文大学-中山大学历史人类学研究中心成立，等等。

关于"华南研究"走过的路程，台湾"中央研究院"民族学研究所原所长黄应贵教授 2004 年评价说："华南研究从开始进行到今天，已经超过了二十个年头，华南研究会成立已经超过十个年头，去年更正式出版了《历史人类学学刊》。"这个学刊在香港出版，主要面向台湾以及海外的读者，内地尚未发行，但也一直得到不少学者的关注。"华南研究""不但能够不断吸引中外学者加入成为其新的成员，而研究范围也由华南扩展到华北、华中、西南等地区。但核心成员之所以能持续参与并主导整个研究，主要还是在于核心成员一直有一个学术共识与理想"。对此，黄教授用简短的一句话概括了我们的学术志业："由地方调查的经验所了解到的平民的日常生活和想法，来改写中国史。"①这是他侧重从人类学家的角度所做的概括。也许我应该补充的是，我们除了地方调查经验，还注重各种历史文献，包括官方文献和民间文献。

二、"华南研究"的学术渊源

"华南研究"一开始主要是由一群当时尚属年轻的人类学者和历史学者推动的，后来在中国大陆地区展开，似乎主要的进展更多在历史学领域产生影响。但是，"华南研究"的取向，在学术渊源上可能与中国历史学主流的发展有不一样的脉络。我这里说的学术渊源，并不是通常意义上的学术史，而是我们的研究取向在问题意识和方法论上的渊源。这个渊源当然主要是学术观念和研究理路的传续，也包含了可以具体到师传关系的承继。要细细地勾勒出这种研究取向的种种学术渊源，可能会过分琐碎，也容易流于牵强。这里只追寻几个主要的方面。大致上，"华南研究"的学术追求，只就在中国大陆地区展开而言，可以追溯到四个渊源：首先是 20 世纪 20 年代开始的中国民俗学运动，其次是中国社会经济史研

---

① 黄应贵：《进出东台湾：区域研究的省思》，见夏黎明主编：《战后东台湾研究的回顾与展望工作实录》，120～134 页，台东，东台湾研究会，2005。

究的传统，再次是人类学的中国研究，最后也包括第二次世界大战后西方学术背景下的中国历史研究的影响。

作为"华南研究"的第一个渊源，曾经在当代中国学术史上产生深远影响的民俗学运动，在中华人民共和国成立后的中国学术界几乎被人们遗忘。不过，近二十多年来，学界越来越重视这个运动，此不待赘言。大约一个世纪前开始的民俗学运动对近三十多年的"华南研究"的开展比较直接的影响，主要表现在，1927 年顾颉刚到中山大学建立了中山大学民俗学会，创办《国立中山大学语言历史学研究所周刊》和《民俗》周刊。而"华南研究"在中国大陆地区开展的主要基地——中山大学和厦门大学的历史学系和人类学系都与此有直接的渊源关系。中山大学和厦门大学是中国大学中长期持续开办人类学系的两所大学，中华人民共和国成立后有一段时间由于人类学被宣布为资产阶级学科而停办，但人类学研究的传统仍然保存在两校的历史学系中，两校的历史学系和人类学系都保留了直接由民俗学运动留下的种子。

民俗学运动在很多方面都留下了了很重要的思想学术遗产。其中在学术理念上对我们影响最深的，是《民俗》周刊的《发刊词》中最后的几句口号，它提出："我们要站在民众的立场上来认识民众！我们要探检各种民众的生活，民众的欲求，来认识整个的社会！"[①]这也可以说是"华南研究"一直坚持的信念，直接连接着理论渊源。"华南研究"的目标在于改写中国

---

① 顾颉刚：《〈民俗〉发刊辞》，载《民俗》（周刊），1928 年第 1 期。

历史，实质上是要探索如何从民众的生活和欲求来认识整个社会。这点讲起来很容易，但要付诸实践，需要长期的学术探索，也需要找到转换的理论与方法。但在出发点上，"华南研究"一开始就努力循着民俗学运动提出的目标，保持这样的理念："我们自己就是民众，应该各各体验自己的生活！我们要把几千年埋没着的民众艺术、民众信仰、民众习惯，一层一层地发掘出来！我们要打破以圣贤为中心的历史，建设全民众的历史！"这不只是口号，"华南研究"就是要实践这样的追求，去建立起新的历史解说。

"华南研究"的第二个更直接的渊源，是 20 世纪发展起来的中国社会经济史研究传统。"华南研究"的学术信念和人类学取向虽然受民俗学运动的影响，但在厦门大学和中山大学工作的几位核心成员直接的师承，是傅衣凌教授和梁方仲教授。傅衣凌教授长期从事中国传统乡村社会研究，梁方仲教授研究近代中国农村经济，着重从户籍赋役制度入手。

傅衣凌教授早期曾出版一本小书《福建佃农经济史从考》[①]，在书中，他已经明确"提倡经济社区的局部研究，以为总的体系的解明的基础"。这是"华南研究"所持的基本信念，也就是说，我们研究小社区、小地区的目标是要了解总的体系。在中国社会经济史上，以社会史论、文献为基础，已经建立了中国式的封建社会范畴等一系列假说。但是，傅先生告诉我们，我们还需要搜集民间资料来证明它是否符合

① 傅衣凌：《福建佃农经济史丛考》，福州，福建协和大学中国文化研究会，1944。

历史事实。因此，无论是社会史研究还是社会经济研究，由图书馆里的文献、正史的文献推导出来的结论是需要民间文献证明的。傅衣凌教授的研究立足于福建农村，但并未放弃对中国社会形态总轮廓的说明。我们一直沿着傅先生开创的道路努力。现在厦门大学建立的民间历史文献研究中心就是在努力进行民间记录的收集和研究。

梁方仲先生在 20 世纪 30 年代和一群以清华大学毕业生为主的年轻学者组织了史学研究会。他们以天津《益世报》和《中央日报》的《史学》周刊为主要阵地。在《发刊词》里，他们明确宣称："我们不轻视过去旧史家的努力"，"我们也尊重现代一般新史家的理论和方法"。这就是说，我们不认为传统史学与新史学是对立的，我们很清楚它们在历史观念上是打通的，在方法上是可以相辅相成的。后面那句话也很重要："我们不愿依恋过去枯朽的骸骨，已不肯盲目地穿上流行的各种争奇夸异的新装。"这就是说，我们既尊重旧的，也尊重新的。这几句话看上去很空，但在史学界却是一直让研究者紧张纠结的问题。因为祖师爷们的教诲，所以"华南研究"这个群体里面一直没有这样的紧张心态。我们同时坚持这样的信念："零烂的，陈旧的，一向不被人们所重视的正史以外的若干纪载，我们也同样地加以注意，这里面往往含有令人惊异的新史料。反是，在被装进象牙之塔里去的史籍，往往有极可珍惜的史实被掩置在一副古典的面具之下，或被化装成另一事物，或被曲解为另一意义。"我理解这段话就是说，我们一方面要去搜集新的民间材料，另一方面也要珍惜象牙塔、图书馆收藏的材料，认识到它可能长期被掩盖在一幅古典的面具之下。我们在方法论上的重要追求，是要面对同样的史料——正史、正书或者文人文集时，如何把古典面具揭开，寻找它另外的意义。最后，宣言说："我们愿意从大处着眼，小处下手。""帝王英雄的传记时代已经过去了，理想中的新史当是属于社会的，民众的。"①这是 30 年代知识界的信念。年轻的史学家们已经开始很努力地推动具体研究的策略转换和理念建立。

中华人民共和国成立以后，史学与民国时期的学术联系看起来是断裂的，但是，就中国经济史研究领域而言，并不是简单地截然地中断。虽然明清社会经济史的研究在中华人民共和国成立后有了很多新的问题和很不相同的取向，但作为新史学的重要部分的社会经济史研究，在某种程度上以不同的方式一直保持着自身的脉络。明清社会经济史研究，自20 世纪五六十年代以来，有几个追求一直没有完全放弃，包括社会科学的取向，跟社会理论的关联，不断地探求提出新问题及一直寻求新史料，尤其是民间文献。在这个意义上，明清社会经济史自五六十年代以来的发展同我们今天的追求仍然有一脉相承的联系。我们一直在非常努力地扩充历史资料的范围，一方面是注重民间资料的搜集，另一方面是在象牙塔的史料中重新发掘新的意义和新的事实。因为持续的努

---

① 吴晗：《发刊词》，载《益世报》（天津），1935 年 4 月 30 日，第 3 张。

力与关怀,明清社会经济史研究与经济学、社会学、人类学等社会科学,从理论到方法,一直保持着紧密的关系。如果要总结中华人民共和国成立后的史学,就不能不提到在明清社会经济史研究中,这个传统一直延续着。当然,在研究实践中,明清社会经济史研究与社会科学的对话存在很多不尽如人意的地方,但这个传统令我们很自然地通向了今天的追求:一是走到田野里面去,收集第一手资料;二是要从人们的日常生活出发去研究社会,用社会科学的眼光对历史重新进行解释。正因为我们从事明清社会经济史研究一直坚持这样一种学术取向,所以,当我们在80年代与人类学的中国研究传统接触的时候,便很容易一拍即合。

"华南研究"的第三个学术渊源,是人类学的中国研究。在中华人民共和国成立以前,先是有一些西方人类学家在中国开始人类学的研究与教学,而后一批年轻的中国学者在美国、英国读完人类学、社会学后回到中国开展的研究,开辟了人类学的中国研究一些重要的方向,为后来的研究奠定了很好的基础。但在中华人民共和国成立以后,人类学由于被定义为资产阶级的学术,在中国大陆的研究基本上中断了。50年代以后,人类学的中国研究主要由一些以华南为研究对象的人类学家开展。由于不能进入中国大陆进行田野调查,他们以台湾、香港新界和海外华人社会为对象展开了田野研究,取得了很多关于中国社会的人类学研究的重要成果。对"华南研究"影响最大的人类学者,包括施坚雅、弗里德曼和

华德英。这几位学者的研究在研究课题和方法论方面奠定了
"华南研究"的范式的基础。他们的研究直接启发我们将《民
俗》周刊的《发刊词》所确立的理念转换为在具体实践中可以操
作的方法。所以，要理解"华南研究"在方法论上的路径，特
别要了解他们奠定的学术基础。

　　首先谈一下施坚雅。20 世纪 80 年代以后，施坚雅是一
位最为中国历史学者，尤其是从事社会经济史研究的学者所
熟悉的人类学家，施坚雅的蜂窝状市场结构和大区理论，在
中国社会经济史研究中常常被作为对话的对象。但施坚雅对
"华南研究"最重要的启发，是他真正颠覆了传统史学关于中
国历史解释的整个逻辑。我前几年在和孙歌的对谈[①]中，谈
到为什么中国人会注意施坚雅的蜂窝状结构、大区分割和历
史周期，因为它们与中国传统史学的解释模式有着看似相通
的表述。但恰恰因为这样，中国学者对施坚雅的理解总是逾
淮为枳的，或者说，中国史学界讲施坚雅的时候，实际上是
把施坚雅真正的贡献搁置了。如果只是把蜂窝状结构套在传
统市场网络形式的解释上，把大区构造放回中国王朝国家的
区域划分中，把历史周期放回"合久必分、分久必合""王朝初
期就繁荣，王朝后期就没落"的套路里，施坚雅的理论全都很
容易为中国学者所接受或理解。但施坚雅模式的意义，不在
于这些结论性的表述，而在于他从个人理性的行为出发去建

---

① 参见刘志伟、孙歌：《在历史中寻找中国——关于区域史研究认识论的对
话》，上海，东方出版中心，2016。

立一种关于中国大一统结构及其历史周期的解释，他认为，中国历史的结构是一个地方和区域历史的网状交叠层级体系，而这些地方和区域的范围分别以人之互动的空间形构为依据。① 这样一种关于中国历史的理解，与传统的中国历史解释有完全不同的逻辑。

中国传统的历史，从来都是一种国家的纪事。因此，从王朝国家的角度看下去，下面分成若干个区域是很自然的，每个区域内有不同层级的市场圈，也不难理解。人们从《史记·货殖列传》等传统文献的描述中也能够形成这样的印象。在中国历史结构中，分区是不言而喻的，比如，冀朝鼎先生提出的基本经济区，还有古人的九州概念，就是从王朝角度去划分和理解的。但施坚雅的论述采用的不是这样的逻辑，他颠倒过来，以每一个人都是理性的经济人为前提，从乡村中的人的行为都是基于理性的选择这个假设出发，提出最基层的是由理性经济人的行为形成的基层小市场，再以基层市场的层级为基础形成中间市场，逐级发展到区域性的市场。这样一种历史认识理论，为我们实现《民俗》周刊的《发刊词》中所倡导的"我们要探检各种民众的生活，民众的欲求，来认识整个的社会"的主张提供了最关键的一个入口。从这样的角度进入，我们就有可能从人的行为出发去展开对中国历史的

① Geroge William Skinner, "Presidential Address: The Structure of Chinese History," *The Journal of Asian Studies*, Vol. 44, No. 2, 1985, pp. 271-292.

研究，建立起不同于从王朝历史出发的历史体系。因此，被施坚雅的影响所引导的研究有可能不是一般地高高在上地同情民众、同情民间，而是真正深入老百姓的行为，去建立关于中国历史大结构的解释，在方法论上开拓了一条我们在实践层面可行的研究路径。

弗里德曼最为大家所熟知的是他的中国宗族研究，中国学者一般认为他是用宗族来解释中国社会，但我认为，弗里德曼并不认为中国社会中到处都是宗族，更不认为宗族是中国社会的基本构造。他指出，我们走进华南的乡村，看到很多单姓村，或者即使不是单姓村，也是以姓氏群体构成村落。但是，他不是要把中国描述成由继嗣群体组成的社会，他努力去解释血缘群体和血缘的、家庭的、亲属的结构与中国社会实际的乡村社会的社会结构、社会组织之间的连接关系。他揭示了宗族或者由生育行为组成的血缘群体其实不是简单地自然构成中国社会结构的基础，其背后其实有着一个复杂的社会过程。因为他采用的是功能主义的方法，所以他恰恰可以揭示亲属关系的结构和实际的乡村社会结构如何连接，如何构成我们看到的乡村社会，祠堂、宗族、血缘、姓氏背后潜藏着什么样的社会逻辑。[1]

施坚雅与弗里德曼的贡献对"华南研究"的重要影响，体

---

[1] Maurice Freedman, *Lineage Organization in Southeastern China*, London：Athlone Press，1965. Maurice Freedman, *Chinese Lineage and Society：Fukien and Kwangtung*, London：Athlone Press；New York：Humanities Press，1966.

现在他们的人类学取向都引导我们通向历史的观察和解释。与此同时，他们以社会科学的视角，改变了中国历史的研究方向。我们都知道，中国传统的历史学都是从王朝国家出发去解释社会的，但经济学和人类学恰恰是从人出发去解释社会。施坚雅以古典经济学的立场采用的地理学的中心地理论，是从理性的经济人出发的；弗里德曼则继承了人类学功能主义的传统，从人的生育行为、生物行为去解释。但是弗里德曼并没有局限于人类学的经典逻辑，即由生育和生物的行为建立起部落社会或者氏族社会的解释，他开辟了一种把由人的生育行为建立起来的社会系统同比较近代的乡民社会系统连接起来的研究路径，去解释明清至民国时期的传统中国社会。

对"华南研究"影响最大最直接的，也许是英国人类学家华德英。很久以来，在中国大陆的学术界，甚至在美国的中国研究学界，几乎很少人了解华德英教授，但她在香港是一位学界和她所研究地方的渔民十分敬重的学者。她对"华南研究"的影响，除了由于香港华南研究会的核心成员很多是华德英的学生，她知道了"华南研究"初期在香港开展的研究计划，更因为她在对香港渔民的研究中提出的关于意识模型的理论，对我们有很大的启发，是指导"华南研究"很多学者研究的核心理论。施坚雅和弗里德曼是从人的行为出发去建立起关于整体的社会结构的论述和解释，但他们基本上是在社会组织、社会结构的层面上讨论，华德英则把社会组织和社会结构层

面的问题与意识形态和认知领域连接起来，提出理解人群社
会的方法。华德英是在结构主义框架下提出一种关于社会结
构模型的理解的。列维-施特劳斯（Claude Levi-Strauss）讨论
社会结构的时候，提出其可以分为人们关于自身社会的意识
建构和来自外部观察者的建构两种模型，前者为自觉意识模
型或自制的模型，后者为非自觉意识模型或观察者模型。华
德英把"自觉意识模型"再细分为"他们的近身模型""他们的理
想观念模型"和"他们作为观察者的模型"。第一种模型是基于
自身直接生活经验的意识建构，第二种模型是他们对自己的
身份属性应该如何的意识建构，第三种模型是他们看待其他
社群的意识建构。① 华德英通过建立这几种模型并阐释几种
模型之间的关系，为了解中国千差万别的地方社会和文化为
什么和如何构成一个大一统的中国，提供了一种非常有效的
解释路径。我们回到《民俗》周刊的《发刊词》提出的主张，细
想一下，如何从民众的欲求、信仰去解释社会文化的历史？
人的感觉、观念、认知、心理如何与经济人、生物人、文化
人的行为连接？华德英的论述提供了一种有效的观察与分析
方法。她的理论是用在结构主义的框架中的方法，把社会组
织研究中人的行为研究与认知领域，甚至心理层面、观念层
面连接起来，带领我们不但从人们的日常生活和组织形态，
还从人们的欲望、观念、信仰出发，搭建起关于中国社会的

---

①   Barbara Ward, *Through Other Eyes： An Anthropologist's View of Hong Kong*, Hong Kong：The Chinese University Press，1985.

解释。多年来，我们在华南地区的研究中形成的很多解释，在方法论上深受华德英的影响。

除了以上几位人类学家，人类学的影响还直接体现在"华南研究"展开的实际过程中，这一点，我们在上一节已经谈及。这里再强调指出，在中国大陆地区开展研究之前，已经有一群主要由人类学家组成的学者在台湾和香港两个场域开展对传统中国社会的研究。所以，要追溯"华南研究"的学术传统，其实远远不止三十年，我们不能割断这些学者在台湾和香港地区的研究与"华南研究"的关系。在香港，我们可以追溯到罗香林、弗里德曼、华德英、华琛、华若璧、田仲一成、赖川昌久等人类学家的研究；而在台湾，除了武雅士和孔迈隆对台湾乡村社会的解释对我们有非常直接的影响，还有由张光直、李亦园等先生推动的"浊大计划"。我们最早了解到台湾人类学者关于中国传统社会的研究旨趣，就是从在这个计划中成长起来的、当时还是年轻学者的庄英章、陈其南等先生的著作中获得的。在香港华南研究会走过的三十多年的道路上，"浊大计划"与"华南研究"有很直接的联系。1977年，领导"浊大计划"的重要成员王崧兴教授受聘于香港中文大学，1978年，华德英应邀出任香港中文大学社会学系访问教授，1979年到1981年，在王崧兴教授与华德英教授的支持下，香港中文大学人类学系开展"高流湾研究计划"，我们"华南研究"团队中的一些主要成员就是他们的学生。王崧兴教授去世前，曾经到中山大学讲学，向中山大学的师生介绍"浊大计划"的开展及其旨趣。至于我们早期启动的香港中文大学的"华南研究计划"，就是在陈其南教授的主持下开展的。人类学对"华南研究"的影响也就通过这样的契机对大陆地区"华南研究"的时间产生了直接的影响。

从历史学本身的发展去追溯，"华南研究"还可以提到的第四个渊源是第二次世界大战后美国的中国研究的影响。这个影响不仅仅体现在对"华南研究"的影响上，最近三十年来对中国的明清史和近代史研究也有直接的影响，因而也最为中国学者所熟悉。不过，在这个渊源上，我想特别提出两个最重要的视角，一是在中国的王朝国家制度与地方动力的关系上，二是在地方历史与全球视野上。第二次世界大战后美国的中国研究对我们影响最大的是魏斐德（Frederic Evans Wakeman）和孔飞力（Philip Alden Kuhn）。当然，大家也可能还会想到何炳棣、张仲礼、萧公权，他们的研究都提出了关于王朝国家与地方社会关系的基本解释。不过，这种解释都是从国家制度和统治机制的角度去阐述的，而魏斐德和孔飞力则表现出不同的研究取向，他们两人直接采纳了施坚雅与弗里德曼的人类学视角去解释中国历史的进程。与此同时，他们也把我们的地方视角引向国家的历史和全球的视野。在这点上，魏斐德在《大门口的陌生人》的导言中这样形象地描述："中国村民向一个英国人扔石头，巴麦尊在伦敦大发雷霆，白金汉宫向北京施加压力，一个农民在广东被斩首。地区发生的事情交织在世界历史中，中国发生了变化。"①历史学者从他们的研究中得到的很大的启发在于，地方史研究不仅属于王朝史、国家史，还要有全球史的视野。历史学在这里可以打通所有层面的事实，提出具有更广阔视野的历史解释。

三、中国社会的历史人类学研究

"华南研究"以推动中国社会历史人类学的发展为使命，不过，"华南研究"学者的努力，不是移植从其他社会文化研究发展出来的历史人类学的研究模式，套用其来解释中国社会，而是从一开始就抱有一种野心，要在中国历史和社会的研究实践中发展关于中国社会的历史人类学理论和方法。

前面简要介绍了"华南研究"走过的足迹及其学术渊源，相关论述很清楚地显示出，其基本范式的形成自始至终都是在人类学与历史学的合作与对话中发生的。1991 年开始的"华南研究计划"，当时就很明确其旨趣是："本研究计划的初期目标拟着重在结合人类学的田野研究和历史学的地方文献分析，针对华南几个代表性的地区社会，分别从事几个主要社会文化层面的深入考察，尝试透过当代社会科学的研究方法对中国传统社会的特质提出一些属于本土性的观点。"②

---

① Frederic Wakeman, *Strangers at the Gate*: *Social Disorder in South China*, *1839-1861*, Berkeley: University of California Press, 1966, pp. 6-7.

② 引自该计划书的稿本，见本书《"华南研究计划"追记》一文。

"华南研究"虽然大多以一个较小的地域或社区为研究单位，每一个学者研究的区域不同，关心的主题或提出的解释也有很大差别，但在多年来共同的合作交流中，形成了一些共同的关怀，不同的学者从事的研究虽有不同，但基本上都围绕着以下一些基本问题来展开：时间与空间、结构过程、个人与社会、身份认同的流动与身份标签的僵化、王朝制度与地方动力、地域文化的多元性与大一统、边缘的中心性、区域与跨区域、全球视野，等等。这些问题关怀，大多是在特定区域或特定人群的个案研究或专题研究中展开的。

"华南研究"三十多年来的追求，如果要简单地加以概括，也可以说是一种走向历史人类学的追求。但这其实只是一个标签，在这个标签背后的意义当然表达了"华南研究"在方法论上的特色，同时也因为目前的学术环境下需要设立一些学科，这个标签就变得好像很重要了。但这个标签并不是我们的发明，我们乐意使用这个标签，首先是有年鉴学派的历史学家勒高夫（Jacques Le Goff）的鼓励，他在《新史学》一书中就提出："或许是史学、人类学和社会学这三门最接近的社会科学合并成一个新学科。关于这一学科，保罗·韦纳称其为'社会学史学'，而我则更倾向于用'历史人类学'这一名称。"[①]1993 年，他在中山大学演讲时也特别提出，"研究方向对我们十分重要，因为我们得以更好地理解人们日常生活的

---

① ［法］J. 勒高夫、［法］P. 诺拉、［法］R. 夏蒂埃等主编：《新史学》，姚蒙编译，40 页，上海，上海译文出版社，1989。

历史、一切人的历史，而不单纯是理解社会上层的历史。然而人类学主要是从功能主义和结构主义两个学派内部发展起来的。可是，功能主义和结构主义并不重视时间，也不考虑历史。所以，有意成为人类学家的史学家应当创立一门历史人类学"①。我有时会听到人类学家批评说"华南研究"不是人类学，我想回应说"华南研究"当然不是人类学，但它是一群历史学者与人类学者共同探索的研究之路，我们在从事也许更多是历史学的研究。目前，我们共同开展的香港的大学教育资助委员会（UGC）资助的 AoE（卓越学科领域）计划的项目"中国社会的历史人类学研究"也许是"华南研究"未来发展的一个新的转折点。

　　这个计划到今年进入第八年了，这个计划除在研究的广度和深度上继续推进过去三十多年来我们的研究外，最大的一个特色，是通过不同的方式，把大中华地区的许多更年轻一辈的学者拉进了研究的群体中，从而在地域上把"华南研究"发展出来的学术关怀、研究理念和方法扩展到研究华南以外的中国其他地区，乃至海外的更大的地域范围，研究的课题和研究的路径方法也更为多元了。关于这个计划要推动的历史人类学研究是什么，也许不同的学者可以有不同的理解和实践。在这里，我们从该计划的主持人科大卫教授前些年写的一篇短文中摘要节录若干段落，以见其大略之旨趣：

---

① 　引自勒高夫 1993 年在中山大学历史系的演讲。

　　我想我们现在干的, 说白了, 是更像历史学家的活多于人类学家的活。我不是说历史研究一定要这样做, 但这的确是我们向来的做法。意思就是, 我们这伙人最初接受的训练, 多是在图书馆和档案馆阅读史料。然而, 当我们在图书馆和档案馆阅读着装订整齐、入档清楚的文献时, 常常会忘了这些材料其实原来是存在于图书馆和档案馆之外的。当我意识到这一点时, 想到我向来感兴趣的材料, 自然就会想到这些材料的来源地是个有待我们发掘的宝库。面对那些不愿超越文献的历史学者, 我至少能提出这样的忠告: 这类材料在庙宇的墙壁上、在私人的收藏里多得是, 除非你到现场考察, 不然你是没有机会读到它们的。

　　然而, 多收集些文献材料, 不过是从事实地考察最起码的理由。事实上, 到田野去的好处远远不止于此。最简单的理由是: 你是无法读得懂那些文献的——除非你知道这些文献为何书写, 如何使用, 谁写, 谁读, 谁保存, 保存了什么, 扔掉了什么。换句话说, 经过层层筛选, 最终流入图书馆和档案馆的文献只属极少数。到那些曾经发生过某些事情或行动的地点看过, 会启发我们想到在文献最终落到历史学家的手中之前, 曾经历过怎样的过程。诚然, 实地考察能激发我们全身心的感受。为什么? 部分原因是感性的。去过一个地方, 你会对这个地方产生感觉(房子漂亮极了、丑极了! 当地人友善极了、难打交道极了！你去的地方还存留着许多过去，俨如时光倒流，抑或已沧海桑田，建成个主题公园）。有时老房子还在，有时老房子不在，但基石犹存；有时人还在，你甚至可以跟他聊天。在这方面，历史学者可以从人类学家身上学到一二，因为后者更习惯从活生生的人身上多于从文献中学习。

……每当我走访一个地方，我会特别留意该地方是否一直有人居住，定居的历史有多久。在这些地方，你还可以看到知识代代相传，尽管人们已受现代教育、电视和互联网的影响甚深。你还可以从当地人的谈话中，听出自书写传统在当地出现以来，对人们发挥了怎样的影响。……我们在田野里，还可以通过观看当地人的仪式，捡拾到更多的历史。……把仪式当成书本般仔细阅读，你会发现，仪式是社会史研究相当重要的资源。在观察仪式时，你不要问"为什么"（那是理科的问题），你该问"怎么做"。仪式必须按照正确的或者是合乎法度的方法去做。当我观看到种种仪式时，我就明白为什么在典礼中我老是看到某些环节是重复的。……我们跟同仁和学生跑跑他们研究的地点，至少有一点是有利而无害的，这就是让我们了解彼此研究的地点，当我们阅读同行的文章时，至少知道该怎样读。可以说，走一个田野点，胜过阅读千言万语，但毫无疑问的是，走马观花是做不了什么研究的。跑跑田野，得些浮光掠影的印象，不过是有助于你了解别人的研究而已。

············

对我来说，严肃的田野工作就是我们学会如何找出并理解我们选取的乡村的仪式标记（ritual markers）。一般来说，这些标记体现在明代以来兴修的建筑物的形制，我们可以把各时期修建的情况按时序排列，探问地方社会在这些建筑物出现之前会是怎样的一种状态。比如说，广东的佛山以祖庙著称，在祖庙出现之前，佛山是个怎样的社会？……然而，历史人类学并不是为了满足追本溯源的兴趣。在我看来，历史人类学是通过实实在在的、有迹可循的研究，探求制度变化的过程（我当然不能排除别人有其他研究目的）。我说的制度变化并不是研究制度史的学者一般所说的那种——有些研究明代的人，以为明太祖一声令下，天下四方便自然遵循。我感兴趣的制度变化是地方上的人如何有选择地、具有创意地把这些变化整合到本地社区，把太祖颁布的命令加以剪裁，使之适合本地社会的日常运作。诚然，我们的目标远远不止撰写一村一地的历史，我们的目标更为远大，但要达致这些远大的目标，我们每个人的历史人类学研究不会也不应是孤立的个案，而是整合研究的一部分。……我们在开展"卓越领域计划"之初，也花了一点时间思量如何建立一个对话平台。我们有不同的团队在中国不同地方（湖南、江西、华北等）进行研究，各团队成员也通过这个计划得到许多碰面和讨论的机会。我们每周举办座谈，每年举办七八次工作坊。作为一个整合性的计划，我们通过工作坊鼓励各团队发展其研究主题。我们即将出版一本有关船民的论文集，一本探讨殖民地土地产权的论文集也快将面世，还有一本讨论回民及其谱系的，可望会在明年完成。我知道我们在未来几年内需要出版一部总合性的作品，此刻我也正在撰写一本阶段性的著作，大抵会在今年年底完成。可以说，我们的出版成果算是颇为丰硕的，其中不少是个别地方的研究，部分则是从比较视角出发的。我希望两年内能出版几部把计划不同部分整合起来的作品。值得一提的是，刘志伟最近出版了一本名为《在历史中寻找中国》的中文著作①，在方法学上阐发历史人类学的意义，这也是我们这个计划的整合性成果之一。……用历史人类学的视角研究二十世纪中国，为的是告诉我们研究当代中国的同行，为什么要了解中国的历史和历史的中国。用这种视角去理解二十世纪中国的变迁，我们可以向研究当代中国的同行展示，在今天中国的官僚制度、经济、宗教、文学、社会和其他方方面面，历史无处不在。我们也希望，通过跟世界其他地方比较，我们对中国会有更深刻的理解。这样的一种历史，希望能超越精英想象的那种历史；这

---

① 即刘志伟、孙歌于 2016 年在上海东方出版中心出版的《在历史中寻找中国——关于区域史研究认识论的对话》。

样 的 一 种 历 史 方 法 ， 就 是 我 们 所 提 倡 的 历 史 人 类 学 的
方 法 。①

　　我 在 这 里 节 录 科 大 卫 关 于 我 们 所 提 倡 的 历 史 人 类 学 的 这 些
表 述 ， 很 清 楚 地 表 明 了 我 们 多 年 来 一 直 在 探 索 的 ， 就 是 一 种 把
田 野 与 文 献 结 合 起 来 的 历 史 方 法 。 我 们 毫 无 疑 问 从 很 多 社 会 科
学 的 理 论 和 方 法 中 得 到 启 发 ， 但 是 我 们 从 来 不 认 为 要 把 我 们 的
研 究 贴 上 某 种 理 论 的 标 签 ， 并 按 某 种 固 定 的 理 论 模 式 去 解 释 历
史 和 社 会 。 我 相 信 ， 史 无 定 法 ， 人 类 理 解 自 己 历 史 的 方 法 ， 存
在 于 对 人 类 自 己 的 生 活 的 理 解 ， 并 对 一 定 的 时 间 空 间 里 发 生 的
具 体 历 史 过 程 的 了 解 之 中 。 因 此 ， 历 史 人 类 学 只 是 一 种 探 索
解 释 历 史 的 方 法 ， 不 应 该 成 为 僵 化 的 理 论 。 在 这 个 意 义 上 ，
我 相 信 历 史 人 类 学 是 一 个 未 来 有 无 限 发 展 空 间 的 学 科 。

　　（本文应约为日本的《中国——社会と文化》一刊撰
　　写，由姜娜翻译成日文刊于 2018 年第 32 期）

―――――――――

① 科大卫：《历史人类学者走向田野要做什么？》，程美宝译，载《东方早报·上
海书评》，2015 年 10 月 11 日，第 4 版。

"华南研究计划"追记

1991 年春天的一个日子，在广州白云宾馆一个小小的会议室里，中国社会经济史研究会正在举行一个小型学术研讨会。我坐在背对着门的座位上，正在专注地听一位学者的发言，会场的门被打开了一条缝，宾馆服务员走到我后面，悄声告诉我会场外有人找我。我走出去，只见当时在香港中文大学人类学系任教的陈其南先生正在门外等候，他说，是萧凤霞让他来找我，商谈一个研究计划的合作事宜。这次见面的很多细节我都淡忘了，只记得，我们谈了很久，谈了很多——这就是我记忆中"华南研究计划"开始的一幕。

到了夏天某日，陈其南第二次来到广州，再就这个计划的具体实施方式同我进行深入的商讨。记得他下榻中国大酒店，我们先在中国大酒店的咖啡厅谈，到了晚上 9 点左右，咖啡厅开始有音乐演奏，我们觉得影响谈话，就转到相邻的东方宾馆，一直谈到深夜。商谈的大部分内容我也忘记了，只清楚记得，这次会谈最重要的成果，是拟定了邀请参与这个计划的学者名单，以及每两个月分别在各人的田野调查点举办一次工作坊的研讨方式。

之后，我们分头与我们拟定的研究者联系，邀请他们参与这个计划。一个多月之后，这个研究计划的成员，于1991年8月2—5日聚集到了当时萧凤霞、科大卫和我正在进行田野调查的新会县潮连镇，举办了第一次田野工作坊。这个名为"华南传统中国社会文化形态研究计划"的项目就算正式启动了。

这个计划的正式成员包括：陈其南（香港中文大学）、萧凤霞（耶鲁大学）、科大卫（牛津大学）、蔡志祥（香港科技大学）、刘志伟（中山大学）、陈春声（中山大学）、罗一星（广东省社会科学院）、陈支平（厦门大学）、郑振满（厦门大学）、郑力民（安徽省社会科学院）。但后来这个计划的很多活动，先后有很多来自不同国家和地区，在华南地区开展乡村社会研究的朋友参与。

这个研究计划，其实不是我们在华南地区开展乡村社会文化研究的起点，事实上，参与计划的每个学者，之前都在自己的研究地点和课题上有多年的研究经验，并已有可观的成果。而这个计划的直接渊源，可以追溯到1985—1986年萧凤霞获美中学术交流委员会资助在中山市小榄镇开展的小城镇研究计划，陈春声、罗一星和我先后参与了这个计划的研究；1988年科大卫主持的香港中文大学中国文化研究所的"珠江三角洲传统乡村社会文化历史调查计划"，更是直接和这个计划相连接；1988 年在香港成立的香港华南研究会，对推动以人类学和历史学方法研究华南地域社会文化的研究取向也发挥了重要的作用。但是，今天回顾过去二三十年来"华南研究"走过的路，1991 年开始的这个"华南研究计划"，在所谓"华南研究"的发展历程上，仍可算是一个具有转折点意义的标志。这不仅因为这个计划采用的田野工作坊的方式一直延续下来，成为我们开展各种集体学术研究活动的基本模式，甚至也应用在我们的学生训练实践中；也不仅因为这个计划把一群在学术上有共同追求的朋友聚集在一起，形成了后来被人们称为"华南学派"的群体；最重要的是，这个计划把人类学者和历史学者、研究闽（含台湾）和研究粤（含香港）的学者、西方教育背景和中国教育背景的学者聚集在一起，大家无拘无束地交换研究心得、在历史现场考察中思想碰撞触发新的灵感，并在热烈讨论和激烈争辩中，发展出一种关于传统中国乡村社会历史和文化的研究取向，形成了渐次清晰的理论思考，甚至建立起一种富有特色的研究模式，不仅影响了计划参与者，也影响了他们一大批学生的研究。

关于这个计划的旨趣以及具体的设想，1993 年草拟的关于这个计划的介绍有比较清晰的表达，在这里摘引下来，以存其本相：

　　本研究计划名称为"华南传统中国社会文化形态研究"（Studies on the Traditional Chinese Socio-cultural

Formation in South China）。本研究计划的初期目标拟着重在结合人类学的田野研究和历史学的地方文献分析，针对华南几个代表性的地区社会，分别从事几个主要社会文化层面的深入考察，尝试透过当代社会科学的研究方法对中国传统社会的特质提出一些属于本土性的观点。此研究一方面可提供其他有关现代华南社会发展和变迁研究的立足点，另一方面则希望透过此种集体性的研究计划，在研究者之间产生研究方法和理论思考的交流，并共享地区小区个案研究的材料信息，为每一位研究者下一个阶段提出有关中国社会研究的一般性理论做准备工作。透过研习讨论和实地研究，本计划也期望就当代的学术思想和方法论与中国年青学者共同切磋学习。这个研究计划也将提供香港中文大学和中国国内研究生参与担任研究助理的工作机会，借此与研究人员一齐从事资料收集和研究方法的实习，如果可能也希望能够将其博士论文与本研究计划结合，作为计划成果的部分。

本研究粗略地以"传统"中国社会为对象，在时期界定方面，基本上乃以明清以降至1949年之前为标准，但容许研究者依所研究小区和材料的限制做调整。各研究者在实际研究中可能对不同的社会文化层面有所偏重，这些层面包括家族、宗族、小区组织、宗教信仰、族群意识、经济形态、政治结构或生态系统，等等。各研究者同时也将在区域和主题意识方面尽量提供可以互相协作和整合的基础。本研究计划的特色，除了尝试结合人类学与历史学的研究方法之外，也主张将孤立的村落小区研究整合到区域社会的历史架构中，因此每位研究者所选定的小区研究点或探讨的个案必须考虑到如何整合或关联到该区域社会的横切面与历史纵深的架构中。

在具体的研究成果方面，第一年经过几次有计划的研习讨论之后，每位研究者提供至少一篇论文，根据各自过去的研究地区和研究课题，提出一个总结性的观点，并考虑到衔接下一阶段以本计划主题为中心的研究方向。这些论文经过研习会的批评讨论，修改订正后即汇集成一本论文集，作为第一年的初步研究成果报告。第二年的主要工作在于田野资料的收集和分析，研究者根据第一年工作研讨会所得的结论，分别选择了合适的区域和小区个案，开始进行较长时期和较深入的文献和田野研究。期中也举行两三次的研习汇报，交换工作经验心得，保持工作方法和资料定位的一致性。第三年的重点在于延续研究资料的分析整理和撰写工作。务期在第三年结束时，各研究者能够就自己所研究的小区和项目完成一本专书（monograph），构成一个系列作为本研究计划的成果报告。期中也计划以研究小组的论文为核心，每年一次就特定的地区或主题举办研讨会，出版研究论文集。

整个研究计划的目的，乃在于透过人类学小区研究和历史学地方史研究两种方法的结合，探讨传统中国小区社会的基本形态和社会制度的特质。研究对象的选择以村落单位为原则，并考虑其整合到大区域历史的可能性。在实际研究的过程中希望一方面可以充分运用人类学田野调查方法的技术和理念，另一方面又能掌握和收集地方文献材料（谱牒、契据、口传、碑铭等）和区域社会史的背景。这将是构成本研究的最主要特色。在研究理念方面，除了重视整理分析和形态建构的工作之外，也希望每一个研究者透过这个"集体性"的合作计划，不但可以经由其他参与者的批评讨论使自己的研究和著作获得改善精益，而且也可以扩展对其他地区和其他现象的了解，为更深一层做综合理论性的研究建立基础。同时也期待经由这个研究小组的协力合作，尝试发展出有关中国社会文化研究的新方向。

关于这个计划主要的集体研究活动，这份简介是这样表述的：

分别在主要的几个研究地区举行小组研习讨论会，每一次的研讨会轮流由该地区的研究人员提交报告共同讨论，并介绍其他研究者实地了解该地区的社会文化面貌。小组研讨会的目的在于总结各人过去的研究成果，并提供给其他研究同仁了解和批评。讨论和检讨的架构基本上是以上述研究计划主题为导向。在每次的研习会中，各研究者均以自己过去的研究成果为主，提交一份论文，由小组首先互相讨论和修订。研讨会中的一个重要任务包括交换田野研究方法的心得、文献材料的解读经验、和人类学观念与方法的学习。准备工作已经完成的研究者视个别情况将在这个时期提前进入田野调查阶段。这个研讨会的功能乃在于借助各研究人员现有研究成果，逐渐由多样和分化的研究方向在研究方法和研究理念上整合集中到本研究计划所揭示的目标上面。在方法和理念的准备过程中，同时也能提出可见的计划成果出来。透过这些小组工作研讨会，整个研究计划将可获得完整的共识，而在研究方法和理念上也可达到沟通和协调的共识。

从 1991 年 8 月到 1992 年 8 月，一年中举办的工作坊有以下几次：

第一次：1991 年 8 月 2 日至 5 日，广东新会潮连，萧凤霞主持。

第二次：1991 年 9 月 27 日至 30 日，广东佛山，罗一星、科大卫主持。

第三次：1992 年 1 月 3 日至 6 日，广东番禺沙湾，刘志伟主持。

第四次：1992 年 3 月 20 日至 23 日，广东澄海樟林，陈春声、蔡志祥主持。

第五次：1992 年 7 月 23 日至 29 日，香港中文大学，陈其南主持。

第六次：1992 年 8 月 12 日至 16 日，福建莆田，郑振满、丁荷生主持。

这样的工作坊在之后我们还举办过很多很多次，有些是和其他活动结合起来进行的，有些在具体运作上根据情况采取了种种变通的做法。我们在这些工作坊中讨论过无数的问题，很多都交叉叠合，我们的想法也一直在修正、改变和发展，因此，现在要一一回忆起每次的讨论内容，已经不太可能。我印象比较深的是，在佛山那次，我们比较多地讨论了神灵崇拜在乡村社会中的意义，我们当时觉得取得的共识是，神灵崇拜（祖先崇拜也是其中一种特殊的方式）也许是我们大家的研究可以整合起来的一个连接点。还有印象比较深的是，在莆田那次，我们这些一直在广东做研究的人，马上感受到莆田和闽南与珠江三角洲的乡村社会在观感上有很大的区别，意识到这种区别也许可以激发我们更多的历史思考。总之，每到一个地方，实地的考察和深度的研讨，都逐渐丰富了我们对乡村社会的想象，引导我们在自己的研究中将观察、想象、情感和思维交融在一起，把研究向前推进。

1993 年，随着陈其南离开香港中文大学回台湾任职，这个计划在制度性运作的层面上实际上就中止了。在陈其南离开前夕，我和他在香港就如何延续这个计划有很多次深入的讨论，而最后真正解决的实质性的问题，只是这个计划的经费如何使用的方式，但实际上，这个计划的所有参与者，在陈其南离开香港中文大学以后，也并没有通过任何方式使用过这笔经费。就这个计划本身的执行而言，可以说就这样"无疾而终""半途而废"了。前面引录该计划的简介中，对研究成果曾经有一个看起来很具体的设想，但最后也没有出版过一本真正完全属于这个计划的论文集或专书。用当今人们审查评价一个研究计划的标准来看，这个计划也许可以说最终没有取得具体的"成果"。然而，在我看来，这个计划的成果，远远超越原来的目标。由这个计划聚集起来的研究群体，在后来的十五年中并没有停止自己的脚步，他们走出的研究道路，一直在向前延伸。在"华南研究计划"中形成共识的学术追求和研究取向，已经对今天关于传统中国乡村社会的研究，甚至对中国历史学新方向的探索，产生了深远的影响，这些影响，是远非计划预设的"成果指标"完成了多少可以衡量的。

［原载游子安、卜永坚编《问俗观风——香港及华南历史与文化》(香港华南研究会，2009)］

"历史人类学"浅议

　　不知从何时起，"历史人类学"，好像是一个突然冒出来的幽灵，在中国史学这个深潭的水面上，搅起了一点不大不小的涟漪。中国史学界好像比较喜欢讨论什么"学"的定义，记得 20 世纪八九十年代的时候，每次开中国社会史学会年会，都会有"什么是社会史?"的讨论，到最近几届，这种讨论终于沉寂下来了，但"什么是历史人类学?"又成为新的话题。正如郑振满先生在这个座谈会上说的，我们不小心用了这个标签，但自己其实并不清楚，也没有兴趣弄清楚应该如何定义历史人类学。之所以选择这个标签，只不过是觉得自己做的研究，有那么一点儿历史人类学的味道罢了。我们编了一本刊物，取名《历史人类学学刊》，正因为我们不愿意下定义，所以没有写发刊词，而是先后刊载了张小军、黄应贵、庄英章三位先生谈历史人类学的文章，其主张各异，目的也是想表明我们的立场——所谓历史人类学，可以有很多不同的研究实践。《历史人类学学刊》已出九期，刊出的论文和著作评介，其风格之纷纭，恐怕读者是不难看出的。

　　至于为何要用这样一个标签，那不是三言两语能够说得清楚的，有偶然的机缘，也有个人的兴趣，有学术的理路，也有治学的传统。这些，在萧凤霞、郑振满、丁荷生等人的发言中都涉及了，我不再多谈。想多说几句的，是振满先生提到，中山大学和厦门大学都有深厚的社会经济史研究基础，同时也都有人类学的传统，这种传统的影响，的确是不应忽视的。近年来有关历史人类学的议论，制造出了一种印象，好像历史学与人类学的结合或对话，是一种新潮。实际上并非如此。中国的人类学从一开始就和历史学结合得非常紧密，而中国现代史学的建立，也从一开始就深受人类学的影响。大家都知道，20世纪20年代傅斯年先生在中山大学创办的中央研究院历史语言研究所，就是把语言学、考古学、人类学和历史学放在了同一机构中。中华人民共和国成立后中山大学历史系中的著名教授，全部都有包括人类学在内的各门社会科学的学科背景。这些学术渊源，对我们有非常深刻的影响。今天，大家讲到历史人类学，就会同田野调查、区域研究或社区研究等联系起来，其实，这些也不是什么新发明，刘平兄在发言中提到的李世瑜、路遥先生的田野调查，就是我们非常敬佩的。《历史人类学学刊》在去年专门刊载了当年和李世瑜先生一起在华北开展田野调查的贺登崧教授的一篇旧文，用意就是提醒大家，我们现在提倡的田野调查，前辈学者已经有非常好的实践，可以成为我们的榜样。我们在20世纪80年代中期与人类学家合作开始在乡村做田野调查的时候，激励我们的，不正是顾颉刚、容肇祖这些史学前辈当年在北京的妙峰山、在广东东莞考察的身影吗？近来我常常想，为何大家会产生这种把所谓历史人类学的研究取向视为新东西的印象？直到我看到王尔敏先生的《20世纪非主流史学与史家》一书时，才好像明白了一点。在学术的社会里，也许有一两种叫作"主流"的研究取向，其他则被视为"非主流"。在"非主流"没有进入站立在"主流"中的学者视线的时候，"主流"可能就是全部；一旦"非主流"进入了视线，就可能被视为新潮涌来，然后会产生新潮是否会成为主流的疑虑。其实，在学术上，"主流"也好，"非主流"也好，都是"流"。但这个"流"一定要有源，不是随意泼出之水；也一定要循自己的河脉前行，不是四溢散漫之水。学术之"流"的格局，应该像珠江那样，尽管地理学家可能定义了珠江的主流支流，但实际上，珠江水系并无主流支流之别，几条江河并没有真正合流；到了三角洲的河段，主流支流更是难分莫辨，所有水道都互相交错，互相混合，最后还是分流入海。如果我们能够像理解珠江水系那样理解学术之"流"，那么，很多争论或许就可以休止了。

　　最后，我想用两句也许是老生常谈的话来归纳我的意见：我相信"史无定法"，但一定要"学有所本"。

　　（原为《文史哲》2007年第5期刊出的《区域·结构·秩序——历史学与人类学的对话》一文的"特约评论人语"）

区域史研究散论

　　区域史研究是我们南方几个学校的中国社会经济史学科多年来的研究特色。中国社会经济史的区域研究是厦门大学傅衣凌教授开创的研究方向，20世纪80年代中期，当时的"六五"时期的全国哲学社会科学规划项目中有一项是林甘泉先生牵头的中国经济史研究，断代研究由北方几个学术机构承担，区域研究则由厦门大学、中山大学、南京大学承担。从那时起，我们的研究就一直打着区域研究的旗号。一直到90年代前，关于中国历史、中国社会经济史，虽然也有地方性的研究，但一般还没有把区域研究作为一种方法、一种范式。而到现在，区域史研究已经成为学界普遍接受的一种研究风气了，不管叫不叫区域史研究，很多研究在方法上都采取了区域史研究的取向。当然，大家对区域史研究的认识，有很多不同的看法，也有很多不同的做法。今天我们借《区域史研究》的发布，再为区域史研究鼓吹一番。

　　在这一期《区域史研究》上，第一篇是我的一个访谈，关于区域史研究的问题,我在里面已经说了很多。今天,社会科学文献出版社还同时推出我的一本小书,是我过去多年写过的一些书评和序跋、由读别人著作借题发挥的一些议论,其中大多也都是关于区域史研究的观念和方法问题的,这可能就是出版社用区域史作为今天我们讨论的主题的缘故吧。不过,这样一来,我今天其实也就没有更多新的想法可以讲了,但既然坐在这里,还是不能不勉为其难谈一点想法。

虽然今天区域史研究已成风气,但是很多人理解区域史,仍然循着历史学的惯性思维,以国家的历史为整体,把区域史理解为一种局部的、地方的、片断(甚至片面)的历史,或者理解为与国家历史不同,是社会的、民间的、下层的历史。这种惯性的认识,潜在地隐含着认为国家历史才是整体的、主体的、全面的、具有主导性的历史的理解。因而,区域史常常被看作只是国家历史的附属或补充,区域史研究只是被作为了解国家历史的一种路径。最常见的说法是,国家太大,各地差异很大,所以需要先把一个一个局部的区域研究清楚,才能把握国家这个整体。于是,区域历史只是一个比国家历史小的历史单元。在过去很长时间里,区域史常常跟地方史混淆不清,很多时候互相混在一起,区域史被理解为就是地方史。有人认为,国家历史太大,不好把握,看不清楚,或者只看到一些上层的面相,而区域史比较小,可以看得细一点,看得精致一点,可以看到一些小人物或者他们细微的活动。这样说,当然也不能说不对,事实上现在区域历史的研究，确实是从很多细微处入手，确实是会关注很多具体的社会生活的细节，更大多是聚焦在一些小的社会单元，一些小人物、小事件，从这些微观处入手，好像跟宏大的国家历史确实不一样。然而，如果只是在这个层次上去理解区域史，把这一点看成区域史研究的旨趣所在，可能是对区域史的一个最大的误解。

那么，所谓区域史是什么呢？首先我们要把"区域"定义为与"国家"相对而言的一个概念，但是，作为历史研究的单元而言，区域与国家在概念上的不同，不是大与小的差别，不是上与下的关系，不是整体与局部的区分。就规模而言，"区域"，可以比国家小，也可以比国家大。例如，所谓亚太区域，就比国家大，环南海区域，也比国家大。区域当然也可以比国家小，可以是一个山脉、一个盆地、一个流域，甚至可以小到一个乡村。那么作为历史研究的单元，区域的概念是什么呢？简单讲，区域就是一个区别于国家统治辖境而划出的空间概念。在人类文明史上，历史本来是一种国家纪事，所以国家作为一个历史单元或者一个历史主体，历史的空间概念就自然以国家为基础来定义，或者就是一个国家，或者由多个国家间的关系构成。但从 19 世纪以后，尤其是到 20 世纪迅速发展的新史学，越来越走出国家主体的历史范式，人成为历史的主体，以人的行为作为历史建构与解释的出发点。所谓"区域"也好，"全球"也好，都是以人的活动，由人的互动形构出来的空间单元。在这样的出发点上，由于人的行为与互动可以有不同的领域、不同的层次、不同的内容，也就可以由这些行为和互动形成不同的空间的规划、空间的范围，也可以划出不同的边界。在这个意义上，甚至国家也可以被作为一个区域来解释，因为国家也是人的行为的结果，也是由人的行为划出来的，不管是哪一种类型的国家，都是由人的行为划出来的。因此区域史也可以包括以国家为空间单元的历史在内。

在这样的一种区域史的意义上，所谓区域，就不需要去纠结怎样可以成为一个区域，考虑区域的边界如何划分才是合理的。为什么？既然一个区域是从人的行为出发的，就可以有很多不同的因素、不同的视角去影响我们做出划分。当然最常见的直接的因素就是地理环境和交通条件。比如说，西南的山区可以看成一个区域，华北平原可以看成一个区域，根据流域划出来的某个地理空间，我们也可以说是一个区域。譬如，我在区域史研究一个访谈里谈到的例子说，长江中下游是从流域去界定的区域，但我从自己的问题意识和关注点来说，我更宁愿把这个区域以湖区去界定，因为它不仅只是一个流域的问题，可能在我的历史分析中，更有意义的是各个大湖，于是我倾向于更多关注湖区作为一个区域，这些湖区可能通过大江串联起来，但也可以由大湖联结成比流域更广大的空间地带，而湖区的人的活动更丰富、更复杂。这样，同样的一片地理空间，就可以由我们研究的人，以及这些人的活动及其相互关联，而构成不同的区域单元。

区域史研究的所谓区域，虽然首先是以自然地理条件为天然的基础，但从以人为主体的区域史概念出发，尤其要避免将根据自然条件界定的区域僵化和绝对化，如果这样，那实际上又回到以国家为主体的历史模式上去了。人在特定的自然条件下，在具体的历史过程中发生的经济活动，交往方式和规模，形成的多种文化形态，丰富和动态的多元政治、军事、社交、物质交换、政治支配关系，等等，都会界分出不同的区域范畴。总而言之，区域史的历史单元的多元化，体现了区域史本质上是人的历史这一特性。

既然区域史本质上是人的历史，区域的概念也就可以随着人这个主体而变动。可以这样说，不同的主体有不同的"区域"。从一个村民的角度来说，他一辈子的活动和交往范围只在自己的和邻近的村庄，他的区域范围就与一个到处走的商人不同。农民有一个农民的空间，商人有一个商人的空间，读书人有读书人的空间，官员也有官员的空间。同时，人的活动也是非常多样化的，同一个人，他做生意的活动空间和参加科举的活动空间就不一样，可以划出不同的空间，形成不同的区域研究单元，划出不同的地域边界。更重要的是，我们作为研究者，研究"区域"既要以研究对象的行为为基础，又不可能只是从研究对象的角度来界定，更需要以我们提出的问题为归依，把研究对象的主体性与研究者的主体性结合起来，从人的行为实践和我们提出的问题出发建立空间范畴。例如，我们上面所说的这个村民，如果我们把他与同他有种种关系(如亲属关系)的商人的交往联结起来,从他们的互动中建立历史认识,那么从这个人的活动进入的区域视野,就是一个远比他的乡村广大的空间。

因此,以人为主体的区域史研究不可能将研究区域的范围和边界凝固化,所谓区域,不但不是可以孤立地绝对化地划定出来的空间概念,而且区域之间也是相互交叠、相互影响、相互渗透的。在既有的研究传统中,我们已经形成了一些经常使用的区域概念,国家是一种区域,地方行政区也是一种区域,市场圈也是一种区域,这些区域之间的界邻地区也是一种区域,还有方言圈、信仰圈,等等,这些应该是在研究中构建历史认知的范畴,而不是区域历史研究的前提或出发点。例如,我们现在做区域史研究的学者,常常喜欢讨论国家与地方社会的关系,这其实可以作为一种特殊的对不同区域范畴相互干扰和叠加的过程的认识。

区域史研究的长处,在于它是一种更强调整体性的研究。相对于只局限在由国家范畴界定出来的国家历史,区域历史可以是规模更庞大、视野更宏观、结构更整体的研究。在研究实践中,区域史研究的确会更多把视线聚焦在微观的事实上,但这种微观不是要切割历史的碎片,而是以微观的、细致的观察,贴近作为历史主体的人的情感和他们的行为,形成生动的、有理解力和解释力的历史认识,这种历史认识的形成,更需要一种宏观的视野和整体的史观。

在这样的意义上,区域史究竟是一种比国家历史狭隘的历史，还是一种比国家历史更宏观的历史？在我看来是后者。以人为历史主体的区域史研究相对于只以国家作为历史单元的研究，问题意识更大，因为区域史研究实质上是一种全球史的关怀和研究途径。研究者在自己研究的区域范围里，方方面面、里里外外都要求观照，要把种种现象联系贯通起来，在不同的空间层次做整体的把握。这样一来从资料搜集、问题提出、研究视野到理论方法，都对研究者提出了更高的要求。通过区域史研究形成的见解，一定要引出更宏大的理论思考以及相关的历史见识。

很多正在考虑博士论文选题的学生经常会问一个问题：我怎么选择一个区域作为我的研究课题呢？我想问题不是你选择哪个区域，而是你提出什么问题。你提出的问题，决定了你选择什么区域，选择多大空间范围的区域，区域的边界怎么划定，都是跟着你的问题来的。很多时候同学们会觉得，我碰到的现实的问题，是资料太少，尤其做历史的，常常会遇到缺乏足够资料的难题。这点确实会影响到我们确定研究区域的选择。但这个问题其实可以通过转换提出的问题来调整。例如，如果一个乡的范围内没有足够的史料，那就扩大到一个县，一个县没有足够的史料，就扩大到一个省。随着区域的扩大，研究的问题要做相应的调整，在研究的理论和方法上也要调整。两者之间可能是互为前提的。之所以要谈到这点，是想表达一个意思，所谓区域史研究，最核心的还是你怎么去把握历史。在这点上，我想谈一谈今天的主题，叫"区域史的魅力"。我们常说读史可以明智，区域史对于我们来说，可能增加什么知识乃至智慧呢？最直接的是，我们可能只是出于对一个地方的兴趣，把这个地方的历史搞清楚，就可以在这个地方做导游了。但是，对于历史学者来说，恐怕我们不会只是以了解一个地方的历史为满足，我们的关怀，总是要落实到对人类、对世界的认识上。对于有兴趣从我们对现实世界的关怀出发，通过新的眼光、新的视角重新理解历史的研究者来说，我们从事区域史研究，是要在自己的学术活动里，培养自己更深邃的历史洞察力和理解力，形成自己对历史和社会的看法。在我自己的研究经验里，区域史研究，的确让我有一些与我们从经典的教科书里学到的、以国家为历史单元的历史不一样的收获。这一点，也许可以从今天这个活动介绍我的一本小小的集子中的文章看出来。

　　这本小书，收入了我写过的一些与书有关的序跋和书评。我用《借题发挥》作为书名，是因为我写这些书评和序跋时，大多没有全面介绍书的内容，而是借某本著作的话题，主要讲我自己对相关问题的想法。我这种做了几十年研究的人，自然有一点读书的心得，这种点滴的心得，很多难以在学术论文中写出来。其中除了自己不够用功，一个直接的原因是自己的学术边界是有限的，专业的研究很窄，但是平时读书研究时想的问题、形成的思考，可能要宽得多。这样一来，在读到某种相关议题的著作时，自己的一些想法就会涌上来，欲吐为快。于是我就借别人的书为媒，发挥自己对于具体历史问题的想法。那么在这本《借题发挥》的小书里，这二十几篇小文发挥了什么东西呢？我想大多是发挥了我在做区域史研究时产生的认识。我自己过去几十年来做的研究，基本上都是区域性的，小到一个乡村，大到一个海湾、一个山脉。通过对形形色色的区域的研究，我对历史的认识有了一些自以为新的看法。这里面谈的话题有点杂，但是这些话题，我自以为是在一般的传统史学研究，在以国家作为主体的历史研究里面不会这样去看、这样去想的，或者思考这些问题会有不同的认识。区域史的视角，对于帮助我形成这些想法，可能是非常关键的。在这个场合，时间有限，不能一一举例。大家有兴趣可以去看看书里的文章，期待大家的批评。我先讲这些吧！

刘志伟：补充一点具体的例子，关于区域的概念，宋代以前也有做得非常好的研究，刚才赵老师提到的考古学中，有一个概念叫考古学文化，我的理解是，所谓考古学文化就是一种很好的区域范畴。另外，我们比较熟悉的，是陈寅恪先生关于隋唐制度渊源的研究，他提出了河西地方化和江南地方化的概念，不仅开启了从区域解释历史的视角，更开创了从区域历史解释国家制度的研究路径。我觉得这在历史研究里是具有革命性的。另外，很多在中国现代史学发展中带有范式创新意义的研究，也是关于早期历史的，如大家熟悉的居延汉简研究、敦煌学研究，都可以说是区域史研究的开拓。

提问：谢谢三位老师，谢谢你们的分享。帮别人问一个比较具体的问题，对刘老师来说，您之前也提到过这方面的内容，在选题当中，他主要想关心的是在"广府文化"以及广浙地方史方面有没有研究空间，如果有的话，需要在哪些方面更加丰富。另外，做地方史或者区域史新史学，在过程中对于碎片化处理要怎样避免？

刘志伟：我不知道能不能理解清楚你的问题。第一个问题关于"广府文化"的研究空间，我想可以最直接问的一点，就是"广府文化"是怎么弄出来的。在我做研究的时候，似乎没有"广府文化"这个概念，我自己也从来不研究所谓"广府文化"。当然，这个问题不是一个古代史或明清史的问题，而是当代史的问题。对于这一点我没有研究，不妨猜猜是怎么回事。一直以来，广东被认为有三个方言区：广东话、潮州话、客家话。在北京大学有个教授叫黄节，他是顺德人，编了一本乡土地理教科书，把客家人、潮州人归类为非汉种，引起轩然大波。一个自当时一直延续至今的后果，就是客家和潮州的学者一直致力于创造"客家文化"和"潮州文化"。在这个创造的过程中，原来的"广东文化"慢慢地几乎淡化了。到了近些年，讲广东话的人看到"客家文化""潮州文化"那么有影响力，就觉得也要发明一种"广府文化"的范畴，于是就有了"广府文化"了。这实际上是一个在自我边缘化中创造出来的范畴。这个过程不仅仅是一个地方史问题，更隐含着 20 世纪以后整个知识史的问题。现在很多地方都弄出"××文化"的标签，弄很多分类，这个是很典型的、在20世纪形成的文化观念下出现的问题，同我们的国家建立和形成过程中产生出来的知识史直接相关联。这是一个可以深入研究的问题。

第二个问题，我前面讲的那番话其实就是要回答这个问题。区域史研究无论如何都不是碎片化的。为什么？我一再地强调，一再地重复用整体性这个说法。我们越是强调区域史，对整体性的要求就越高。这种整体性不只是内部的内在的整体性，更要求外在的、在不同层级的区域体系里面种种关系的整体性。我们在一个村子里的研究，关联到的整体性可以是全球的。这时，不管是区域史还是乡村史，甚至家族史、个人史研究，它都不能是碎片化的。这是历史学必须有的基本要求。如果我研究温春来老师，只认识他个人，我从认识他第一天起我一直累积对他的认识，也不需要跟别人交流，这不是一种学术，只是我的生活和人际交往。但是如果把他作为我的学术研究对象，要通过研究他形成我对历史的理解，我关心的就不是他个人了。我可能通过他个人探讨中国学术史、中国改革开放史，如此等等，这就不是碎片。这是一种不言而喻的学术信仰和学术价值。没有这种信仰和价值，才会有所谓碎片化的担忧和困惑。所以，碎片化的担心，不适用于区域史。所谓碎片化，其实在国家历史的研究里也很常见。有没有碎片化，不是看你研究的对象的大小，而是看你有没有历史的关怀。所有的人文学科，关心的都是人类的整体，都是出于我们社会和人文的情怀。

（原刊《区域史研究》2019 年第 2 辑，原标题为《区域史的魅力——刘志伟、赵世瑜、温春来北京沙龙对谈》）

走进民间文书的历史现场：《锦屏文书》序

《锦屏文书》出版在即，应强嘱我在前面写一点文字，踌躇良久，不知写些什么好。此前，清水江文书已经出版了好几种，陈春声、张应强、李斌和张新民等先生先后撰写了数篇详细的序或前言，对清水江文书的产生、使用和存世状况、文书内容和学术价值、收集整理和出版工作进展等，都已经有非常具体细致的介绍和讨论，不需要我再做更多的讨论。但在这套新的文书出版的时候，编纂者希望有旁观者谈一些认识，也在情理之中。我伴随文书收集整理工作走过将近二十年的路，一直以旁观者的角色在欣赏、打气，也从文书的收集整理研究中增长了见识，学到了新知，似乎也应该说点什么，就谈一点旁观者的感想吧！

我第一次随张应强来到清水江畔的锦屏县是在 2001 年。记得那次是从贵阳开车去锦屏的，中间经过很长的一段当时还是沙泥路面的崎岖曲折的山路，汽车摇摇晃晃走了好多个小时才到锦屏县城。我从小生活在粤北的山区，翻山公路走过不少，但那么崎岖难行的山路还是令我难忘。锦屏县城虽然在清水江、小江和亮江三江交汇处，但并不像我熟悉的很多山区县城那样坐落在小盆地上，而是坐落在江两岸的山坡上。在县城以外，无论是村寨还是散布的房屋，很多都建在山腰或山顶上。清水江在崇山峻岭中蜿蜒穿流，经过的地方，除了山还是山，只有在从县城通向隆里的亮江流域，沿途才看到一些稍开阔一点的小丘陵盆地。

清水江流域是应强的家乡，作为一个学民族学出身的历史人类学者，他把黔东南地区确定为自己田野研究的地点后，被这里丰富的民族文化和民间保存着的文书以及其他文字记录吸引，从前辈学者以往在当地收集到的大量文书中，了解到这个地方民间文书的丰富，就把我们带到了锦屏。我们这些做社会经济史的学者，听到有很多契约文书、碑刻资料等地方文献，自然是延颈垂涎。我们来到锦屏，锦屏县档案馆的王宗勋先生热情地接待我们，带我们看了不少收集到的契约文书，果然大开眼界。我们也很顺利地谈妥了双方展开合作收集锦屏文书的意向，商定了合作的方案。我们一离开，锦屏县政府就发文，成立以锦屏县县长为组长的文书整理研究领导小组，正式开始了我们同锦屏县将近二十年的合作。

过了几个月，我们邀请国内外大学的几位同行，再次来到锦屏。这一次我们到了清水江沿岸的一些村寨考察，特别印象深刻的是上到山上，在文斗、加池等寨子实地看看文书的保存状况，考察文书产生的生态环境，感受当地的人文韵味，对锦屏苗侗村寨的社会有了一点最初步的认识。

那时候，三板溪水电站还没有开工建设，我们乘坐一艘窄长的机动船，在水流湍急的清水江逆流而上，沿途秀丽的风景，令我们心旷神怡，两旁的青山密林和舟边的江水游鱼，一下子让我们找到了走进锦屏文书产生环境的感觉。在航程中我们下到了一个河滩，在河滩上发现一块大石，上面刻着嘉庆二年（1797）由徽州、江西和陕西商人同"主家"协同订立的江规，规定以此为"山贩"湾泊木材和下河"买客"停排之界。由山贩、买客和当地主家的关系构织的社会背景顿时浮现在我们眼前。随即，我们到了河对岸的卦治，这个寨子就是充当山贩和买客中间人的主家聚集之地，我们在那里看到了一些建筑的梁柱上，还留着当年的木商打上去的斧印戳记。

离开卦治，我们继续溯流而上，离船后再从一段弯曲陡峭的山径登上山，到达文斗村。那时，文斗村还没有做旅游开发，淳朴的村民在路口和村口以隆重的苗寨仪式迎接我们。我们走了几个家庭，他们知道我们的来意，事先已经把家里保存的文书堆放在桌面上，我估计有上千份之多。当晚我们住在寨子里的普通村民家里，除了对喝酒和晚上篝火前的歌舞留下深刻印象，最不可思议也最难忘的是，晚上睡觉前，就在我们住的房间里，随便拉开一个抽屉，就看到数十份清代的契纸，床底下的小木匣里也装满了契纸。我们这些过去长期在乡下跑的人，总是期待在村民家里能找到这类文书，但大多连踪影都见不到，此时竟然就在自己身边唾手可得，怎能不惊喜!

我们通过在苗侗寨子里的体验，感受到当地社会文化的厚朴与人情的真纯，让我们对锦屏文书收集研究的价值和前景产生浓浓的兴趣，信心弥满。后来我们又多次到锦屏，渐渐地，锦屏的山山水水、侗寨苗村，和锦屏的文书一起，在我们脑海中织出清水江社会图景的轮廓，更在心中凝结为一种不可忘怀的情感。在《锦屏文书》出版前夕写点感想的时候，我的脑子里即时呈现出初到锦屏的这一幕幕，我把这些场景写下来，不是为了怀旧，而是想借我进入锦屏文书的世界之初留下的记忆，引发一些我对锦屏文书的粗浅的认识。

近年来，对民间文书和地方档案的发掘、整理和研究大有成为显学之势。学者们热切拥抱这些如涌泉般出现在我们眼前的文书时，关注的热情首先聚焦在文书的本体，从文本内容、文书种类到体裁格式，乃至文书的载体，许多研究者都花了很多工夫进去。对于这种长期为传统士人所弃若敝屣的故纸，早在一个多世纪前，梁启超已经提出这些本属"天下最无用之物"，应该成为新史学研究的"瑰宝"。后来几代中国社会经济史的研究者，也将梁氏此主张付诸学术实践中，在徽州文书的收藏研究上也取得了一些重要的进展。但实际上，一直到20世纪80年代以前，民间文书并没有真正成为主流的历史学研究重视的史料；在图书文献学以及其他社会科学各学科领域，也几乎没有容身之地。今天，随着史学研究范式的转变，民间文书越来越得到历史学以及其他学科学者的青睐。学者们面对这些"新"材料的时候，兴奋好奇的新鲜感、易生新见的成就感，都可以直接从对文书本体的释读中得到满足。因此，在民间文书甫广受现代史学和相关社会科学研究关注的时候，大家迅即聚焦在文书本体上，亦属正常，至少对于随着现代社会发展而面临湮灭危险的文书收集保存和整理研究工作来说，是一种积极的动力。

然而，我们大力收集整理各地的民间文书，只是在传统的文献典籍之外，多了一种别样的文字资料呢，还是希望由民间文书揭出过去的历史中被遮蔽着的世界？再进一步的问题是，民间文书成为历史研究的核心史料，只是一种历史视野的扩大，还是研究方法乃至历史认识范式的转变？在学界对民间文书已经足够重视的今天，我们需要思考或探讨的，是对民间文书加以认知、释读，以及利用民间文书展开研究的路径。

所谓民间文书，是民众在日常社会生活中留下的文字，它们被写下来，本来就不是为了记录历史，而是为了处理当事人当时要面对的事情和问题。今日的研究者，当然可以从这些文本中寻得创造或使用这些文字的人的生活样貌，形成对当时社会历史的了解。但是，文本所呈现的，只是当时社会生活情形的碎片，更只是一种以文字本身表达和传递的意义，今日之人要解读这些文字的意思，发现其表达的社会内容和文化意义，需要把文本置于特定的时间空间与人群中去理解。因此，民间文书的收集整理和研究，一定要走进这些文书的现场,走进创造、使用和保存这些文书的人群的生活。过去了的时间我们回不去,但当地历史产生的地理与环境空间,仍然是有迹可循的。更重要的是,我们在当地接触到的人群,是这些文书的继承人,他们的生存方式、人际关系、社会构成,都是由他们前辈的历史活动创造并传承下来的。当地留存下来的文书,与他们的生活和社会是一个整体。我们只有到了文书的历史现场,只有对当地的自然与人文生态有贴近的体验、感受和认识,才可能理解文书的内容和意义,文本的研究不应脱离当地的社会文化历史脉络。

我最初两次到锦屏而在记忆中留下的图景,在以后近二十年间都同锦屏文书紧密融混在一起,看到锦屏文书时,这些场景都会同时呈现在眼前,而每次重访锦屏,文书也自然而然地嵌入我不断加深的锦屏印象中。我学习和研究社会经济史几十年,看过很多其他地方收藏或整理出版的文书,如果那个地方我没有去过,对当地没有任何认识的话,就很难形成同看到锦屏文书一样真切的历史感。这种经验让我深信,一个地方的民间文书,虽然包含了丰富的历史信息,但如果脱离特定的时空场景和人文体验,这些信息是难以把我们带入历史现场的,把这些文字信息拉入脱离特定时空的研究视域,也很难形成令人信服并具有历史解释力的识见。

锦屏文书中,大量是关于山林经营的契约,这些契约的文本,直接反映出当地以山林经营为主的经济模式,山林经济活动的主体有地主、山主、栽手等,不同主体的权益以股的形式持有和分割，财产形态有山、地等不动产，也有由林木栽种砍伐构成的用益物权。如此等等，研究者都不难利用这些契约文书去分析清代中期以后当地的社会经济关系以及法律形态和观念。然而，这些看上去非常明晰整齐规范的法律范畴背后，表达的是一种什么样的社会实况？这些用汉字书写的文本，在这里的非汉语人群中，在怎样的程度上，以什么机制实现其法律效力？这些看起来具有法的形式的契约背后，是怎样一种真实的关系和行为规范？研究者从这些文本中如何形成对当地的历史文化的认识？如此等等，都是研究时要面对的问题。我们很难想象如果没有对地方社会历史的理解，不能把自己带入文书产生和保存的情景中，只是以我们既有的一般性知识和观念，就能够真正解读这些契约文书。山林经营文书中大量出现的关于山地与林木经营的种种契约关系背后，究竟是怎样一种经济形态、怎样一种社会状况，契约中的事主与当地的历史，与宏观的经济体系乃至国家体系之间是怎样一种关联，也都不是只抠契纸文本就可以读出来的。

在锦屏文书汇编的前面写下这些意见，不是要贬低将文书辑录出版的价值，恰恰相反，编者花了那么大的努力，把大批文书公开呈现在读者面前，目的是希望为学者们利用文书提供便利，引起更多的学者对这个地方的社会历史产生兴趣，吸引更多的学者进入当地的社会历史现场展开研究。只有这样，这些文书以及编者辑录出版工作的价值才能够得到实现或更大的提升。

民间文书的收集整理出版，大多以地域为单位进行。与20世纪学界开始利用民间契约文书时主要是专业学术工作者以外部研究者身份做研究的情况不一样，今天越来越多地方文史工作者和地方政府投入了这项事业，搜集和保存整理民间文书的工作在地方上越来越受到重视，他们在同专业学者的合作中，主体意识越来越明确，愈加发挥主导的作用。这一趋势是令人振奋的。这不仅仅可以令这项事业直接促进当地的文化建设和社会发展，得到更多的人力物力和无形资源的投入，更重要的是，可以大大推进地方文书的在地化。这种在地化，让文书本身及其隐含的文化意义，能够持续地保存并融入地方社会的生活和文化之中，同时也将专业的研究者的目光吸引到当地的场景上，使学者的研究更接地气，这对于在拓展民间文书研究学术深度和历史视野的同时，保存和再造民间文书的乡土性是一个极有意义的趋势。

地方政府与地方文史工作者对于民间文书的理解和兴趣，以及他们以此建立起来的关于地方历史文化的解说，可能会与专业研究者的取向相异，甚至有不一样的话语系统。但是，我不以为这是一个需要改变和调整的问题。面对外部的研究者发出的嘈杂的声音，地方政府和当地文化人，应该保持他们的眼光和他们的声音。在民间文书的收集庋藏、整理研究上的地方声音，其实是民间文书的地方性和乡土性在现代情景下的延续，虽然这种现代情景常常受到很多外部因素和环境的干扰甚至污染，但民间文书在地方乡土社会文化的创造性转换上的意义一定会以不同形式表现出来。如果说地方社会的声音中常常会有一些理念令研究者感觉难以接受，其实这不过是从学界流行的某种话语中习得效仿的，我们要学会在各种杂音中辨别出真正的地方声音。所以，在民间文书收集整理工作中，专业研究者应该做的，首先是充分尊重地方人士的见解和认识，在同地方学者的交流合作中，最应该做的，是帮助他们保持当地的立场、视角和解释，而专业研究者自己则应该最大限度地从中吸取有助于自己认识地方的知识资源。民间文书，只有在当地的社会文化语境下，才能延续其生命力，学者的批判性和理性应该在这个基础上去发挥。其实，也正是因为民间文书对于专业研究者与地方人士有不一样的意义，有可能会从同一批文书中分别提炼出不同的识见，我们才更需要一起合作，在尽量保存文书收集时的原始信息的共识下，将文书辑录出版。这些最大限度地以原貌保存下来的文书，是我们创造不同角度、不同声音的历史叙述的共同平台。专业的研究者与地方人士之间在文书收集整理工作上的合作和在知识建构取向上的分工关系，对于充分发挥文书的学术价值，改变历史学以及相关学科的研究范式，是大有裨益的。

写到这里，我联想到清水江文书这个大家族里面，现在已经分别以锦屏文书、天柱文书、黎平文书的标识和个性呈现于世。从前面所说的民间文书的地方性或乡土性的角度来说，这是一个值得称许的现象。早先，我们开始着重在锦屏县开展清水江文书的收集编辑出版工作的时候，作为外部的专业研究者，聚焦的是清水江流域这个区域。从全国性的区域格局来说，清水江流域（在后来的研究中，我们还把视野延伸到都柳江、舞阳河流域）是一个具有内在特性和外部角色的一体性的空间单元，在清水江流域留下的大量民间文书，与国内其他地域保存的文书相比，也有自己的整体性。因此，我们很自然地用了清水江文书这个标签，事实上国内外学者也都很自然地接受了这个标签，在学术界，清水江文书已经成为黔东南地区保存下来的民间文书的一个通称。

近年来，随着清水江流域的地方政府和文史工作者在清水江文书的收集整理出版工作上越来越投入，专业的研究机构和研究者在同地方政府的合作中，更加尊重和接受从地方主体的角度去标识和定义从当地收集的民间文书。于是，在清水江文书这个大范畴下，有了锦屏文书、天柱文书和黎平文书等细分的名目。在我看来，这是清水江文书的乡土性的更进一步明确的表达。这种地方性表达，对于地方政府和地方学者来说，自然有着保存和强化民间文书的本地意义的价值，而从从事专业研究的角度来看，首先这种地方性表达本身就有应该被纳入我们学术视野的文化意义和学术价值，这点不需要多说。即使从这种把清水江文书的整理出版按县域来细分的做法本身来说，也有学理上的合理性。这种合理性，基于作为我们研究对象的历史过程和地域文化结构，县域本身就是一个有学术意义的地理范畴。

我对黔东南地区没有专门的研究，但仅以粗略浏览过的锦屏、天柱、黎平等县已经出版的文书来说，也能感觉到其中有一些微妙的差异，这些差异表现在什么地方，与各县的社会历史过程是什么关系，我不能凭感觉乱说一气，但相信如果我们做更多的细致深入的探讨，结合各县的地理生态环境、生计模式、进入王朝体制的时间和方式、汉字文化的渗透等历史因素去考虑，保存下来的民间文书呈现出来的地方差异，也许就可以比较清晰地呈现出来。

毫无疑问，由于锦屏、天柱、黎平等县本来就同属一个区域，行政格局也经历了多次分合变动，各县之间的所谓差异，不可能是截然分明的，很多现象和特性一定都是共同的，互相之间也必然交错叠合。但是，当我们把现在在黔东南各地收集到的文书按县域汇编在一起的时候，各地的特色似乎就变得清晰起来。这种特色的呈现，对于当地社会文化认同的历史建构来说，自然有其地方性的意义，而对于专业研究者的学术关怀来说，他们也可以从这些清晰化的地方特色入手，进一步探讨王朝国家演进的历史进程，从而走出民间文书研究存在的脱离地方脉络的平面化和均质化的局限。

以我对这个地区的一点粗略的了解，这个区域，在整体上是云贵高原向湘西丘陵区的过渡地带，有山地峡谷，也有丘陵盆坝；人群的生计有农耕，有山林；在族群分布上，王朝国家时期，种类繁多的生苗熟苗、侗人、民人等多种人群在这个区域错居流动；在政区上，这里处在湖广与贵州之间，经历了由湖广而贵州的变动；在王朝国家体制下，这里分别存在过州县里甲、卫所屯堡、土司系统以及脱离王朝管治的峒寨组织；这个地区进入王朝国家体系也经历了相当长的变迁过程，土司、卫所和州县体制纠缠在一起，互相吸收转换。这种多元化的复杂的社会变迁历史，自然会在不同的地理空间留下不同的文化印记，也会在不同人群和不同地方的文书种类、样式和内容上反映出来。在我的印象中，锦屏文书与天柱、黎平等地的文书相比较，数量相对比较集中的是与山林和木材经营相关的文书，由此直接形成的想法，就是锦屏县的地域社会建构的历史，基调是山林栽种和木材贸易。我们知道，黎平县是在黎平府的中心地区的历史基础上发展起来的，这个历史有比较长久深入的国家行政体系演变的过程，虽然这个行政体系基本上是以长官司体制为基础设置的土流相兼的府或军民府，以及卫所（特别是长时间的府卫同城），王朝国家的制度与文化在黎平仍有比较长期和相对深入的影响。天柱县则是直接在卫所的基础上由所改县，再以此为核心，整合附近苗寨的里甲户籍建立起来的。相对来说，在锦屏县的历史上，这种王朝国家行政建制主导的影响相对来说要浅得多。锦屏文书比较集中的地带（我这里主要指清水江沿岸，锦屏的南部似乎与黎平更接近），被拉入汉字文化圈的历史，主要是在清代中期以后。随着国内市场格局的改变和扩张，外来商人沿清水江进入山区，带来大量的白银，采购木材运销到长江流域并进入全国性市场，形成了一套地方性的交易模式和同国家体制联系起来的地方管理制度。大批用汉字书写并基本上沿袭汉字文化区契约习惯的山林契约，在这个地方迅速扩散，成为这个地方的非汉语人群，通过这个林木经营的经济体系的运转，被整合到以汉字书写为基础的文化规范和王朝国家的社会体系中的一种直接机制。

如果我这个思路可以成立的话，我们就可以在一个更具有普遍性的意义上去认识锦屏文书的价值。我们知道，对于一个长期大一统的集权王朝来说，获取不同地域的多种资源是国家扩张的基本动力。在相当长的历史时期里，这种动力实现的机制，主要是通过行使政治权力，或军事征服，或设置地方行政机构，或移民屯垦，或将本地政权纳入王朝体系，或由政府直接设置经营厂场，等等。这些途径，在一部王朝国家历史中，是人们非常熟悉的内容。清水江流域进入王朝国家体系的历史，也基本上是这样一部历史。然而，清代中期外来商人进入清水江流域，形成的是一种市场的力量，商业扩张成为国家进入这个地区的一种重要途径，这是清代以后出现的王朝国家整合的新机制，如何去揭示和解释这个机制，在明清史研究中，是一个仍有待展开的研究领域。锦屏文书所能反映出来的种种事实，如汉字的运用，由契约订立反映出来的经济规则和法律观念与规范，在契约中反映出来的家庭关系、人际关系和社会组织，等等，都有助于学者从中去探求这种文化大一统的形成过程。

顺着思路写到这里，我开始为自己的信口开河惧怯起来，因为我其实并没有仔细去研读这些文书，更没有对清水江的人群和社会做过深入的研究，甚至对很多学者已经耕耘多年的研究成果也了解甚浅。因此，我相信我应该把话打住了！令我欣慰的是，在过去二三十年，很多在象牙塔里的学者已经走出来了，他们和当地的文史工作者，在收集整理锦屏文书的同时，开始了多方面的专题研究，呈献出很多富有魅力的成果，研究的视野在不断扩大，研究的深度也一直在拓展。我相信，锦屏文书的出版，一定会在推动锦屏地方文化建设的同时，为学术研究的深化提供极富价值的素材。

只是一点随想，不敢为序！

［本文是为《锦屏文书》（广西师范大学出版社，2020）写的序，曾刊《原生态民族文化学刊》2021 年第 1 期］

"移 民"

——户籍制度下的神话[*]

　　今天我要报告的题目是《"移民"——户籍制度下的神话》，我在这里说"移民"是"神话"，只是要强调我对移民问题的关注，在于"移民故事"背后的意义。在此，我应先做一点交代。十多年来，社会上及学术界都十分关注移民问题。我想这与我们身处的环境有关，是面对生活而生出的关怀。移民在人类社会里，本来是生活的常态，但当这问题受到关注时，我们往往会产生错觉，觉得移民会不会是一种变态，是社会的特殊现象。假若仔细想一想，移民其实是人口的迁移，本来就是一种常态。既是常态，为什么会成为问题？为什么会不断被提起，不断被记录下来，直到今天仍受到关注呢？这正是我们要思考的问题。我是学历史的，谈问题总爱上溯商、

---

　　* 我于 2001 年 7 月 16—18 日在香港科技大学华南研究中心与中山大学历史人类学研究中心合办之"塑造故乡：中国移民与乡土社会"学术会议中，以《移民——户籍制度下的神话》为题，发表主题演讲。本文依据该次主题演讲的录音整理而成。

周，现在亦不妨从商、周说起。众所周知，商人（殷商的商）本来就是不断迁移的部落，移民根本不会成为问题，就如我们不会谈游牧部落的移民问题一样。中国移民问题的出现，基本上是从周代开始的，特别是春秋战国以后。这是随着中原地区的人民定居下来，国家建立户籍登记制度以后才产生的问题。部落首脑为知道其属下人口而进行人口登记；到部落定居下来，在一个特定的地域范围内，纯粹为确定兵源的人口登记，变成在特定地域范围内进行的民数登记，这便是户籍制度的开始。这时候移民才会成为问题，也就是说"移民"概念的出现，实际上是人们定居下来的结果。

在中国史籍中看到的移民记载，尤其是官方文献中有关移民的记载，大多与国家行为相关联。例如，直接由政府组织的移民，或是被政府视为对其统治的有效性、对地方稳定构成威胁的"流民"，都是与国家统治有关才被记载在官方文献中。最典型的例子是魏晋南北朝时期，由于移民而有侨寓郡县的设立，经过若干年后，政府以土断的方式，把移民定籍为本地居民。对中国历史发展影响深远的南北朝移民运动，便这样被记载下来。据此，移民便与官方户籍登记联系在一起。

在明清史籍中，我们看到了大量移民的记载，尤其是明代，"使民实边""使民实都"皆与户籍有关。更普遍的是"使狭就宽"，即从人口密集地区迁民至人口稀少的地区。还有"流民附籍"，其前提是先有"流民"，而"流民"这一概念则是以政府户籍制度为基础，从政府的立场出发，把脱离政府户籍登记的人视为"流民"。政府对"流民"运动的处理，是把他们编进新的户籍体系。因此，移民活动被记录在史籍中，作为问题而存在，是以户籍制度为基础的。

面对史籍中的移民记载，作为历史学家，要清楚自己是在处理历史事实的问题，还是历史记忆的问题，不能把二者混为一谈。我把史籍中的移民记载看作历史记忆，与我阅读的资料有很大的关系。我们阅读民间的文献，如族谱，可以得到一个很深的印象：在族谱里所记录的祖先，无一例外都是移民；但被编进族谱的成员、具有宗族成员资格的人，都是定居者。例如，族中成员外迁，谱中会写"外出，迁某某地"，在其下便不再做任何记录。这是族谱记载的基本方式。当然，20世纪以后，由于编谱者要处理的问题、要满足的需求都有很大的变化，族谱的作用已有很大的不同。所以，我这里所说的族谱主要是清代以前的族谱。也就是说，人们定居下来，进而编写族谱，但在族谱里最重要的是记载他们对祖先迁移的历史记忆。我们现在研究移民问题，相当依赖族谱资料。很多研究者已不能满足于过去只依据官方文献里政府为推动移民或为处理流民问题而记录下来的资料，从而更注意族谱资料，因为族谱更能反映移民的实际情况，对移民问题的研究更有帮助。再者，地方志对移民的记载，其实亦是由所能搜集到的族谱资料整理而成；所以，我认为地方志中的这类资料，在性质上属于族谱资料。若把族谱看成是中国民间历史记录，这种历史记录所反映的中国社会，实际上是中国社会里的历史记忆，是人们对祖先的记忆、对祖先迁移的历史记忆。这种记忆除在族谱外，还通过口述，普遍留存在一般老百姓的记忆里。这种口述传统，与族谱里的记忆，基本上是同一类资料。因此，我们在民间文献中读到的所谓"移民"，很多时候都是大家的一种记忆。它作为记忆被流传下来，被写在文字中，是因为这个"移民"记忆对于流传、记忆和记录的人，具有特殊的意义，是由祖先联系到自己的来历，确定自身的来历。我说"移民"记忆是"神话"，便是在这个意义上说的。

人口迁移本来是可以完全被遗忘的历史。假若我们细读族谱资料，又或到乡间听老人家述说他们祖先的故事，便可以深深感受到祖先迁移的历史是可以被遗忘的。他们先把祖先的来历忘掉，然后再去寻找，重新建立"记忆"。这个"记忆"或许是新的创造，又或许是寻找回来的东西。这个"遗忘"、再"重建"的过程，表现出他们对自身来历的重视，但为什么会对祖先的来历重视起来？在什么时候开始重视的？我觉得这与户籍制度的发展有紧密的关系。若把问题与我们今天的历史、与社会生活相联系，我们可以把问题上溯到明代，因为明代政府对户籍制度的重视、户籍管理的严密，使人们变得重视自身的来历，而从事对自身来历的重建。在明清时期，有各种各样关于移民的传说，在下一节，张小军教授、赵世瑜教授会谈到山西洪洞大槐树的传说，在这里我想谈谈广东人比较熟悉的珠玑巷传说。在座有不少人对这传说曾做过深入的研究，故我只做简要的介绍。在珠江三角洲，大部分人都认为自己的祖先是北宋末年或南宋末年由粤北（广东北部）的南雄珠玑巷迁移到珠江三角洲的。这传说有很多不同的版本，传诵最广的是说当时胡妃或苏妃从王宫里逃跑出来，在南雄珠玑巷被一位商人收留；后来，皇帝追查，在珠玑巷的居民怕受牵连，一起逃亡，沿着北江逃往珠江三角洲地区并在这住了下来。关于这故事的真假，有很多不同的争论。但基本上，史学界认为故事是虚构的。然而，故事的背后是否反映了北宋末年曾有一批北方人移居珠江三角洲呢？若我们认真细读这故事，故事的重点不在移民，而在于说明这批迁移者是有户籍的。故事中很重要的一个情节是珠玑巷的逃亡者先在县衙领取路引，在到达珠江三角洲后，又在当地居民的帮助下，在当地官府登记户籍。故事中的矛盾是十分清楚的，既是逃避官府的追捕，何以会先向官府领取路引？在顺德、中山、南海、新会等地定居后，何以又会去当地官府登记户籍呢？我们试把问题放在珠江三角洲社会历史的发展脉络中，便可从两方面去理解这故事：

其一是从无籍变为有籍。这是明初珠江三角洲的重要社会变化。明初政府在地方上抓到所谓无籍者，如疍户，便会把其编入军籍。明朝有两次很大规模的"指疍户为军"，但仍未能把这一地区的居民全部编入户籍。那些无籍者，加上部分被编入军籍而又不想服兵役的逃户，后来引发了一次颇具规模的"黄萧养之乱"。乱事平定后，明朝军队在珠江三角洲地区逐村搜查，要分辨谁效忠国家，谁是叛乱者。当时，很多人为了证明自己不是叛乱者，便要证明自己是有户籍的。

其二是与军户的发展相关。这一点我没有确实的证据加以论证，但可以在这里与各位谈谈我的看法。明初，珠江三角洲地区的大量居民被编入军籍，后来这些人欲脱离军籍的要求十分强烈。当时人用以脱离军籍的办法，都可以在珠玑巷的传说中找到。在明初，军户如果不是随朱元璋大军到来的，便是指置为军者，或是在当地收编何真的势力而为军者。如若不是上述三项，而说是由珠玑巷来的，便很显然不是军籍，不用服军役了。

所以，珠玑巷传说背后的意义，一方面是黄萧养之乱后，要通过户籍去划清是否对国家效忠的问题；另一方面，是要脱去自己军籍的身份。为此，珠玑巷的传说在珠江三角洲地区被普遍采纳。其实采纳此传说的人，至少有相当一部分是当地的原有居民。当然，这点亦是难以证明的。因此，我们可以把移民传说作为神话，更确切地说，是作为历史记忆、历史的表达。故"移民"是可以创造出来的，并不断被强调，被记进族谱，一代一代地流传下去。直至今日，移民传说仍不断被编进族谱。今天，我们研究"移民"，必须先清楚要研究什么。是研究当时移民的历史，还是研究作为一种历史记忆的移民概念？就如珠玑巷传说，我们究竟是关心南宋的历史，还是明清时期的历史？在下一节，赵世瑜教授、张小军

244

教授会讲到大槐树的移民传说，我对此没有专门的研究，但看他们的文章，应该是清末至民国时期的历史。假若要研究明初的历史，官方的实录正史里，已把这故事说得很清楚了。若把问题扩展到香港，一般香港人都接受香港是个移民社会的说法，但现在香港面临的尖锐的社会、政治问题，正是"新移民"的问题。诚然，无论新旧，大家都是移民，何以新移民会成为问题？这不单是先、后的问题，背后有更复杂的政治、社会、文化与历史的原因。所以，无论研究香港移民还是新移民的问题，我觉得还是把它作为当代社会问题，才能触及问题的核心。海外华侨社会是否有相类似的情况，我不了解，希望在接下来的三天会议期间，能向各位多多学习。

（原刊《华南研究资料中心通讯》2001 年 10 月第 25 期）

漫步乡村

城乡一体化背景下的乡村定位及其可能

我们做历史研究的，经常往乡村跑，也关注乡村的现状，试图去寻找一个历史现场，培养我们对历史的感知，当然也包括努力寻获一些历史资料。跑到乡村去，当然就要面对一个现实的乡村，就要跟乡村里面的人接触，了解他们的生活，了解他们的情感，了解他们的想法，所以很自然地，我们对乡村也有一些非专业化、非学术的认识，这仅仅是一些感性的认识，但与此同时，我们这种基于历史关怀的认识，这种从历史进程和历史逻辑中形成的认识，令我们在这些感性的认识背后，也有着对中国社会、中国历史的一种理解和关怀，这样一种关怀和很多对当代乡村问题的思考都可以联系起来。

按照我们教科书的习惯，本来应该先讲历史，但我还是想讲我自己刚刚经历的事情。我在六月这一个月，先后到过福建、甘肃等好些地方的乡村。在乡村里，我们看到很多现象，有些是矛盾的，不同的地方也有很多差异。比如说，我到过福建的永泰县，那里距离福州市区只有不到一小时的车程。这里令我最感慨的，是在乡村里面一个小孩都没见到。过去讲乡村空心化，说乡村只剩下老人和小孩，年轻人都出去了，但我们这一次去看到的，却是一个小孩（连婴儿）都没有，更加不要说中小学生了，这令我感到非常震撼。我们跑了也有十个八个村子，真的没见过小孩，小孩到哪里去了？因为没有了学校，所以小孩都离开乡村了！他们是不是都愿意到城里读书？村民告诉我们，有钱的当然愿意，没钱的就很惨，到城里去读书对他们家庭来说就是最大的负担。

另外，前几天在甘肃调研，因为正是青苗会的时候，所以我们看到了一个非常热闹的乡村。青苗会在华北很多乡村都有，农民们会在农历五月的季节搞很多乡村的活动。在青苗会上，我看到了很多小孩，这些小孩基本都是小学生和初中生，他们在很多活动中差不多都是主角，他们非常开心、非常投入，活动非常热闹，甚至在一些场合中连成年人都没有，只有这些小孩，他们都会很熟练地做各种活动。我当时感觉到，这些孩子可能已经是非物质文化遗产或者民俗活动的中心了。

乡村里面有很多孩子的存在，让你觉得这个乡村仍然很有活力，很有前途。其他细节我不讲了，只讲讲直接看到的现象。刚才狄金华提出的问题，让我想到我们一直关怀的问题，过去改革开放以来，特别是 20 世纪 90 年代以后，乡村的变化大家是有目共睹的，开始是用"空心化"的概念来表述，后来建设新农村、精准扶贫，国家都很努力去推动了，好像找到了怎么样挽救和重振乡村的途径，现在大家也许可以再次反思，这样将大量的资源投入乡村，是不是真的能够挽救走向衰败的乡村，我自己想到的一系列的问题是在这里。

我一直很困惑的问题，可能比回到乡村的话题更加沉重，这个困惑就是，未来中国是否还需要乡村。大家知道，我们这一代人是在毛泽东时代接受的教育，那时有一个理想的目标，叫"消灭三大差别"。三大差别中的一大差别就是城乡差别，所谓消灭城乡差别，在我们小的时候的理解，毫无疑问是要把农村建成像城市一样，那时候形象的说法是："楼上楼下，电灯电话。"不过，原来实际上的做法，一度是把城市人赶到乡下去，所谓"我们都有两只手，不在城里吃闲饭"。这些口号显示出，虽然以消灭城乡差别为目标，但如何消灭，其实是混乱和模糊的。但不管怎么样，我相信总的目标还是要乡村城市化的。如此一来，所谓消灭城乡差别，意味着中国现代化的发展方向，是不需要乡村的，那个时候虽然没有这么说，但却是很自然的逻辑。我们每一个中国人自身的生活经验，在潜意识里形成了一种向往，我认为是人们的共识。理由很简单，最近几十年来，在国家机关也好，军队也好，工业企业厂矿也好，大学里面也好，大部分的人都是从乡村走出来的，很多乡下的人非常努力地上学、读书、高考、参军，真正的目标都是努力走出乡村，跟乡村说再见。这种个人的情感和追求，是我们的国家目标，走向城市化、现代化的道路，是一致并互相加强的。

　　这样的一种去乡村化的趋势，虽然可能没有被认真讨论过，也可能从来没有人直截了当地这么提出来，但大家潜意识里会引向这个一致的方向，就是认为中国最终不应该有乡村存在。我认为，我们的乡村走到今天这个状态，跟这种追求和期望可能有很大的关系。然而，中国真的不需要乡村了吗？如果中国不需要乡村，我们现在整天强调的中国特色、中国体制、中国道路，根在哪里？本在哪里？

　　我们的所谓优秀传统文化，包括国家的原理、社会的体制、文化的结构、中国人的心灵结构，乃至整套意识形态、世界观，是不是可以在乡村社会消失以后，仍然延续下来？我们未来努力实现的优秀传统文化的创造性转换和创新性发展，是不是可以离开乡土中国这个基础？这些问题，是我的困惑。

　　我几十年来一直在乡村做研究，在乡村跑了几十年，对乡村是有感情的。虽然我不是在乡村出生长大的，但是我对乡村有很深的感情。现代的城市人，喜欢用所谓"乡愁"来表达对乡村的情感，不过这种对乡村的感情，可能有很多类别。有些城市人把乡村看成清净休闲、寻找田园生活、返璞归真的一种途径；对于有些从小在乡下长大的人来说，乡村是一种对儿时生活的眷念；我不能说我对乡村的情感与这些"乡愁"不同，但我对乡村的感情，更多恐怕是由我在乡村研究中产生的理性思考演化出来的。多年来，我们都致力于从乡村中寻找"中国"原理，虽然一方面我们可能对乡土社会有很多的不适应，甚至有很多的批判和反思，但另一方面也深深体会到，没有乡土社会，我们会失去大地，悬在空荡的空间中。

我在乡下接触到种种不同的人，听他们讲述他们的人生经历，也目睹甚至体验着他们现时的生活，感受到他们对生命、对人生、对生活的情感和欲求，常常被他们感动。这种感动一直在强化我的一种信念：中国社会的未来，不应该把深深根植于乡土社会的这种人性和精神遗弃。前些日子，我在甘肃南部一个乡村遇到一个老人，比我才年长三岁，人非常聪明，知识也很渊博，人也非常好，但他不认识字。我感到很困惑，和我同辈的人，如此聪慧，怎么可以不识字？后来他讲了他的身世，听了之后我非常动容，我在他身上感受到了一种乡土社会的生命力。乡村中存在着一种原生的力量，这是我们优秀传统文化的源泉。我对乡村怀有的就是这样一种感情。我觉得他们的生活方式，他们对世界的理解、对人际关系的理解、对自然界和外部世界的理解，都有很多东西值得我们珍惜，值得我们去认识。当现在我们面对的乡村社会在眼前迅速消失的时候，在情感上我觉得是不应该发生的，但在理性上我们也看到是不可避免的。也许我们可以说，以后的发展方向不是乡村的消失，而是城乡一体化，但我认为，所谓城乡一体化其实就是城市化，因为这个本质上是现代化的概念，而在已经发生的历史过程中，现代性与乡土性其实是不相容的。

然而，如果乡村消失了，我们这个国家会变成什么样，就得重新思考了。也许我们会说，今天我们讨论乡村问题，提出乡村发展战略，就是要守护乡土、守住乡村、记住乡愁。那么，我们要的是什么样的乡村呢？最简单的一个答案当然是城市化的乡村。20 世纪 80 年代时，好像主流的想法是走小城镇的道路，当时费老（费孝通）还健在，他是主张走小城镇这条路的。现在我感觉似乎大家不再认同这是一条可行的路。那么，到底乡村的未来有着怎样的前景呢？如果乡村只是意味着农业，保护乡村只是留住乡村里面的旧房子，或者把旧房子改造成为小资情调的雅居，结果会是什么样呢？城市的人到乡下去，见到旧房子，常会赞叹说这乡村建筑很漂亮，但说房子很漂亮的人，大多都不会住在那里，要住在那里的话也一定会把房子改造成雅致的房子。但如果是这样，如果乡村都成了城市人休闲雅聚的地方，它还是作为我们国家的社会文化之根的那个乡村吗？它最多只是一种城市的度假地。我在 4、5 月的时候也到过江西的一个所谓传统村落，其实只是把那里建成一个旅游点而已。我们做学术研究，会把这样的乡村建设道路看成是中国乡村的未来吗？现在很多人还很热衷于去做这样的乡建，我肯定也不反对，我也很喜欢到乡村度假。但是，这是另一个领域的话题，好像不属于我们要思考的乡村建设问题。

　　近年来，好像公布了很多传统村落的名单，我不明白"传统村落"的意思是什么。这个传统村落是按传统方式生活的乡村，还是只是一个大家可以去开发旅游的地方呢？我相信时下各地还是很热衷于申报传统村落，我看到很多地方，一个县就有二三十个传统村落，我不清楚县里面致力于保护传统村落的人申报这个是为了保护乡土社会还是为了城市人的旅游。但我认为如果是为了旅游，则不是我们做乡村研究的学者真正的关怀所在。有一个似乎是悖论的问题，当大部分的村落没有被列入传统村落的名单之中，就应该不属于传统村落，既然不是传统村落，那么就应该还是以乡村现代化为路径。但是，我们看到的常常是列入传统村落的就有可能得到更多的投入，未列入的，反而因为缺少外来资金的投入，而更多保存了原来的乡村面貌，常常就凋落下去了。对于大多数乡村来说，现代化目前可能还是一个遥远的未来，我们现在还只是把乡村的贫困状况改变过来，不让乡村那么衰败，大家已经看到初步成效了。但作为学者，我们还是要思考中国的未来还需要乡村吗、乡村是什么、乡村对于国家来说意味着什么这一类问题。

在这类问题上，以我的孤陋寡闻，我觉得比较能让我看到乡村未来的，是我在莆田乡村的所见。莆田乡村给我最强烈的感觉是，乡村里面住的人都在乡村，但是他们的生意，却大多不在本地。那么乡村是不是只是他们回家度假、消解乡愁的地方呢？我看也不是。他们同时在乡村里面做了很多乡村建设的事情，让乡村的社会组织，生活的样式，甚至乡村里面的文化，乡村人的世界观、意识形态，都保留下来，而且还有很多现代性的创造。当然，如大家所知，莆田乡村这种模式，是由强大经济实力支撑的，我不敢说所有的乡村都可以按这个模式走。

时间不允许我多发挥，简单说，我们需要什么样的乡村，首先应该通过研究去思考、去形成共识的问题，我们在乡村的投入，国家可能有清楚的目标，但在实践中，还是要时时思考的。

（本文原作部分刊于《中国农业大学学报（社会科学版）》2020 年第 1 期）

地方历史的民俗学视角：
从深圳赤湾天后宫谈起

对历史研究来说民俗学的意义何在？我们对历史的理解，很多都是在民俗中获得的。我们到很多地方做田野调查，向民俗学家学习，更向民众学习，这对我们理解历史有很大的帮助。我相信，要写一部新的历史，首先要从了解民俗开始，其次需要学习民俗学家的工作方式。

为什么这么说呢？我先从一个民俗学研究的经验说起。与香港隔海湾相望的深圳赤湾天后宫非常之著名，现存所见庙宇大概是二十年前重建的。重建之前，这是边防部队驻军的地方，原来的天后宫在 20 世纪 60 年代被当地驻军拆掉了。20 世纪 90 年代中期，深圳市南山区接管此地，进行重建。重建庙宇后，又为庙中的天后娘娘添加了一个具有正统性象征的命名，叫作"中华海神"。庙宇建筑的基调是蓝色的，据说是因为天后是海神，而大海是蓝色的。对于我们这些看惯了乡村庙宇的人来说，一看这个蓝色的庙，感觉好像是个怪物。不过，建筑师的这种现代设计，并没有改变当地民众的信仰。对于当地民众来说，天后是其自身日常生活中的神灵。

新庙开光的时候，我到了现场，看到很多人在祭拜，不同的人在同一场合做着不同的仪式。如果要区分礼和俗的话，官方举行的"中华海神"开光仪式大概属于礼的范畴，参加这个仪式的很多是政府工作人员，包括来自北京的文物专家，营造了一个非常具有官方色彩的礼仪场景。同时举行的还有其他的礼仪。从外地佛寺、道观请来的僧人、道士，各自按照规范在演示自己的礼仪。最引起我注意的是，当地老百姓在庙堂内外做着各种各样的仪式，甚至还有人在庙里奉上一尊很漂亮的现代观音像。他们一般都是成群结队而来，拿着红榜，上面写有这群人的名字，在天后面前念了一遍，再把红榜烧化，然后上香朝拜。到了晚间，官方的礼仪消失得无影无踪，庙里聚集的人群更多了，场面更为热闹，庙里的活动似乎只剩下了民众的"俗"。一连几个晚上，我们在庙里看到的都是"俗"的演示。

当我们来到这样一座庙宇，置身于多种仪式之中，毫无疑问就是进入了一个"礼俗互动"的现场，礼和俗都以很显著的表达方式行事，但并非互不关联。大殿之门在某一特定时刻被强行关闭，似乎是官方之"礼"与民间之"俗"的有意区分，而在其他更多的时间里，礼和俗都是和谐共存和有序互动的。

赤湾天后宫作为一座官方庙宇，经历了很多阶段的变化。它之所以被看作官庙，是因为它一开始就是由明朝派遣到东南亚地区的使臣建立的。明初以来，朝廷多次派遣使臣前往

东南亚各个朝贡国，使臣往往从这里乘船出发，从南海一直
到马六甲、泰国等地。这些使臣启航时要在这里举行一个仪
式，叫作"辞沙"，即弄一头牛在海滩上拜祭，把肉挖空后填
上东西，拜祭完毕扔进大海。明代嘉靖以后，这座庙宇越来
越受到当地官府的重视。因为从这个地方向南的海域有很多
岛屿，在明代中期以前还有很多未入明王朝版籍的人口，被
明王朝视为叛乱力量。嘉靖年间，明王朝派来平定这里的军
队打了胜仗，便来此庆祝，于是很多地方官员捐资重修了天
后宫，扩大了庙宇的规模，此时它具有了更多的王朝的地方
统治的象征。它最直接的官庙身份，可从清初平南王尚可喜
时期算起。当时，虽然清朝实行海禁，但平南王尚可喜有上
千艘船活跃在海上做生意，所以他非常重视这个庙，出了很
多钱把庙修建得特别大。到清代中期，它便被列入新安县的
祀典之中。

　　这一案例，牵涉到我们如何理解文献所建立的历史认识
问题。从文献中了解历史，是历史学者的本事，他们通过阅
读地方文献而形成一种历史解释。但是，不管这个文献是怎
么在地方上获得的，文献本身所呈现的历史其实是缺了很多
历史事实的。就深圳赤湾天后宫而言，尽管我们在文献记录
中看到，这座庙宇一再被官方建构为官方仪式场所，但文献
没有呈现出来的，就是我们在今天的仪式中所看到的民众祭
祀活动及时空规定性。我们今天赶到这里，如果仅仅参加完
正式的官方仪式就匆匆离开，也不会了解那些到了夜晚才会

举行的以乡村妇女为主体的祭祀活动，而这些活动对于我们理解这座庙宇来说是非常重要的。

就我的田野观察而言，这些在夜晚举行祭祀活动的乡村妇女，来自一个非常广大的地区，超越了乡村，也超越了县域。她们的活动并非指向"中华海神"，而是与其日常生活中的杂神信仰有关，其实更接近一种民俗活动。面对同一座庙宇，官方仪式与民间仪式谁更具有延续性？我们看到，官方仪式的意义设置和具体做法，往往会因应社会环境和政治情景的改变而改变，但本地民众的仪式因为与日常生活紧密相连，因而有着稳定的延续的传统。就此而言，如果仅仅将之理解为官和民的对立，或"礼"和"俗"的区分，或所谓"大传统"和"小传统"的分异，似乎是不够的。我们在地方上看到的这些礼俗活动，其实代表一种更开阔、更稳定的社会与文化结构。在这一结构中，民众会不断地采用国家、士大夫能够接受的方式，加入官方制造的礼仪空间，或者将其信仰包装成符合礼仪的俗。这样，他们即使不能得到国家的承认，也可以在国家体制下营造自己的空间。认识到这一点，对于我们解释宏大的王朝历史与民间文化空间的共生关系，是大有启发的。

［原载赵世瑜、张世闪主编的《礼俗互动：中国社会与文化的整合》（齐鲁书社，2019）］

田野与"礼—俗"互动

关于礼—俗关系、礼—俗互动的话题，有关礼与俗关系的理论思考，目前已有相对比较多的讨论。在此，我主要以中国民俗学起步的历史为话头，谈一下田野与"礼—俗"互动视角的关系。

众所周知，中国民俗学的发展，与历史学者有密切的关系。前辈的历史学者之所以会去关心民俗学，说白了还是从历史学的关怀出发的，而不是关心民俗学本身。顾颉刚先生自己明白地说："我的研究文学的兴味远不及我的研究历史的兴味来得浓厚"，"我原来单想用了民俗学的材料去印证古史，并不希望即向这一方面着手研究"。① 与顾颉刚先生一样，容肇祖等先生也是古典文献修养深厚的历史学者。他们都以治古史见长，他们学问的基础由古代经典积成。他们研究的领域，是古代国家的制度与思想，而中国古代的国家制度和学问的核心就是"礼"。也就是说，若以"礼-俗"二分来看，中国

---

① 顾颉刚编著：《古史辨》第 1 册，"自序"，77、66 页，北平，朴社，1926。

民俗学的奠基人本来就以研究礼见长。但顾先生、容先生比很多执泥冥顽的历史学者高明，他们对礼与俗之间存在的内在联系有深切的认识，明白要真切地理解古代的"礼"，了解"民俗"是一种重要的路径，需要走向民间，到老百姓的生活中去，从而明白实际生活的逻辑。所以，他们大力推动民俗学运动，走出书斋，走进民间，身体力行，到田野中寻找民俗的实态。这在中国民俗学建立和发展的历史中，是人所共知的。

历史学者之所以重视民俗，除了五四新文化运动带动起来的走向民间的潮流影响，以及历史学本身追求走出帝王将相历史范式的革命等直接的动力，中国历史与文献中，本来就具有民俗的源泉，古代文史之学，本来就包含"民俗"的成分。因此，中国民俗学起步伊始，就可以自然地承接中国研究古代经典的学术传统，古典文献成为民俗研究的一种知识基础，这可能是中国民俗学的一种特色。这样一种特色，可以说是中国民俗学的一个先天的优势，使我们可以将民俗放到一个更宏观的时空里去解释和理解，在一种历史连贯性中探究民俗形成、传承和演变的机制，同时也有助于在文化统一性的视野下认识千姿百态的民俗事象。但这个特色也在民俗研究的实践中，形成了一种值得需要我们自觉乃至反省的习惯，就是简单以经典文献中的"理"和"礼"去直接解读民俗，给民俗贴标签，甚至外在地干预乃至改变"民俗"。

举一个简单的例子，我经常会与不同学科背景的学者到乡村去走走看看，大多数同行的学者都会对乡村所见产生兴趣，特别是到乡村中走进民间祠庙，这些朋友常常问的问题是：这是什么庙，拜什么神，是道教的还是佛教的？不仅历史学者会这样问，甚至一些不是专门做民间信仰研究的民俗学者也会这样问。一些有点宗教知识的学者，更是会自己做出判断。我常常不知怎样回答，因为如果我说这既不是佛教，也不是道教，这些朋友就会一脸困惑，甚至要与我理论一番，非要我给出一个明确的答案。在很多人的观念里，如果不把这些神明和祠庙套入他头脑里关于宗教和迷信的分类知识系统中，就觉得不能理解。还有一些颇有文史功力的学者走进乡村祠庙，会特别对庙宇里面的牌匾楹联有浓厚兴趣，然后用自己渊博的学识，对这些文本做一番儒学话语的解读。这种解读自然都是关于伦理道德的表达，尤其能够被陪同的本地干部或文史工作者接受。如果这个庙宇能够被学者头脑里现成的知识解读，还能够有所发挥，这些朋友就会心满意足，就会觉得对这个庙宇有了认识。许多饱读诗书、博学卓识，但很少做田野研究的学者朋友跑到乡下，都难免不同程度地有这类反应。大家似乎都相信，自己从书本里学到的知识，是能够解释现实社会生活的一切的。人们已经形成一种习惯的认知方式，就是能以"礼"解"俗"，才叫作学问。

　　这种惯性的认知方式，不只是妨碍了我们从学术角度建立起对民间社会和民俗事象的认识，随着今天这种知识生成在乡村管理和乡村改造中发挥越来越多的作用，地方人士乃至政府工作人员深受这种知识的影响，甚至很多学者直接参与社会事务，而乡民们也相信这些专家学者的知识更"正确"、更高明。近年来我们看到，很多乡村的庙宇被拉入道教或佛教的系统。只要到乡村去看到观音庙，人们就认定是佛教的；看到各种民间神，只要是在道教神仙系统中有的神祇，常常被直接归类为道教的。结果，越来越多的乡村祠庙被道士或僧人接管，甚至直接就变成了道观或佛寺。我们宗教管理部门也好，普通老百姓也好，地方政府工作人员也好，都越来越觉得找和尚、道士去管理民间祠庙是理所当然的。其实，我们知道，这些乡村祠庙，虽然不能说跟道教、佛教的影响完全没关系，但是它们大多数既不是佛教的寺院，也不是道教的道观，只是乡村的民间神庙而已。甚至很多观音庙、玄坛庙一类，虽然所供奉的神明都可以被纳入佛道系统，但庙宇和信仰就其性质来说，还是乡村中一般的民间神庙。人们非要把其纳入佛教、道教系统，用僧人、道士取代乡村庙祝，如此一来，作为民间祠庙的乡土意义和本地脉络，常常就被遮蔽或消解了。

诚然，以"礼"化"俗"、由"俗"入"礼"，在历史上从来都是一个持续不断的过程。把这个过程和相应的机制作为我们的研究对象，从这个角度去认识民俗，更是中国民俗学研究之必由路径。但是，如果研究者一走进民间生活，就用自己从经典文献中获得的知识中的"礼"去给实地所见之"俗"贴上标签，甚至以"礼"解"俗"，就会失去获取"俗"的知识的能力，消解民俗的地方性知识，也就难以真正深入探究在民俗形成过程中，士人和国家的意识形态和礼仪规范与地方秩序之间的互动机制。

再举一个例子，在各地乡村，普遍有请神驱邪的仪式，由一些仪式专家领着一些乡民，戴着面具舞动，驱除疫鬼，袯除灾邪。学者们在乡村看到这些仪式以及相关的神灵、装具和表演，都理所当然地将其纳入"傩"的范畴，贴上"傩文化"的标签，于是就有了傩神、傩戏、傩舞、傩面等民俗物事。人们之所以如此一致地使用"傩"这个标签，主要是因为"傩"是一个列入了经典的礼仪，《论语》和《礼记·月令》都有关于傩的内容。郑玄注《礼记》中关于傩的描述是："气佚则厉鬼随而出行，命方相氏帅百隶索室殴疫以逐之。"①这种活动我们今天在很多乡村中的确可以看到，戴着面具舞动的人，就是在扮演这些"百隶"。我们当然可以相信这是古代的傩礼传习下来的民俗，也可以通过我们的研究，去揭示地方民间社会民俗与儒家经典中的相关记述之间的关系。民间也许的确是从经典记载中习得这种仪式，但其实在不同的地方、不同的情景下，戴着面具表演，并不见得只有一种意义；这种表演形式，也不一定是根据儒家经典进行的。如果研究者面对这种标准化的礼仪，都一概将其归入"傩"的范畴，往往会忽视追寻其民俗属性和民间意义，就会忽略很多更有价值的

① 李学勤主编：《十三经注疏·礼记正义》卷15《月令》，488页，北京，北京大学出版社，1999。

民俗信息。

在中国，由于"俗"和"礼"的确是互相依存、互相吸收、互相转化的，因此，在中国研究民俗，必须重视在文献中记载的"礼"，研究者也需要熟习"礼"的学问，对礼仪知识有相当的了解，必须从"礼—俗"互动的角度去认识和理解民俗。在这个大前提下，我们要避免的，只是不要简单地以"礼"给"俗"贴标签，更不要直接单向地以"礼"解"俗"。由于我们的研究者在学术实践中，常常是先从书本中获取知识，因此在研究实践中，尤其在进入田野的时候，更要小心避免民俗被经典文献知识遮蔽。

要做到这一点，首先是要破除传统文人观念中重王朝士大夫之礼而轻视甚或鄙视民间之俗的偏见。当年江绍原先生读《妙峰山》后写了一篇《北大风俗调查会"妙峰山进香专号"书后》，其中有一段议论很有启发性。他说，顾颉刚表示自己想着手研究"礼"，"但无比较的东西，则一切意义均不易明了。故弟欲先为今礼，然后研究古礼"。江绍原先生由此先引皮锡瑞《三礼通论》中"有王朝之礼，有民间通行之礼"的论述，然后提出："古代王朝士大夫之礼不能概括民间之礼，是毫无疑问的。"我理解这里所说的"民间之礼"，就是我们要研究的"俗"。江先生接着说，"王朝之礼"有文献记载，而"民间之礼"因为鄙俚悖谬不划一，很少有人肯详细观察记录。所以，其时顾颉刚和顾颉刚的同志们对"民间之礼"所进行的调查与记载有特别重要的价值。他特别提醒我们，如果我们做"调查观察记载，不能与那些破除迷信者用力一般勤，进行一样快，我恐怕中国社会进化史要失去不少的无法可恢复的好材料"。① 我们从这段议论至少可以获得如下启示，即王朝之礼与民间之礼不是一回事，王朝之礼可以通过文献考订获知，而民间之礼（"俗"）则需要通过田野调查去认识，并通过记录形成对于了解民俗有益而传统文献中没有留下的资料。

由此我们相信，民俗研究若要自觉规避以士大夫记录下来的礼仪来解释和认识现实生活中民间礼仪的做法，就先要把充满在我们头脑里面的那些从文字书写中、在教科书中建构出来的一套知识体系放下；说得更极端一点，就是先把经典中的"礼"搁置起来。所谓搁置，不是说不理会王朝正统化的礼仪，就整体而言，研究肯定是要从"礼—俗"互动的角度来展开，因为任何一个乡村里面的这一类民俗，都是在漫长的历史过程中不断受王朝士大夫的观念、主张以及他们建立的规范影响而塑造和演变的。但是，当我们走进民间，在田野中认识民俗的时候，需要先把民间之俗与王朝之礼区分开来，不应该先把我们现成的书本知识套上去，只有把现实生活中的实际状况都了解清楚，然后才能把从书本中学到的内容或者在后面的研究中认识到的东西再放回来，才能谈得上从"礼—俗"互动的角度去研究民俗。我这里讲的，主要是针对田野工作这个环节而言，不是指在案头研究时的做法。尤

---

① 江绍原：《北大风俗调查会"妙峰山进香专号"书后》，见顾颉刚编著：《妙峰山》，235～238 页，上海，上海文艺出版社，1988。

其是年轻的学生，进入田野前往往都先在书中获取了很多现成的论说，需要在田野工作时先暂时放弃。要放弃的，不只是古代经典中的"礼"，还有人类学、社会学、民俗学的各种理论，真正是以"一张白纸"的状态走到田野里面去。在这方面，顾颉刚先生早年研究社会的态度和做法可以作为我们的榜样。他到田野研究民间的社会祭祀活动时，当然是对文献中有关古代社祀的记载相当熟悉与了解，但他走到妙峰山考察香会活动所获得的了解，完全是从现实中得到的。他说："到了这种地方，迷眼的是香烟，震耳的是鼓乐，身受的是款待，只觉得神秘、壮健、亲善的可爱，却忘记了他们所崇奉的乃是一种浅薄的宗教"，"我很愿意把各地方的社会的仪式和目的都弄明白了，把春秋以来的社祀的历史也弄清楚了，使得二者可以衔接起来"。① 显然，他虽然关心的问题是古代的礼，要通过民俗研究去认识礼，但他到田野时，看到的却完全是实际存在的场景和现象，并没有以古代之礼去图解眼前所见的民俗。根据我近年的田野经验，顾先生有兴趣的社祀，如果我们不是先入为主地套用古代的"社会"或"土地"的概念，便可以发现，其实在很多地方其本相不见得是古代社的变相，而是有当地渊源和特色的本相。例如，在珠江三角洲新成陆的沙田聚落，"社公"或者"土公"从名称看起来是从社或土地转接过来的，但其实这是水上人上岸陆居时应付陆

① 顾颉刚：《走在历史的路上——顾颉刚自述》，79～80页，南京，江苏教育出版社，2005。

地神灵的设置。我的学生黄瑜在都柳江流域的研究,也发现这里侗人的"社祀",是从"萨玛"演变而来的。这些认识告诉我们,如果研究者进入田野的时候,仍抱持从古代王朝国家社稷坛推演而来的观念,就难以揭示其民俗的意义。

简单来说,我认为,民俗研究不能离开"礼—俗"互动的视角,在探究"礼—俗"互动时,最需要做的,首先是对俗有真切的了解,而要获得这种理解,需要做深入的田野调查,在田野调查中,我们需要小心避免被书本上文字书写的信息控制我们的认识,所以,有必要在田野工作中暂且将书本的知识搁置起来,不可以礼图解民俗,才有可能真正将"礼"和"俗"结合起来去认识民俗演变的历史。

(本文是以 2020 年 8 月 3 日在山东大学儒学高等研究院和齐鲁书社合办的"礼俗传统与中国社会建构"论坛上的发言为基础整理成的笔谈,原刊《民俗研究》2020 年第 6 期)

满天神佛：华南地区的神祇与俗世社会

一、前言

本文讨论的是华南地区的拜神与地方社会的问题。关于拜神，我们可以从很多不同的角度去看，不同学科的学者所关心的问题也不全相同，而我的研究则是透过民间拜神活动去看地方社会的历史。接下来就谈谈我们对民间拜神活动的观察。

走进中国人的社会，拜神活动常常给人们留下深刻的印象。自民国以来，很多受过现代教育的读书人，总是批评中国的老百姓太迷信，他们走到乡下甚至城市中的社区去，发现人们拜的神五花八门、名目繁多。这种"满天神佛"的现象，在华南，特别是广东和福建地区，是相当突出的。在中国其他地区，拜神也相当普遍，只是他们拜的神似乎没有华南地区这么多姿多彩，很多乡村可能只拜一两个神。但在华南地区，我们走入一个村庄，常常可以看到有多座拜不同神的庙宇，而在同一座庙里，常常也有各种各样的神摆在一起。我曾经在一座庙里，听见一位老妇人在拜神的时候，把她所知道的天上地下的各种神的名字一口气念出来，念了几分钟还没有念完。我们走进普通人的家中，也可以见到形形色色的神明。

在香港的年青一代中，有多少人拜过神呢？即使你从来没有去过庙宇拜神，但每逢节庆，你一定见过家中的老人拜神，甚至你家的厅中就安有一个或多个神位；当你走到街上，在店铺内，在马路边，都总是不经意就会与"神"相遇。所以，大家对拜神并不会陌生。但是，大家是否会对拜神的现象感兴趣呢？有没有想过，"满天神佛"与我们的社会有什么关系呢？

既然今天探讨"拜神"这个课题，那就要问：为何我们对"拜神"感兴趣呢？拜神的现象，对我们有何启示？要回答这两个问题，我们首先要了解何谓宗教信仰。我曾看过一份资料，说香港人的主要宗教信仰是佛教。对于这一说法，我感到迷惑。其实，香港人的主要宗教信仰既不是佛教，也不是道教，对于大多数人来说，他们只是拜神而已，可以说连宗教信仰也算不上。作为学者研究拜神这个社会现象，研究普通老百姓的拜神活动，又是想了解什么呢？现在我们已经生活在一个科技高度发展的社会，进入互联网时代，为何还有兴趣去了解拜神活动呢？

其实，这个道理很简单。正如我们今天如果要了解香港的政治，就应该去立法会听议员们的辩论，应该参与和观察各种选举活动，应该研究香港人的游行抗议；如果要了解香港的经济，可能应该去研究银行、地产代理行、交易所等。我们都不会怀疑，通过上述途径，就能了解社会、经济等问题。同样的道理，既然拜神是华南地区社会生活中很重要的活动，那么如果要了解华南地区的社会，就应该到庙宇去，看看百姓拜什么神，做什么仪式，如此方能了解华南百姓的心灵世界和世界观，这是十分重要的研究途径。

因此，对于从事历史文化研究的学者来说，研究宗教，不只是关心宗教的问题，我们真正关心的，是普通人的俗世社会，而不是神明世界。如果说我们也关心神明世界，那只是一般百姓心中的神明世界，我们要透过他们心中的神明世界，去了解他们对俗世的看法。文章的副题定为"华南地区的神祇与俗世社会"，即由此故。

二、哪些神佛？

刚才说过，在华南地区以外，其他地方的老百姓拜神，不一定会弄到"满天神佛"的地步。华北的农民，可能只拜村中一个神而已，各个乡村拜不同的神祇，但神祇的数目远不及华南之多。广东、福建一带的人，拜五花八门的神祇，确是"满天神佛"。从古至今，很多文人对此发了不少牢骚。华南地区不但神祇数目多，而且拜祭神祇的方式也很有特色。
下面我们通过照片来了解一些基本的情况。

图9　这是华南地区民居中常见的神台。这家人姓陈，共供奉
八位神明，按其在神牌上的尊卑秩序，分别是：观音、天后、北
帝、洪圣、关帝、金花夫人、游天得道三界圣爷、财神。在神牌最
右行和神台右方，则供奉陈家历代祖先、父母，及一位陈家成员

说明：神明的尊卑次序和数目并非绝对，人们可根据自己的信
仰和偏好增减其数目或更改其次序。但祖先和亲属地位不及神明，
故假如一齐供奉的话，祖先一般不会居中

　　图9显示的是华南地区普通人家中典型的神台，图片正
中供奉的是神，左边供奉的是祖先。这种格局显示出，在华
南地区的普通人家中，经常拜祭的神灵，一是自己的祖先，
二是其他神明。在珠江三角洲的家庭中，安放神位的方式，
常常是用一张红纸把神的名字写上去。其中最重要的就是贴

在家中厅房正面的神位，最常见的是所谓"九位菩萨"（有的是五位、七位）。这个神位列出的神是珠江三角洲地区（包括香港地区）最常见的神祇，相信大家都很熟悉。在这个例子中，中央是大慈大悲观世音菩萨，两旁分别是天后、玄天上帝（广东人一般称为北帝，详后）、关帝、金花夫人、财神。比较特别的是这家人把自己的历代祖先也放到了神仙的位置。九位神明的名字在不同地方、不同人家可能有些出入，但前面几位几乎是一定不舍却的。但这并未包括所有的神祇，我们走进乡村或城市社区的庙宇中，可以看见被供奉的神祇，其数目就更多了。

这些神祇中，如观音、北帝、文昌一类，在典籍中有记载，可以查考，而且也是国家祭祀的对象，属于正统的神明；不过在乡村中还有更多奇奇怪怪的神祇，在书中也不一定能查到记录。图10和图11是我们在华南乡阙常常遇到的奇奇怪怪的神祇，如"英灵二花面之神"，在中国宗教典籍里根本找不到其来源；图11的神位上有"哪叱"（即哪吒）二字，却又多了"感应""头人"四字，叫"感应哪叱头人"，也是不知其来由。又如，有些地方供奉"十五仔"，同样不知是什么神祇。有些学者曾想统计中国人所供奉的神祇的数目，这是徒劳无功的——神祇的数目本来已可能数以千万计，而且新的神祇又不断产生。在中国人心目中，人、鬼、神之间，并无清晰界限，很容易互相转化，随时可能创造出新的神祇。

图 10　英灵二花面之神位　　　　图 11　感应哪吒头人神位

这种情况在中国乡村十分普通。如果我们自以为读了很多书，到乡村地方，告诉村民这是什么神、那是什么神，可能与他们的信仰根本不相干，我们的解释可能全是错的！因为再博学的人，也未必能解答所有乡村所供奉的神祇的来源，即使自以为能够解答的，也不过是从书本上读来的知识，和乡村中老百姓的理解可能风马牛不相及。这是我们这些读书人到乡下去首先应该谨慎的地方，在对各神祇的认识上，我们不会比当地的乡民有更多的了解。

很多神祇在不同的场合有不同的形象，有些可能有共同特征，图 12 是大家熟悉的关帝（关公、关二哥），原是三国时期的人物，我们今天常见于店铺和香港特别

图 12　关帝像

行政区的警局，在家中也常常会供奉。他是中国社会最受人尊敬的神明之一。不论在哪里供奉，关帝像的共同特征就是红面。又如，金花夫人常见的特征是有许多小孩围着她，因为她的职责是送子。以前的人最希望能多生子，拜她的目的就是求子。香港也有庙宇奉祀她，较著名的是坪洲金花夫人庙。

中国人所拜的神祇，可以有不同形式、不同样貌、不同名称，在很多场合，同一神明也可能以不同面目出现。例如，在香港大家最常听到的神祇可能是黄大仙。黄大仙在香港没有塑像，只有画像。但是广州的黄大仙庙却有塑像，样子与香港的画像也不完全一样。还有香港人很熟悉的天后，在香港和珠江三角洲，人们常称其为"天后"，但在台湾、福建，却叫"妈祖"，而澳门的妈阁庙，就是闽南商人兴建的。天后

图 13　佛山祖庙的北帝像

还有其他称呼，如"阿妈""天后妈""娘娘"等，在不同的地方、不同的庙里，天后的形象从服饰到样貌都可以有很大的出入。所以，大家不要以为同一个神就是同一个模样。

有些神以不同面目出现，其意义就有分别：图 13 是佛山祖庙里的北帝，穿着明朝文官官服，仿如一位明朝官员，但北帝还有另一个面目，就是身

穿武将服装，所以北帝有文、武之分。但无论是文北帝还是武北帝，脚下必有一条蛇和一只龟。在香港，长洲的北帝庙就是很著名的例子。为何北帝脚踏龟蛇呢？按照古代中国人对宇宙的了解，东南西北四方各有名目，天上廿八星宿也依次划分为四组：青龙（东面）、白虎（西面）、朱雀（南面）、玄武（北面）。玄武就是龟蛇，而北帝是北方七宿的神，所以北帝一定脚踏龟蛇，这是北帝的共同特征。

刚才我们看过的神祇，都是人样的。还有许多神祇不是人样的，只是一块石头，有的刻上字，有的没有字，也有的把石头弄成一个人的样子。这些神祇的法力，或者说人们对神的信服，不会因其外貌而有差别。有的甚至在一棵树的树洞里放一块石头，便又多一拜神之处，如图 14 所显示的那样。

图 14　华南的神明世界非常多元，有有名有姓、形象鲜明、供奉于室内者，也有无名无姓、无面目、供奉于室外者。图中所见，大概是土地之类

图 15 深圳赤湾
天后官的天后像

虽然说同一神祇可以有许多形象，但神的形象的差异，往往不是偶然的，而是建庙者、信奉者、造像工匠共同构造出来的，反映出他们对于该神祇的想象。譬如，筲箕湾谭公庙的谭公是少年模样，在民间信仰中，谭公是七八十岁的老者，但大家相信谭公修炼成长生不老之术，所以就把他塑成少年的模样。这就反映了信奉者的观念。由此可见，神祇面貌的不断改变，在很大程度上只是人观念改变的结果，也反映了社会形态的转变、文化的转变。图 15 是深圳赤湾天后官的天后像，是现代人新塑的，样貌很像观音。赤湾天后宫跟香港有密切关系，1949 年前，在香港人所拜的众多天后庙中，规模最大的就是赤湾天后宫。1949 年后，两地交通阻隔，赤湾天后宫才衰落下来。20 世纪 90 年代后重建的赤湾天后宫，面貌已和过去完全不一样了。可见，随着社会的变化和建造者的观念的改变，神祇的面貌也会改变。这个转变可以说明时代的转变。

既是这样，我们到乡下去研究中国人的神明信仰时，就要小心。我们这些读书人，读过几本关于中国人信仰的书，每每一进庙宇，看见神像，就急不可待地说"这是某某神"，"那是某某神"。其实，如此轻率，只表现了我们的无知。还有人参观庙宇，一看神像，就说"这神像不对，待我回去给你一张照片看看"，等等。这些举止是十分自以为是的，因为我们用了自己的知识去解释眼前所见，完全违背了我们到乡下考察的原意。我们的原意，是要了解别人拜什么神，他们对神的形象的想象或认可，反映了他们的世界观，也反映了时代或社会的变迁。

所以，每当我到乡村看人拜神，我首先会问："这是什么神？"接着会问："这神在哪一方面灵验？"简单地说，就是要问神的名字和神的本事。例如，金花夫人是管送子的。至于关帝，香港特别行政区警局安放他，理由是他讲义气；商铺安放他，是由于他讲信用；古代中国的军队中也崇拜关帝，取其"忠""勇"。我在访问过程中，最常见的答案就是如此，但也因此最易犯错，因为我们往往会把这些常见的答案标准化、普遍化。事实上，"一处乡村一处例"，也就是说，同一个神在不同乡村、对于不同的人、在不同的时期，都可能有不同的意义。

三、神佛背后的历史和社会

正因为神明和拜神的活动在人们生活中是有意义的，我们就可以通过老百姓拜神的行为去了解他们的生活和社会的秩序。下面我想以佛山祖庙的北帝为例，试图说明我们是怎样从"满天神佛"的现象去了解华南地区的历史和社会的。

刚才谈到的北帝，又名玄天上帝，在史书典籍中被称为玄武或真武。名字很多，但都是同一个神，是北斗七星人格化后的神。这反映了人对神的崇拜是基于对自然的崇拜。中国人的神有两种主要来源：源于人间——人生前有特殊的功业或罪行，死后就成为有法力的鬼神；源于自然——北帝是天上的星宿，北帝是来自对北斗七星的自然崇拜这一观念，读书人较易接受。但玄天上帝是后来皇帝敕封的名衔，事实上，很多神祇的名字都是由皇帝敕封的，这也反映了官方和民间在宗教方面的互动。

根据典籍的解释，北帝是净乐国的太子，其母亲是善胜夫人，这些传说很显然受了佛经典籍的影响。人们把佛经典籍的记载修改一下，就套到源于自然崇拜的神祇上，而成为道教中正统的解释。这些故事对我们研究者而言意义不大，聊备一说而已。要通过研究北帝来了解地方文化，就必须进行实地考察和访问。

要了解北帝在珠江三角洲地区特别被尊崇的原因，就要从明朝说起，因为北帝在珠江三角洲乡村中的地位的确立过程，是同当地乡村社会在明朝的时候被整合到帝国政治体系中的过程相联系的。首先，我们需要知道，北帝是明朝特别尊崇的一位神明，明朝开国皇帝朱元璋相信，他能够战胜敌手，夺取江山，是因为得到了北帝护佑。朱元璋死后，他的孙子继位，但他的第四子朱棣（当时他被封为燕王，驻守在今天的北京）不服，发动武装政变，夺取了江山。这叔侄相争的一幕，史称"靖难之变"。朱棣即帝位，改元永乐，是为明成祖。他认为，明朝的首都本在南京，而自己驻守北京，起家于北方，挥军南下，攻下了本来在南方的首都，是因为代表北方的玄天上帝在暗中帮助，所以他登基后格外抬举北帝，下令在武当山竖立北帝的神像，兴建大庙来供奉北帝。北帝简直成了明朝皇帝的象征，有些乡村所拜的北帝，甚至直接称为明成祖。于是北帝崇拜上行下效，风靡一时，举国皆然。珠江三角洲的北帝有两个形象，其中戎装的北帝，据说就是依照明成祖朱棣的真容所做的。

但是，王朝的信仰要渗透到地方社会，成为当地的信仰，并不是靠统治者一厢情愿地鼓吹就能做到的，而往往要通过特殊而真实的历史事件，才能成为地方的信仰。那么，是什么特殊的历史事件导致北帝在珠江三角洲的地方社会中成为最重要的神祇之一呢？

我们知道，珠江三角洲最著名的北帝庙就是佛山的祖庙，所以我这里想以佛山为例，看看北帝如何成为地方上最重要的神祇之一。

明朝建立之初，广东有很多当地居民，他们没有归顺于明朝的统治，仍是化外之民。帝国政府要建立起对地方的统治，需要制服他们，但经常会引起反叛。最著名的一次叛乱是 1449 年的黄萧养之乱。黄萧养是南海的蜑家（亦作"疍家"）

人，跟随他叛乱的也多是蜑家人，蜑家人当时被看成是化外之人。黄萧养的叛军打到广州城下，差一点就攻陷了广州城，但这次叛乱最终被明朝平息了。明朝政府平息叛乱用了一个办法，就是在当地乡民中划分"民""盗"。政府派出军队到各处乡村中清查，愿意效忠政府的，就加以保护，登记为"编户齐民"，不效忠的，就剿杀。明朝政府用这种分化当地乡民的办法，建立起在珠江三角洲乡村社会的统治秩序。

当明朝官兵来到佛山时，一群乡民迎了出来，自称抵抗过黄萧养，又说，以佛山这个小乡村而能击退黄萧养叛军的围攻，是因为北帝显灵，帮助佛山乡民。据他们称，当叛军进攻时，天上有成千上万的雀鸟包围着他们的船队，而佛山北帝庙中也飞出成千上万只蚊子，形成一面面旗帜（北帝的旗是七星旗）的形状，这些异象使叛军不寒而栗，也提升了乡民的士气，在北帝的护佑下，乡民击退了叛军的围攻。

其实，从地方文献记载中我们看到，在黄萧养叛乱以前，佛山居民并没有崇拜北帝，他们所拜的，是一个本土的神祇——龙树神。不过，明朝官兵来清查的时候，佛山的乡民搬出了一个被明王朝奉为保护神的北帝护佑的故事来表达他们对明王朝的效忠。这一做法当然得到明朝皇帝的嘉许，于是皇帝把佛山这个乡村敕封为"忠义乡"。从此，佛山正式的名称是忠义乡。这件事对整个珠江三角洲有很大影响。因为官兵同样残暴，一旦发现余匪，就有可能屠灭整个村庄。佛山成为忠义乡的例子，为周围乡村做了示范：只要供拜北帝，明朝皇帝就会认为你是忠顺良民。黄萧养之乱平定后，明朝在叛乱发源地建立了一个县，名字就叫"顺德"，是归顺明朝威德之意。换言之，在四五百年前，顺德这个地方是尚未"顺德"的。

于是，整个珠江三角洲的人都开始"顺德"，并且采取了很多象征性的策略。许多乡村都有独特的、有关北帝的传说故事。譬如，在番禺沙湾，有一种很著名的民间活动——"飘色"，就是北帝神诞出游时的一种活动。沙湾人至今认为他们供奉的北帝就是明朝皇帝的化身。明朝时，沙湾人有一位祖先是高级将领，被派到云南打仗，立下大功。明朝皇帝就赐了一个北帝像给他们。他们说，中国只有三个北帝像是真的：一在武当山，一在佛山，一在沙湾。这些传说强调了沙湾与明朝的关系，宣示自己成为朝廷正统的一部分，不再属于蛮荒之地的化外之人。

不过，如果单凭这些传说，仍是很难令乡民顺服的，"顺德"的结果，是使该地区受皇帝派来的官员管辖，意味着要向皇帝多交税项，没多大好处。由此，要使乡民普遍接受这种具有王朝象征意义的神，还需要建立起符合乡民心理和价值观的信仰。在番禺沙湾还流传着另一传说，说北帝如何灵验。根据这个传说，皇帝赐了北帝像给沙湾乡民后，乡民将之供奉于沙湾北帝庙中。第二天，北帝像就被人偷走了，不知所终。后来有一位老人家说，昨夜梦见北帝传话，说是被另一个村的乡民偷去神像，并且该村仿造了一尊北帝像，在其庙中共有两尊北帝像，真的那尊，鼻子上趴着一只苍蝇。于是乡民按指示到另一乡村搜寻北帝像，果然发现有两尊北帝像，其中一尊，果然有一只苍蝇趴在北帝鼻子上。于是乡民就按照北帝的托梦指示，把真的北帝像夺回。北帝的地位也在沙湾乡村中确立起来了。

有些乡村中的传说，则有助于增强乡民对北帝的亲切感。譬如，在三水芦苞，乡民传说，北帝原是放牛的牧童，牛不见了，天上玉帝怀疑是牧童吃了这头牛，牧童为表清白，就在玉帝面前剖腹。玉帝大为感动，就封牧童为北帝，而牧童的胃和肠，就成为北帝脚下的龟和蛇。

在华南地区，又有一个传说，可体现北帝与国家权力的关系。北帝代表北方，按中国五行传说，北方属水，则北帝也是管水的。华南地临海滨，则北帝也就南来统治南方。清初屈大均的《广东新语》指出，华南百姓拜北帝，象征北方统治南方。换句话说，华南百姓接受北帝，也就是接受北方的统治，也就是南方人归化到北方人的政权之下。

类似的传说五花八门、版本繁多，有助于缩小乡民在心理上、感情上对于北帝的距离感。还有一些传说更是穿凿附会，但有助于凝聚乡民对于北帝的信仰，同时，也确立了北帝信仰之于国家认同的象征意义。在珠江三角洲，北帝庙往往是乡村最基层单位"社"的中心，北帝庙之重要性，于斯可见。

北帝信仰在珠江三角洲确立的过程，是原非当地信奉的神明，从一个国家化、正统化的象征，变成一个地方化的传说，乡民对他加以崇拜、亲近，最后使他成为地方社会的中心的过程。类似的情况，也见于天后信仰的确立过程。

这些五花八门的有关神明的传说，我们到乡村去可以听到很多。这些传说调和了两种看起来不相同的需要：一种是表达了乡村对王朝正统性的认受，证明了对王朝国家的效忠，比如，上述关于北帝是明朝永乐皇帝的真身的传说，显然是乡村效忠于明王朝统治的象征；而关于北帝灵验的传说，对于目不识丁的乡民来说，则是建立起他们对神明的信仰的主要依据。这两种需要结合起来，士大夫取其正统，乡民取其灵验，看起来是各取所需，但实际上，中国的国家统治权力，就是通过这样一些文化机制下达到乡村中的，传统中国在国家和地方社会之间，在文化上能够达致高度的统一，就是通过这一类文化机制实现的。我们要了解传统乡村社会的秩序，便需要了解这一点。

四、神佛秩序与政治秩序

我们现代人，可能很容易明白现代国家的政府体制，也很容易明白政府的命令如何下达到一个普通家庭去。但是，传统社会是如何维系的？王朝国家如何统治一群受教育不多的乡民？要解答这些问题，研究传统社会的宗教信仰，就是很重要的途径。因为，研究各地方神祇的崇拜和传说，就会发现该地方的社会秩序和历史是怎样演变的。

有人说，传统是传统，已经过去，我们现代人何必了解传统？！大家别以为了解传统对于现代人而言无关痛痒。因为在中国社会，尽管现在的政府已经是现代的政治架构，并按照现代政治机制运作，但是，要在传统的社会中有效运作，会遇到许多困难。对此，生活在香港的年轻人，可能体会不深（其实，最近几年围绕着香港新界原居民的各种权利的争论，就反映出传统乡村社会和现代国家的矛盾是多么复杂）。我们生活在中国内地，从五四运动至今，无数知识分子付出努力，投身许多主义、运动、革命，最后发现，要建立现代国家，实现现代化，道路是遥远而艰难的。过去知识分子从自己的理想出发，根据现代国家的逻辑，企图通过革命去改变中国，没有深入研究中国社会的传统秩序是如何维系和运作的。他们不明白，受教育不多的乡民，如何建立和维系乡村社会的秩序。要回答这一问题，就要研究他们的风俗习惯。所以，这类研究是我们了解传统社会很重要的根据。

我们研究传统信仰，不能只看典籍，而要注意这些信仰的具体操作过程，如各种节诞仪式。不过，我们到乡村去，不是去猎奇。我们观察、研究乡村中的拜神和各种仪式，目的是去了解传统乡村的权力结构和社会秩序。以下概括地谈谈研究乡村拜神活动可以帮助我们了解哪些问题。

第一方面，神明信仰和祭祀安排，是我们了解中国人世界观的一个重要渠道。刚刚提到，中国人所拜的神祇，或源于自然，或源于人间；前者比较古老，后者比较晚近。因此，在人们的观念中，本来有两个世界，一个是我们题目所说的"满天神佛"的灵界，一个是我们题目所说的"俗世"的社会。这本来没有什么特别之处，有趣的是，通过对神明信仰和祭祀实践的观察，我们可以看到，在中国人的观念里，这两个世界是完全打通的，俗世和灵界之间，人、鬼、神之间，可以是一个连续的没有界限的空间，了解这种独特的世界观可以帮助我们认识中国社会文化的许多特别的现象。

第二方面，也是更重要的问题，我们可以由神明信仰了解中国人对于社会或政治的想象。简单来说，中国人对于灵界的看法，和对于俗世的看法，是互相对应的。灵界的玉皇大帝，下有天后、北帝、洪圣和文昌诸大神，再下就有社公、福德、土地等小神。这个秩序，跟俗世的皇帝、大臣、小吏等文武百官系统，是互相对应的。但是，最为乡民所崇敬的神祇，未必是品位崇高的神祇，而是他们自己最熟悉的、认为灵验的神祇，这些神祇可能是品位很低甚至不见经传的。这反映了什么呢？这反映出传统中国社会的现实，就是由于"山高皇帝远"，皇帝和大臣对于百姓的影响力，远不及实际管辖百姓的小官吏。这不是说传统中国没有中央政府的架构，而是说，中央政府的统治是抽象的，需要经过地方各种势力的配合来体现。所以，我们研究中国人拜神的行为，就能了解地方如何与中央拉上关系；看中国人怎样拜神，就能明白他们怎样跟官员打交道。

第三方面，我们研究不同的本地信仰如何形成，还能够了解地方社会的建构过程与整合方式。我们试看众多庙宇的故事，往往发觉它们背后都有一个大同小异的故事结构，如有关漂流的故事结构。在许多传说中，某神庙的建立，都是因为有块木头、石头甚至一具尸体，或顺水漂流到此，或被渔民打捞起来，状似神灵，或有神异之事，于是就被供奉起来，以至建立庙宇。珠江三角洲有很多庙宇，无论是洪圣大王或北帝等的庙宇，都有类似的漂流传说。这反映了什么呢？我觉得很多乡村社区的整合，往往是通过这些传说得到实现的，这种象征建立的过程和结果，往往反映出社区文化认同形成的特征。

第四方面，我们还可以从乡村拜祭仪式中，了解地方势力的分布。如何了解地方权力的架构、社区的关系？答案往往反映于拜神仪式的组织、神像出游的路线、参与者的主从关系，等等。有时候，旧社区已被新社区取代，但每逢神诞，组织者仍然按照旧社区的模式来举办活动，旧社区的关系又再重现于此。而有些阶层的人要改变自己在社区中的地位，也要通过拜神活动来达到目的。

还有其他很多方面的兴趣点，不同的研究者往往会给自己提出不同的问题，我上面所讲，只是其中一些我自己的经验而已。

总而言之，中国人的灵界和俗世有密切关系。"满天神佛"的灵界，是现实世界的反映。中国人拜神的活动，也反映出他们现实世界的政治组织和社会生活。研究中国人拜神，就是要通过灵界，去了解俗世。如果我们的抱负是去改造社会，那么我们首先要了解社会，而不是跑到乡村去指手画脚，说什么这是科学、这是迷信、这是文明、这是落后，等等。只有当我们真正认识和了解了乡村的社会，理解了乡民的世界以及他们的世界观和思维，才可以在传统乡村的地基上建构现代社会的新秩序。

[原载香港城市大学中国文化中心所编的《岭南历史与社会》(香港城市大学出版社，2006)]

宗族祠堂的现代价值

在珠江三角洲，最引人注目的地标景观，就是分布在城乡各地的大大小小、形形色色的祠堂，或成行排列在村前，或雄踞村落的中心，或错杂于民居中，在城市乡镇，则错落分布在大小街区里；门楣匾额，或书某某宗祠，或称某某家庙，又或称某某公祠，还有以书院、书室等名称之，今人或常忘其祠堂之本性。清初著名文人屈大均在《广东新语》中非常精要地描述了这一景观风貌及其文化意义：

> 其土沃而人繁，或一乡一姓，或一乡二三姓，自唐宋以来，蝉连而居，安其土，乐其谣俗，鲜有迁徙他邦者。其大小宗祖祢皆有祠，代为堂构，以壮丽相高。每千人之族，祠数十所，小姓单家，族人不满百者，亦有祠数所。其曰大宗祠者，始祖之庙也，庶人而有始祖之庙，追远也，收族也。追远，孝也，收族，仁也，匪谮也，匪谄也。……今天下宗子之制不可复，大率有族而

无宗，宗废故宜重族，族乱故宜重祠。有祠而子姓以为归，一家以为根本，仁孝之道，由之而生。吾粤其庶几近古者也。①

祠堂，古时本是祭祀死后之人的堂构，多同墓地联系在一起，而且一般是以某个个人为供祭主体。士庶之家设祠堂以祭祖，是宋代理学家的主张，将祠堂定为某个社群的象征性标志建筑和公共组织空间的制度性规范，始作俑者则为南宋大儒朱熹。当时，历经唐宋之间的社会变迁，社会秩序亟待重整，宋代的理学家致力于将古代贵族社会的国家礼制在庶民社会推行，以建立新的儒家社会规范。先是程颐、程颢提出，既然民间已经有墓祭之俗，"则祠堂之类亦且为之可也"②。到南宋朱熹撰《家礼》，则进一步明确提出，士庶之家立庙不合礼制，"有所不得为者，故特以祠堂名之，而其制度亦多用俗礼"③。按古代礼制，通过为祖先立庙确立一套基于血缘继嗣关系的等级制政治秩序，是天子诸侯贵族的特权，而祠堂之设，虽然在奉祀死去之人这一功能上与家庙一样，但与家庙不同的是，它并没有构成一种等级制社会政治秩序象征的功能。朱熹在《家礼》中提出这种变通的做法，实际上就变俗礼中的祠堂为国家礼制中的家庙，打开了国家礼仪向

---

① （清）屈大均：《广东新语》卷 17《宫语》，464 页，北京，中华书局，1985。

② （宋）程颢、（宋）程颐：《二程全书·遗书一》，8 页，上海，中华书局，1920。

③ （宋）朱熹：《家礼》卷 1，见《朱子全书》第 7 册，875 页，上海，上海古籍出版社；合肥，安徽教育出版社，2002。

乡村下移渗透的门径。在朱熹之后，经历了宋元明士大夫们的努力，家庙性质的祠堂普遍成为乡村秩序象征，这一新的社会规范到明代逐渐成形，并在之后的几百年间逐渐普及开来。

这个新的礼仪规范确立与普及的过程，与珠江三角洲乡村基层社会中国家秩序的确立过程，在时间上基本上同步，实际上是同一过程。明代以前，在珠江三角洲及其周边地区的生态环境下，本地人群多以散居和流动为主，明代以后的垦殖和王朝国家在当地建立秩序的努力，促成了很多人口陆续定居，形成聚落，农耕聚落中自然形成血缘关系，成为本地乡村的一种基本纽带。以此为基础，这些人群中产生的读书人根据宋明理学家的社会构想推动了乡村社会文化建构，乡村逐渐演变为近世宗族社会。由此，我们可以明白，今天珠江三角洲乡村的历史记忆，为何往往通过关于祠堂建立的宗族历史记忆来表达。虽然实际上祠堂的建立时间往往滞后于宗族祖先定居的时间，但人们还是习惯用祠堂的历史去讲述乡村历史。这个历史背景，说明了乡村的祠堂是地方社会确立国家认同最重要的象征。虽然在明清时期的历史中，曾经有一些地方官员把宗族祠堂看成是对官府权力的挑战，而要采取封禁的措施，但就本质来说，从更长时段的历史过程和深层结构来看，祠堂表达的是乡村民众的国家观念和文化认同，在此基础上，以祠堂为核心形成的乡村秩序，也是国家秩序在乡村社会确立和稳定的基础。

乡村中这种以祠堂为标志形成的国家秩序，建立在以"追远"方式"收族"的社会基础上，同时赋予作为"收族"象征的祠堂培养和维系群体认同的功能。通过祖先祭祀来维系族人的团结，在情感和文化认同上建立一种平衡机制，缓和族内成员间由于社会分化出现的矛盾冲突，从而在一个分化的社会中形成稳定的秩序，是乡村中的祠堂发挥的重要作用。珠江三角洲的许多乡村往往有多个不同层级、大小不一的祠堂，形成了一种特殊的凝聚力。虽然祠堂使用了血缘宗法的语言，在原理上以一族一房的继嗣群体为单元来构建，但在现实中，这种血缘的语言，实质上表达的是乡村中的团结机制。因此，我们在一些地方看到不限于一族一姓共同建立的祠堂，反映出祠堂的这种维系乡村团结与秩序的本质。乡民们在不同的祠堂中获得成员资格，享有相应的社会权利，获取成为村民基本的社会身份资源。从男丁出生到祠堂挂灯，从每年祭祖到祠堂分猪肉，还有很多人从小在祠堂接受启蒙教育，分享在祠堂中举办仪式活动的乐趣，种种从直接生活体验中培养出来的情感，在乡民们心中培育出乡土社会的自我意识和世界想象，使得祠堂成为乡土情怀的重要载体；祠堂中祖先牌位、匾额、楹联以及旗杆夹上的文字图像彰显的祖先功业和人格理想，在乡民心中树立了自豪感和自信心，也培养了乡民的道德观念和人生价值。如此种种，凝结为乡村中的精神资源，在现代社会中逐渐淡薄而越来越为人们所轸念的所谓乡愁，无论人们有多少自觉，都一定会寄托在祠堂这类建筑之上。

祠堂，在珠江三角洲乡村中，往往是规模最宏敞的建筑，无论在物质形态上还是心理精神上，都是最具有公共性的空间，因而常常用作乡村的社区中心和集体活动的中心。这个属性，让祠堂不仅在乡村的日常生活和常态运作中、在维持秩序和处理乡村事务上发挥重要的作用，同时在乡村社会变革和革命运动的历史上，也曾扮演过重要的角色。因此，祠堂的沧桑，记录着一个乡村的历史信息，讲述着乡村的历史。

祠堂不仅在乡村社会中扮演重要的角色，在乡村景观上引人瞩目，在乡村建筑中具有典型性，同时还有其公共属性，因此虽然不少乡村的祠堂在 20 世纪激烈的社会动荡中受到不同程度的摧残，但在珠江三角洲祠堂仍然是最能保存住乡村风貌的象征。在今天乡村迅速城市化的进程中，各种现代建筑取代了旧建筑，乡村聚落的格局也正在发生根本改变，唯有祠堂建筑例外地存续下来，甚至普遍得到修缮和保护，在很多乡村里甚至成为仅存的传统建筑。在今日的乡村，尽管祠堂已经大部分失去了社区中心和公共空间的功能，但修缮和保护祠堂在乡村中越来越成为一种风气并蔓延开来，在乡村中保存传统建筑遗产的行动，几乎首先进入人们视线的就是祠堂建筑。

近年来，佛山市三水区委宣传部和文化广电旅游体育局十分重视发掘三水乡村的传统文化资源，和《佛山日报》合作，对三水区现存祠堂进行了调查采访，走进 30 个"祠堂＋文化"示范点，揭示祠堂建筑和文化之美，讲述祠堂背后的故事，开设《在三水遇见最美祠堂》专栏，为三水区保存了祠堂文化的记忆。现在，《佛山日报》把这些专栏文章结集出版，更是为当地弘扬优秀传统文化，推动传统文化的现代性转化和创新性发展，做了一件大好事。主事者嘱我谈谈对此举的认识，我谨以一己之浅见奉上，若能稍彰其意旨，亦一幸也。

[2020 年 7 月 18 日写于康乐园，原是为李锋、陈伟鹏、宾水林主编的《在三水，遇见醉美祠堂》（广东旅游出版社，2021）写的序]

风水*中的历史

　　莲花山，在珠江三角洲诸名山中，既没有峰峦回合、千态万状、秀拔南海间的东西二樵那种雄浑山势，也不如自大庾逶迤而来俯视羊城的白云山那样钟灵毓秀，但在今天的珠江三角洲，娇小的莲花山，竟可紧随周边那几座规模宏大、历史久远的名山之后，俨然一方俊秀，闻名遐迩。莲花山之扬名天下，自然首先是因为那处历千百年"人斧神工"，气势嵯峨、变幻多姿、恍若天成的古采石场。然其更深层的历史文化意义，则是用作本文集书名的屈大均的表述（下文详述）。从鸦片战争一直到改革开放，在莲花山及其周边发生的历史，更赋予这个名胜之地愈臻丰富的历史记忆与文化内涵。广州市番禺区文化广电旅游体育局主办以莲花山为主题的研讨会，将各行学人研究莲花山的论文编辑成集，俾人们得以对莲花山的自然环境、人文历史、文化价值获得较为全面的认识，文集编辑出版本身，也在莲花山的历史上添加了新的一页。

_____

　　* 此"风水"指的是历史地理概念上的"风水"。——编者注

今日的珠江三角洲，本来就是一个大海湾，海湾中分布着星罗棋布的岛屿。莲花山位处广州东南，在今日的陆路交通条件下，人们对其方位的感觉仿若偏于一隅，然在古代，莲花山为南海神庙对开海湾中一小岛，"四周皆海，屹峙中流"，为广州通向海洋的门户，正如屈大均所言，莲花山"为牂牁大洋之捍门，南越封疆之华表，盖一郡风水之所系焉者也"。"华表""捍门"是中国传统文化中的风水术语，指水口间两山对峙，水流缠身兜抱的形势，均为贵地吉兆。这种风水观念的表达，隐含着莲花山在大湾区中的自然地理属性的信息。广州作为华夏大地与南海相连接的都会，为南岭延伸至海的山岭所环抱，又汇聚由南岭山脉流出的三江之水，其周边呈山海交错相杂的地形格局，屈大均描述其形势曰：

> 其势自大庾而来，一路崇冈迭嶂以千数，如子母瓜瓞，累累相连。人村大者千家，小者数百，自广州治至茭塘，大岭凡百余里，皆在瓜蔓之中。互相钩带，或远或近，或合或离，血脉一一相贯，以受地灵蜿蜒磅礴之气。山至虎门，则耸为大兽者五，以收海口而控下关。①

将莲花山定位为这种地形格局下的捍门华表，准确地表明了其在这陆海相接的大湾区中的独特地位。所谓"下捍虎门，上卫羊城，合省风水倚为重镇"的说法，我们可以理解为

① （清）屈大均：《广东新语》卷2《地语》，56页，北京，中华书局，1985。

广州以及整个大湾区在历史上长期的太平繁荣兴盛，正是有赖于以莲花山为标志的这样一种陆海相错的地理优势。明万历年间，广州地方官府和士人在莲花山通往广州城的水路沿线，先后修建起莲花塔、琶洲塔和赤岗塔，此后400多年，以广州为中心的大湾区的经济文化迅速发展，成为中国经济最富庶的地区。将此归因于风水布局虽属牵强，但作为一种既成的历史事实，不能不承认大湾区的繁荣，主要得益于这个地区背依南岭山水、面向大海外洋的地理空间，而莲花山作为这个空间中一个富有代表性的地标，其象征意义是不言而喻的。

谈到这点，我想起多年前在美国看过一些航海日志，里面就记录着来自欧美的商船驶入虎门后，首先看到的陆地标志物，就是莲花塔，那些在茫茫大海熬过漫长的航行日子的水手，在海上远远眺望到莲花塔时，都会兴奋地欢呼起来，莲花塔告诉他们，航行的目的地广州到了。莲花山不只是一种地理意象的象征，也是广州通往海洋世界的实实在在的标识，见证着广州与海洋世界不可分离的联系。

莲花山连接海陆之间的特殊角色，也反映在至今仍很好地保存下来的莲花城遗址上。康熙三年（1664），为隔绝陆地居民与以郑成功为代表的海上势力的联系，清朝"徙海民于内地"，其迁海之分界就划在莲花山上，清朝军队还在山上设立砖城、营房、墩台。划界迁民的意图，是要将海洋世界同陆地世界分离开来，然而当地人民同海洋的关系是不可能被隔断的，不久之后，清朝政府就不得不顺应民众要求，重新展界，开放海洋。莲花山下再现帆樯往来不绝的景象，从此长盛不衰，耸立在山上的莲花塔年复一年地迎接着远方的船舶。然而，在莲花山及其周边海域，还长期活跃着大量的海上人群，所谓"外洋暗渡，遍数尤多"。这种对统治秩序构成威胁的现实，无疑不能为官府所容，清朝政府因而继续在莲花城设立兵营，"以杜防奸宄，令洋寇难藏"。今日到莲花山游览，首先进入视线的，是瑰丽秀拔的莲花塔同塔下灰暗的兵营不协调地共存一处，似乎向人们展示历史总是在对抗中前行的，王朝国家对海上人群的防范与当地人民依海而生的冲突，镌刻在今日莲花山上的这些历史遗迹中。

在历史文献上留下的有关莲花山的文字记录，最详细的是关于莲花山石材开采与封禁的讨论。关于莲花山红砂岩石的开采，相信自古至今，都是一个富有争议性的话题。明清时期，屡开屡禁，公开或私行开采的，有官员，有士绅，更多的是被指为土豪、土棍之徒；反对并告官禁止开采的，有乡绅、官员和里民。且不论其理由的是非得失，只从这些讨论中使用的身份标签看，虽然涉事之人的实际身份并无大的区别，但在文字称谓上褒贬分明，显示出在主流的价值取向上，反对封禁者处在道德制高点上，而开采者则总是受到道德的谴责。古人反对开采，大多是认为开凿山体有伤地脉，破坏风水，今人则将禁止开采作为一种保护环境的举措。不过，我们换个角度来看，如果没有经历了长久历史的大规模石材开采，又怎么会有今日成为莲花山古采石场遗址的奇观景色！更需要认识的一个事实是，明清时期，从珠江三角洲一带以莲花山为主的数处红砂岩山体开采出来的石材，大量用于城乡建设中，不难想象，如果没有这些"土棍奸徒"盗采石材，今日常常被人们津津乐道的珠江三角洲的人文景观，在城乡各地的城墙、桥梁、庙宇、祠堂、民居等建筑，都会有完全不一样的风格。此外，从莲花山开采的石料，在珠三角的沙田开发、基围修筑中也曾经被大量利用。莲花山在珠江三角洲的开发中曾经做出了独特的、巨大的贡献，在某种意义上，我们也许可以说，正是莲花山的石材，构筑出珠三角的城镇乡村，莲花山是大湾区人文景观的一个母体。

当然，我们也不应该因此走向价值天平的另一端，否定为保护莲花山的生态环境而努力的人士的贡献。没有他们的努力，今日的莲花山也许早已不复存在。在这里，我们也许能体会到历史总是在悖论中实现其合理性，明白和接受这种合理性，才有可能历史地认识莲花山的价值。

感谢本文集的作者们，他们从不同的角度展现了莲花山的历史与社会文化的多种面相，让一座活的人文莲花山呈现在我们眼前。我阅读这些作品，有一点点感受，笔记下来，蒙编者不弃，得滥竽其中，幸矣！

[2022年6月9日早晨草于永芳堂，原是为广州市番禺区文化广电旅游体育局等编的《牂牁大洋之捍门南越封疆之华表》(岭南美术出版社，2022)写的序]

相聚榕树头

　　走进珠江三角洲的乡村，最为赏心悦目的景观，是水塘边、河涌堤岸上、祠庙广场前那一棵棵一行行榕树，叶茂蔽天的树冠，或如美髯般飘逸，或如虬柱般挺立的气根，展露着绰约多姿的身影。尤其在村头村尾的榕树头下，村民们三五成群，在那里恬然地休憩，聚会谈笑。清初曾在广东任官的学者钮琇记云："东粤其土之宜，木唯榕最高大而寿，郊墅乡遂无不有社，社皆依榕而立，始知夏氏殷人之以松以栢，亦犹粤之以榕也。"[①]这里说到乡村中普遍存在的"社"，是土地之神栖居之所，从王朝的都城到乡村聚落，都立有社坛，作为国家与乡土社会整合的标志，是乡土中国文化凝聚力的象征。"社皆依榕而立"，造就了榕树头在村落空间中的特殊地位，也内在地赋予了榕树头在乡村生活中独特的文化意义。佛山市顺德区榕树头村居保育公益基金会（以下简称榕树头基金会），以榕命名，形象而真切地表达了其扎根于乡土，钟情

---

① （清）钮琇辑：《觚賸》卷7《粤觚》，10页，清康熙临野堂刻本。

于乡村，致力于乡建之用心。

近几十年来，中国的乡村发生了巨大的变化，面对迅速的工业化和现代化进程，很多乡村都迅速城市化或空心化。我近年在很多地方的乡村行走，看到大量的传统村落或变成高楼林立的城市社区，或留下一片残垣颓瓦，或只剩零星老人留守在年久失修的旧舍，很多地方的乡村甚至乡村景观荡然无存，乡村生活只留存在老人的记忆中，所谓乡村，正在中国大地上逐渐消失。令人欣慰的是，相比之下，在走在改革开放前列、工业化城市化发展迅速的顺德等大湾区的乡村，许许多多传统村落被比较好地保存下来，走进这些村落，乡村景观依旧，祠堂庙宇劫后重生，不同时代风格各异的民居错落并立，传统节庆仪式活动每年如例举行，村民们仍然以祖祖辈辈生于兹长于兹的乡村为家园，即使已经工作在外，仍然对乡村不离不弃。这体现出在追求现代化的路上勇往直前的顺德人，也无比爱护乡土社会，珍惜自己的优秀传统文化遗产。顺德人以自己的生活实践，向世人证明了走向现代生活与保存乡村传统并不必然要截然对立起来。在顺德，流行着一位在改革开放中带领珠江三角洲人民闯过千关万隘的老人的话："得就得，唔得返顺德。"在他心目中，当自己在大世界里奋斗求"得"的时候，顺德的乡村永远是自己真正的家园，这句朴实的话最典型地表达了顺德人把乡土社会视为自己生命之根基的情感和信念。

诚然，随着现代化、城市化进程的推进，无论人们怎样用心去保护传统文化，乡村仍然无可避免会面临时间的洗刷，也存在空心化的危险，传统时代的乡村风貌和生活方式，都可能逐渐远去。尤其是对于在新时代成长起来的一代，他们没有旧日的乡村生活经历，对乡村的记忆，主要来自老一辈人的传述，因而也缺乏刻入骨髓的乡村情感，传统乡村的根脉一定会面临在新时代下如何传续的挑战。我们面对这个挑战时，不可能只凭着怀旧守残、保存古物的坚持，这也不应该是乡村保育的主要目的，我们深信，任何人群的文化之力，都是在长期生活实践中积累形成的传统，我们的未来，一定是自己经历过的历史的延伸。中华优秀传统文化，是中国现代文明的精神基因，而传统中国是扎根在乡土社会的土壤中的，乡村被摧毁了，我们的优秀传统文化也就失去了存续的社会基础。所以，传统乡村保育，实质上是保护中华优秀传统文化的母体，并让这种文化基因得以在未来的现代生活中留存下来。

在保育传统乡村的事业中，榕树头基金会已经走出的路，是一种非常可贵的探索。我多年来在乡村做田野研究，目睹很多地方的政府、企业、社会团体和个人纷纷尝试以不同的方式推进乡村建设，有的利用自然资源发展产业经营，有的帮助乡村开发旅游资源，还有的重新规划重建乡村聚落格局和景观，种种方式，都希望利用乡村传统资源实现乡村振兴的目标。这些做法也许都可以取得不同程度的效益，改善乡村的经济状况，但着力处多落在保存乡村的外在形式上，很少着眼于乡村中的人和他们的日常生活，未能着力在本地文化传统和地方性知识上，通过乡民的生活实践，实现传统文化的创造性转化和创新性发展，让在历史中凝结的乡土文化性格和灵魂得到永久的延续。

在榕树头基金会的探索中，我觉得比较有特色的，是青田村的实践。2018年5月我同一群朋友到青田村时，由渠岩教授主持的青田村项目刚开始不久，渠岩教授向我们详细介绍了他的计划和做法，我们看到一些乡村旧房子的改造工程正在进行中，对青田范式的理解只停留在表面上，甚至对成效还存有很多疑问；今年再到青田村，我和两位同事在村里留宿了一晚，晚上参加了陈侗教授主持的"青田读书会"，早晨尝了一碗青田生滚粥，对青田范式多了一点感性的认识，也多了一些思考。

在今日的青田村，虽然民居已经是新旧相错，但河涌池塘、村前地堂和村中路巷，仍保留着旧时的格局风貌。晚上在村前地堂上举办的读书会，我看到的是一群以中小学生为主体的小读者；清晨与我在"彭城龙船会饭堂"标贴下一起围桌吃粥的是一群中老年的村民；而深夜在村子里漫步，则看到路旁空地停满了各种私家车，很多白天在外面工作的村民晚上回到了村里；白天在村里游览，还见到墙上张贴了多张写着"××堂会所"的兄弟会红榜。这些见闻，让我感觉小小的青田村，至今仍然是很多不同年龄的村民家居之所，在这里乡村生活形态仍然保存着。我强烈意识到，乡村保育，最为重要的不是保留传统建筑，而是将人留在乡村。

随着社会环境的变化，人们就业工作、教育娱乐以及日常生活的范围，都必然向外面的世界，向城市空间扩展和转移。面对物欲横流、光怪陆离的外部世界的诱惑，乡村靠什么留住人，留住心，留住乡村生活的本色，是摆在每一个有志于乡村保育的人面前的难题。我在青田村看到榕树头基金会的努力，不是只靠保存残旧的祠庙民居，而是从多个领域创造乡村生活与文化的转型与更新。从村中的"青田范式"展览，我看到榕树头基金会同渠岩教授带领的乡建团队用心去展开的实践，涵盖了人与环境、人与人、人与家、人与农作、人与物、人与富裕、人与灵魂、人与圣贤、人与神等方面。所有这些主题都以人为中心，从人的需要、人的情感出发，围绕乡村生活形态来展开，通过人的行为来实现。我认为，这是乡村振兴的方向，只有在乡村中营造出人们适意地生活的环境，在乡村中创出醇厚的现代生活情趣，乡村才能成为人们在城市之外留住的精神家园。

过去几年来，榕树头基金会从事乡村保育事业，主要是依靠一批致力于乡村建设的艺术家的努力。艺术家们进入乡村，参与乡村保育，以提升村落和村民的文化品位和生活素质来改造乡村，可以比较自然地被村民接受。乡村生活本来就是艺术的源泉，艺术可以直接地在赋予乡村生活现代性时传达传统文化的内涵，表达乡村生活的情感和意趣。艺术家们进入乡村营造来的这种乡村环境，为循同一方向，从更多方面扩大和深化乡村保育打下了很好的基础。我们有充分的理由相信，中国传统乡村的保育，将成为乡村振兴事业的一个主旋律。

三百多年前，在明清王朝更迭时曾在顺德避难的著名诗人、"岭南七子"之一的王邦畿曾经写过一首描写其"春社与田父饮酒古榕树下"的诗：

> 燕至知春社，鱼浮识海风。
>
> 数间茅屋里，半亩绿荫中。
>
> 酌酒敦时序，为农问老翁。
>
> 不知今夜雨，迟否及田功。

时代发展到今日以至未来，乡村中的茅屋终将渐渐消失，为农的老翁也有朝一日不可再遇，但这种乡村生活的情趣仍然是人们不可缺少的精神需要。只要榕树头的生命一直延续，生活在现代世界的人们仍然会相聚榕树下，在这个精神家园找到心灵的寄托。我守望着！

[写于 2022 年 3 月 13 日，原是为王名润、吴瑕、刘诗敏所著《寸草春晖：榕树头基金会乡村保育记述》（光明日报出版社，2022）写的序]

书写疍民的历史

　　南沙，是一片既古老又新兴的土地。在广州市南沙区鹿颈村出土的"南沙人"及其文化遗存，展现了三四千年前人类在波涛浩渺的海湾中的岛屿上生活的情景；黄阁镇的麦氏太婆墓，以及原在深湾村现迁回黄阁的麦必达麦必荣墓，是广东珠三角各地的麦氏宗族共同拜祭的祖坟，见证着南沙的悠久历史。同时，今日南沙区 800 多平方千米的面积，绝大部分都是近 200 年来冲积围垦形成的沙田，南沙现代发展的宏图，正在这片海中浮出的热土上绘画。这种历史久远又新鲜热辣，既具有大海的胸怀又根植于大地的特色，赋予南沙在深厚的历史文化积淀中充满活力的性格。

　　古老的南沙是珠江口海湾中的一群岛屿，"海浩无涯，岛屿洲潭，不可胜计……苍然烟波之上，四望无不通。方空澄而霁，一望千里，来船去舶，櫂歌相闻"[①]。大海孕育了南沙海洋文明的基因，世世代代活跃于溟岛风波中的水上人群，

---

① 　（元）邓光荐：《浮虚山记》，见（光绪）《香山县志》卷 4，50 页，光绪五年刊本。

在海岛的山岭港湾停泊栖息，以舟楫为宅、捕鱼为业，或编篷濒水而居。在远古时代，在历史文献的描写中，这个地区"陆事寡而水事众，於是民人被发文身，以像鳞虫，短绻不绮，以便涉游，短袂攘卷，以便刺舟。"①这种人文风貌，虽然在漫长的历史中逐渐发生变化，但其基本的性格，一直在珠江口的海湾中延续着。千百年来，在这片海域，依岛傍水，以"水事"为生计的人群，身处"苦水咸潮浮烂艇，茫茫大海葬尸骸"的艰险环境，与风浪搏击，体魄健壮，意志坚毅，艰苦卓绝地改造自然，开辟着生生不息的生存空间。

这些世世代代在这片海域生息劳作的人群，通称为"疍"，在历史文献中他们被视为"南海夷种"，甚至被直指为"非人类"，长期受尽欺凌和歧视。在过去的文字书写中，"疍"字历来写作"蜑"或"蛋"，被赋予了带侮辱性的文化意涵。在珠江三角洲，人们又将疍民称为"水流柴"，强调其没有来历，没有历史。明代广东学者黄佐在《广东通志》中就说他们是"无冠履礼，貌愚蠢，不谙文字，不自记年岁"的人。他们出现在文字书写的历史中，是作为社会中的异类被记录下来的。虽然也有一些文人为其悲惨的生存状态留下一点同情的说辞，但掌握着文字书写的权力，在王朝国家形成的社会文化秩序中控制地方资源的人，总是要通过把他们边缘化的历史叙述，将他们排拒出主流社会，剥夺其社会权利，维持自己对政治经济与文化资源控制的垄断。于是，没有历史的疍民从来只

① （汉）刘安撰：《淮南鸿烈解》卷1，7页，四部丛刊本。

能以贱民的身份生存在社会的边缘，甚至到今天，尽管社会已经发生了巨变，水国大多已经积沙成陆，水上居民基本上已经上岸定居，贴在他们身上的"疍家"标签，仍然是一种人们平时忌讳的用语。

然而，拨开文字书写历史上蒙盖着的雾霭，可以看到，大湾区的创世纪、三角洲的开发史，首先是由这些世世代代在这里奋斗的疍民们创造的。在这个海湾大部分还没有成陆时，这里完全是疍民的家园。随着大湾区通过东西北几条大江与中华文明的核心区域连接起来，这里成为古代中国通往海洋的主要通道，千千万万搏击风浪驾船行走的水上人，无畏艰险，穿梭于江海内外洋，编织出中国与世界之间的纽带。从宋代到明清时期，海湾中泥沙沉积加快，他们又不惮劳苦，经年累月在浅海滩涂投石拍围，筑基成沙，植草耕渔，半赖天成半赖人力，造出这个广袤的三角洲平原。到近代，随着大沙田开发逐渐成熟，沙田地区疍民的水稻生产，支撑并推动着珠江三角洲的商业化和工业化，把珠江三角洲推到中国近代经济发展的前列。改革开放以后，今日南沙区的发展一日千里，无论是生态农业还是现代工业、集装箱大港和造船业，都是在疍民们开辟的这块新的大地上发展的。今日南沙区繁荣发展，厥功至伟的，毫无疑问是在大海风浪中培育出不屈不挠精神的疍家人。可以说，正是这些被陆上人排斥和欺压的疍民，用他们的双手，开辟了珠江三角洲这片美丽富饶的土地。今天在这片土地上生活，在这片土地上创造新时代的人们，没有理由忘记，更没有资格歧视那些开创这个新世界的疍家人。

中华人民共和国成立后，经历了土地改革、合作化、人民公社和改革开放，沙田的面貌发生了巨变，生活在沙田地区的人民成为南沙历史的主角，尤其是 2005 年设立南沙区，大沙田区这个过去远离政治行政中心的边缘地区，有了自己独立的行政建制，为南沙开始构建自己的历史叙述奠定了基础。南沙的历史，不像许多地方的历史那样，有可以炫耀的文治武功，有众多的名门大族，显赫的科举功名和著名历史人物的稀缺，令南沙的历史同其他地方相比，似乎黯然失色。但是，我们在南沙区看到的，是一个更为宏大的历史场景，在这个场景中，南沙的生态从浩渺大海到沧海桑田，产业结构从耕渔饭稻到现代制造业蓬勃兴起，农业经营从粗放到精细再向生态农业发展，蛮荒岛屿上建起了世界大港，海面上万吨巨轮往来游弋，高速公路和高铁纵横贯通其中，这是一部何等壮丽的大湾区历史！这样一部历史，没有帝王将相的显赫功业，却实实在在是人民自己创造的历史。千百年来，大沙田区的疍民驾船行舟出没风波中，不但创造了海洋经济的繁荣，更以非凡的力量造出了一块不断涌现奇迹的土地，让海洋文明得以在这块土地上赓续，从古代向现代延伸，创造出更辉煌的未来，他们是大湾区历史的主角。

作为一个长期在沙田地区行走，对沙田地区的人民怀有真切感情的历史学者，我非常高兴看到南沙区文化广电旅游体育局主持编写的"南沙历史文化丛书"问世，我更高兴看到的是，在这部书中，疍家人进入历史的主场，成为南沙历史的主人。大约 10 年前，我为南沙区东涌镇的一部书写过一篇序，表达了我期望能有一部把过去几百年疍民们创造出来的成就记录下来的历史，这部历史可以建立一种信念：歧视疍民的时代一去不复返，他们不再是一群被侮辱的人，他们已经掌握自己的命运，正在开创自己的未来。我提出，"疍"这个被玷污了上千年的称呼，应该成为一个可引以为自豪的名字。今天看到南沙区文化广电旅游体育局这部记录和展示南沙历史文化的作品，我更坚定相信，南沙的历史，是一部独特的大湾区人民的历史。书写好南沙历史，对于确立这个地区新老南沙人的文化自信，激励人们面向未来，建设新南沙，有着极重要的意义。所以，编者邀我在书前写几句话，我特别想借这个机会，把我多年的这个为沙田地区疍民留下他们的历史的愿望表达出来。感谢这本书的编者让我这个愿望得以实现！

[2022 年 2 月 17 日写于永芳堂，原是为广州市南沙区文化广电旅游局编的《南沙历史文化丛书》（广东旅游出版社，2022）写的序]

在圣贤文化之外解放出民众文化

　　1929 年，中山大学民俗学会主办的《民俗》周刊出版了两期《神的专号》，每期的末篇，各收录了一份政府发布的咨令，一篇为《内政部的神祠存废标准令》[①]，一篇为《内政部查禁蒋庙刍议等的咨文》[②]。编者的用意，很显然是要表明编辑《神的专号》并非要提倡迷信。他们用了对付鬼神的办法，以两份政府的咨令作为护身符，抵挡诘难者的攻击。中国民间崇拜形形色色的神明，对于秉承"敬鬼神而远之"的传统，到了近代又接受科学洗礼的文化精英来说，其无疑属粗俗愚昧之流，而在大学殿堂里竟然有那么几个好事之人，要去观察一番并记录下来，免不了会被认为封建迷信而张目斥之。因此，《民俗》周刊的编者在《神的专号》上贴上这样一道护身符，虽有点滑稽，也算是一种心机。八十多年后，当我看到朱光文君给我的这本《番禺民间信仰与诞会文集》书稿，不禁想起这件往

---

① 载《民俗》，第 41、42 期合刊，1929 年 1 月 9 日，127～130 页。
② 载《民俗》，第 61、62 期合刊，1929 年 5 月 29 日，149 页。

事。我不敢肯定今天一定不会有人以宣传迷信见责，但事实上朱君他们所编的这本文集再也没有必要贴上这样一道标榜"反迷信"的护身符了，虽然许多地方的神明崇拜与祭祀仪式仍然需要抹上非物质文化遗产保护的颜色，才能获得登堂入室的资格，但毕竟让人看到时代正发生着一些我们期待看到的变化。

20世纪初以来，随着现代教育的推广、科学知识的普及，人们对待民间神明信仰的态度，用的是一套崇科学反迷信的语言，摆出一种非常强烈地要以文明战胜野蛮，以科学取代愚昧的姿态。但细审之下，这种态度似乎并非真的如此坚守科学的立场。自诩文明的社会精英们并不见得真的无法容忍所有超自然的力量，也不是真的要在现实生活中驱逐所有的偶像崇拜，更不会否认宗教存在的合理性。就以前面提到的那份在《神的专号》中刊载的《内政部的神祠存废标准令》为例，发布者先是说了一通科学进化的道理："查迷信为进化之障碍，神权乃愚民之政策"，"乃以教育未能普及之故，人民文野程度，相差悬殊。以致迷信之毒，深中人心，神权之初，因沿未改。无论山野乡曲之间，仍有牛鬼蛇神之俗，即城市都会所在，亦多淫邪不经之祀"。① 这些声色俱厉的话，令人以为发布者真的欲以彻底铲除神权为快，但再读下去，就知其实大为不然。这道法令的用意，并不是真的要打倒所

---

① 《内政部的神祠存废标准令》，载《民俗》，第41、42期合刊，1929年1月9日，127~128页。

有神权，而只是要划出神祠保存与废除的标准："凡有功民族国家社会发明学术利溥人群，及忠烈孝义，足为人类矜式"的"先哲类"，以及"凡以神道设教，宗旨纯正，能受一般民众之信仰"的"宗教类"，均列为应行保存之神祠；而那些属于"淫邪不经之祀"的所谓"古神类"和"淫祀类"才是应废除甚至"从严取缔禁绝"的对象。很显然，存废之间的取舍，不在于人神之别，只在于雅俗之分，铲除神权不过是一个标榜革命的口号而已。

这种对待不同神明的价值选择，在20世纪中国的"进步人士"中，几乎是人人共同持守的，无论是政府官员还是知识分子，不管在关于国家建设和社会改造方面的政见有多大的分歧，在这一点上却有着难得的共识。大多数掌握了知识和行政权力的人们，不但在认识和观念上始终秉持这样一种立场，而且在处理各种与神明崇拜相关的事务时，所采用的政策原则和具体做法，也是从这种观念出发的。于是，林默娘和冼夫人可以成为国家正祀中的神明，而临水夫人和金花夫人的崇拜则属"迷信"。在相当长的一段时期，国家宗教管理部门把民间信仰排除在其管辖范围之外。近年来，在民俗学者、人类学者研究的推动下，民间信仰的价值越来越为学界所认识，民间的神明崇拜已经进入政府社会治理的视野，但政府开始考虑如何把民间信仰纳入管理轨道时，仍然脱不开希望通过（或仿照）道教或佛教的系统来管理的思路。可见民间神明崇拜要被认可，也只有将其纳入（或改造为）制度化宗

教的范畴才能得到理解和接受。许多知识界的饱学之士，走
进乡村庙宇，见到形形色色的神祇，常常会提的问题是：这
是道教的还是佛教的？很多地方文史作品或旅游介绍资料，
也经常把这些民间神庙归类为道教或佛教，好像只有"以神道
设教"的神庙才是合理的或可以理解的。近年来，越来越多的
乡村庙宇被道士僧人接管，大概也同这样一种分类的观念有
关。如此种种，都说明人们实际上并不接受在"宗教"范畴之
外的神明崇拜在民间社会更有存在价值并有着更为普遍性的
影响的事实。

　　社会精英们贬伐民间的神明崇拜，虽然使用的是现代的
科学与迷信分歧的语言，表现出反传统的姿态，但这种观念
在本质上其实与传统中国长久以来的正统意识形态是一脉相
承的。《礼记·曲礼下第二》曰："凡祭，有其废之，莫敢举
也。有其举之，莫敢废也。非其所祭而祭之，名曰'淫祀'，
淫祀无福。"①儒学经典中的这种理念，长期以来都是中国文
人对待民间神明崇拜与正统祭祀之间关系的一个原则。明清
时期许多大大小小的官员，也如近代进步知识分子一样，热
衷于以禁毁淫祠为己任，在他们的传记中，禁淫祀之举总是
被作为善政大加褒扬。近代科学文明观念传入之后，知识分
子和政治人物之所以能够很轻松就接受了反迷信的主张，一
定程度上是因为中国的士大夫从来都以拜祭非正统的民间神

---

① 　李学勤主编：《十三经注疏·礼记正义》卷5《曲礼下》，155页，北京，北京
　　大学出版社，1999。

明为异端，反对迷信只需要把这种本来属于正统意识形态的理论转换为科学文明进化的话语，把"淫祀"转换为"迷信"，就可以毫无顾忌地展开。这种看起来是开明进化的新潮，实际上不过是旧传统之延续与发挥，只不过用"宗教"与"迷信"的区分取代了"祀典"和"淫祀"的区分而已。

与这种在反迷信的旗号下继承禁淫祀传统的观念和做法形成对比的，是另一种在新文化运动中生长出来的追求，这种追求的学术主张和实践，典型地体现在顾颉刚先生编纂的《妙峰山》中。1925 年，北京大学研究所国学门的顾颉刚、孙伏园、容庚、容肇祖等人，到北京郊外的妙峰山调查人们到碧霞元君庙朝山进香的风俗，随后在《京报》副刊刊出数期《妙峰山进香专号》。1928 年，中山大学民俗学会再将这几期专号的文章编集成册，以"妙峰山"为题出版专书。顾颉刚先生在《〈妙峰山进香专号〉引言》中，掷地有声地宣布了他们对待民间信仰和祭祀活动的立场和学术旨趣，他写道：

> 朝山进香，是他们的生活中的一个重要部分，决不是可用迷信二字一笔抹杀的。我们在这上，可以看出他们意欲的要求，互助的同情，严密的组织，神奇的想像；可以知道这是他们实现理想生活的一条大路。他们平常日子只有为衣食而努力，用不到思想，惟有这个时候，却是很活泼的为实际生活以外的活动，给与我们以观察他们思想的一个好机会。另一方面，这是他们尽力於社

交的时候，又是给与我们以接近他们的一个好机会。所
以我们觉得这是不能忽视的一件事，有志"到民间去"的
人们尤不可不格外留意。①

　　这种做法，无论是当时还是现在，都可能被很多人指责
为提倡"迷信"，但是，顾颉刚和孙伏园等人，都是新文化运
动中成长起来的读书人，《京报》更是新文化运动的重要阵地，
他们致力于通过学术研究和文化活动推动新文化运动的展开，
其政治与文化取向人所共知，他们对待民间信仰的这种态
度，毫无疑问绝非提倡迷信，守护愚昧。由他们的主张我
们可以看出，同样以科学与文明为价值追求，实际上可以
有两种看起来截然相反的态度。前引内政部令和顾颉刚的
《〈妙峰山进香专号〉引言》所表达出来的立场截然相反，代表
了 20 世纪读书人中潜在的分歧。这种分歧的实质，并不在于
提倡文明科学与野蛮迷信之争，而是圣贤的立场与民众的立
场之别。

　　赵世瑜教授曾经指出，由于新文化运动与其说是"反传
统"，不如说是"反正统"，新文化运动中产生出对民间文化这
种在传统社会中的"异端"的注意和研究，绝不是偶然的，所
以，重视通过站在"正统的"官方祭祀与宗教的立场不能接受
的民间信仰去认识民众文化，可以成为新文化运动的真正追
求。可是，在后来的历史进程中，看似更具革命性的反迷信

---

① 　顾颉刚编著：《妙峰山》，6 页，上海，上海文艺出版社，1988。

立场，主导了社会精英和国家权力对待民间信仰的态度和政策，而从民间信仰去认识民众文化与社会的主张几乎完全失去声音，以"反迷信"之名维护传统和正统，在"反迷信"的口号下拒绝民间信仰的存在，摒弃从民间信仰去探求民众文化的价值与内容，竟成学术文化的主流，以致顾颉刚曾经大声呼吁的"在圣贤文化之外解放出民众文化"（见顾颉刚1928年3月20日在岭南大学的演讲《圣贤文化与民众文化》）的目标长久不能实现。这个结果，可以说是新文化运动未竟全功之一大憾事。

不过，过去大约半个世纪，在中国大陆以外的地区，人类学与社会学者对中国社会的民间信仰与仪式的研究却有令人瞩目的进展。这些研究在很大程度上改变了人们对中国社会的认识，同时也改变了学者们研究和认识中国社会的路径。在这方面堪称经典的研究，是杨庆堃先生的《中国社会的宗教》一书。杨庆堃先生在这部具有奠基意义的著作中，明确舍弃把中国民间信仰排除在宗教范畴之外的成见，把超自然因素作为他的宗教定义中的一个重要组成部分，从而把过去被视为非"宗教"的"迷信"和"巫术"等民间信仰与仪式作为整体性的中国宗教体系中的内容，纳入研究的视野。他指出：

　　低估中国社会中宗教的地位，是与事实相悖的。中国大地遍布着庙宇、神龛、祭坛和其他拜神的地方，满目星罗的庙宇神龛彰显着宗教作为社会现实的象征，在中国社会有着强大和广泛的影响力。①

杨先生在这里显然把遍布中国每个角落的形形色色的神明信仰和仪式活动都纳入了他研究的宗教范畴。在这样的认识基础上，他把在这个定义下的宗教分为制度性宗教(institutional religion)和弥散性宗教(diffused religion)两种结构，他认为，弥散性宗教的"义理、仪式和组织与世俗性制度的概念和结构以及社会秩序的其他方面密切结合，弥散性宗教的信仰与仪式发展出组织体系，成为有机化社会模式的整合部分"②。由此，研究者得以从弥散性宗教出发去研究中国社会的组织和秩序。虽然对他提出的弥散性宗教的概念，学者们存在一些分歧，但这个概念为把中国民间信仰纳入社会科学范式下的宗教研究领域提供了方法论的依据，并在此基础上打开了从民间信仰研究中国社会的视野和路径，对后来的中国研究产生了深远的影响。半个多世纪以来，许多研究中国社会文化的人类学家，如弗里德曼、武雅士、欧大年(Daniel Overmyer)、华琛、田仲一成、王斯福(Stephan Feuchtwang)等，在华人社会的民间信仰和仪式研究上展开了深入的考察，提出并建立了一系列富有解释力的理论范畴和解释框架。循着他们开拓的道路，几十年来，海外许多学者致力

---

① C. K. Yang, *Religion in Chinese Society*，London：University of California Press，1961，p. 6.

② C. K. Yang, *Religion in Chinese Society*，London：University of California Press，1961，p. 20.

于在华人社会开展田野调查、收集整理文献，在理论建构和方法探索等方面也继续向前推进，取得了巨大的成绩。今天，学术界对于中国民间信仰的认识，在研究方法以及解释架构等方面都已经形成了颇为系统化的理论和研究范式，蔚为大观。在这个基础上发展出的一整套关于中国社会的认识，也大大改变了过去主要从国家行为、文人活动及儒学思想着眼所建立的知识系统。

这种主要在中国大陆学界以外，经过半个多世纪的发展形成的研究取向，与新文化运动中萌生出来的早期中国民俗学运动的追求没有直接联系，甚至在相当长的一段时间里，中国大陆地区的学术研究也与新文化运动开创的学术文化传统在某种程度上发生了断裂，与境外学术发展更处于一种隔离的状态。但是"五四"与新文化运动的传统，仍然在很多中国学者身上留下了学术文化的基因，因此，当中国学术在20世纪80年代以后重新走向世界的时候，海外的研究被中国大陆地区的学者所了解，这些研究的价值很容易就在一些中国学者中引起共鸣，因为社会学者、人类学者关于中国民间信仰的研究旨趣，与新文化运动以后中国学术的社会科学转向以及"走向民间"的追求其实存在内在的一致性。从这种研究中，我们看到当年《民俗》周刊发刊词中提出的"我们要探检各种民众的生活，民众的欲求，来认识整个的社会"的口号，已经在海外学者的学术实践中成为现实。近年来，民间信仰研究也逐渐在中国大陆学界兴起，由于民间信仰及其仪式的研究更多需要在田野中展开，学者们走进乡村、走进民间的时候，很自然地也带动了地方学者和文化工作者的投入，久而久之，人们对民间信仰与仪式的看法也逐渐改变，加上近年来各地对非物质文化遗产保护的热情，促使民间信仰与仪式活动从长期被鄙弃和禁毁，转为得到前所未有的重视和保护。在这样一种情势下，广州市番禺区非物质文化遗产保护中心编辑的这本集子，可谓适逢其时，更可望产生倡导之效。读着这本文集，我的耳边回响着顾颉刚先生在1928年为中山大学语言历史学研究所印行的《妙峰山》一书写自序时发出的号召：

> 同志们，你们肯各把自己看得见，听得到的，都写出来吗？这是民众艺术的表现；这是民众信仰力和组织力的表现。如果你们要想把中华民族从根救起的，对於这种事实无论是赞成或反对，都必须先了解了才可以走第二步呵！①

将近九十年过去了，在中国的学界，长期以来响应这个召唤的读书人凤毛麟角，许许多多热切地引入现代的科学观念和社会理论去改造中国的学者和政治家，宁愿选择以鄙弃乃至摧毁民众信仰力与组织力的方式，走出社会改造的"第二步"，而不是从民间信仰的研究中去认识民众的智慧和文化创

---

① 顾颉刚编著：《妙峰山》，"自序"，9页，上海，上海文艺出版社，1988。

造，去寻找中国社会的秩序，这种学术研究的错失造成的恶果在今天的社会现实中已显而易见。即使当下民间信仰的价值越来越为学界政界中人所认识，但大多数政府工作人员和文化人，对于民众文化、民间信仰，仍未真正摆脱顾颉刚先生所说的那种"目笑存之"的态度。而朱光文君从十多年前走出大学校门开始，不畏艰辛，不惮孤独，一直在乡村中行走，去看、去听、去写，矢志坚持，不言放弃，我看着他一步步走来，心怀敬佩！今天，在其任职的番禺区非遗中心所编的这个集子编竣之际，我有缘应朱君之邀，借书一角，写下一点感想，发一点议论，也充作一个同道之人，幸哉！

［2015 年 7 月 12 日搁笔于 G66 次列车上，原是为朱光文主编的《番禺民间信仰与诞会文集》(世界图书出版公司，2015)写的序］

乡村社会的活力与秩序

　　龙舟竞渡，相信是中国人最普遍熟知的民俗之一。今天，人们讲到龙舟，首先想到的是一项体育赛事、一项民间娱乐活动，追寻其文化象征，则多会认识到其纪念屈原或伍子胥等名人的意义，再深究一些，可能还会发现其祛病驱疫一类功用。自从有了非物质文化遗产保护的概念，许多地方更重视其作为非遗的文化价值，发掘出更丰富多彩的地方特色。然而，当人们津津乐道其地方特色时，很少会真正关注或深究这些特色的本地脉络，更谈不上有深入的认识。朱光文君编了一本以番禺龙舟为题材的集子，将其呈现在广州市番禺区的水运网络中，不仅在已经斑斓纷纭的龙舟述说中添加了新的话题，也由龙舟牵出了从生态环境、社会结构、地理空间、文化多样性等层面认识地域社会的新视角。

　　众所周知，龙舟竞渡一定与水环境分不开，番禺当地人与水环境的关系，造成了龙舟与龙舟竞渡形态的丰富性与多样性，呈现出地方的居民在水环境下形成的社会关系的种种

面相。番禺区所在的珠江三角洲地区本来是一个海湾，今日
番禺区的辖境位于这个海湾的北部中央，清代当地文人屈大
均对这个地方的自然景观有这样的描述：

> 下番禺诸村，皆在海岛之中。大村曰大箍围，小曰
> 小箍围，言四环皆江水也。凡地在水中央者曰洲，故诸
> 村多以洲名，洲上有山，烟雨中望之乍断乍连，与潮下
> 上，予诗：洲岛逐潮来。①

明清时期下番禺的大部分地区，构成今日番禺区辖境的主体。
这里洲潭相错的水国与岛屿台地相间的环境，是这个地区的
龙舟活动特别兴盛活跃的地理基础。然而，只是水面辽阔、
岛屿星罗，还不足以形成近世如此规模和如此热闹的龙舟竞渡
传统，番禺地区的龙舟竞渡传统是在这里的自然环境与历史人
文传统基础上形成的，屈大均描述这个地区的人文景观云：

> 粤东濒海，其民多居水乡。十里许，辄有万家之村，
> 千家之砦。自唐、宋以来，田庐丘墓，子孙世守之勿替，
> 鱼盐蜃蛤之利，借为生命。②

---

① （清）屈大均：《广东新语》卷2《地语》，58～59页，北京，中华书局，1985。
② （清）屈大均：《广东新语》卷2《地语》，57页，北京，中华书局，1985。

成千上万人户聚族而居的大规模村落密集分布，是这个地区令人瞩目的人文景观。之所以能够形成这样密集的人口和聚落规模，端赖于这个地区的海湾岛屿环境变迁模式。过去大约 1000 年间，先是在岛屿周边涨生出成片的沙洲，越来越多的人口在这里定居成村聚。明代以后，海湾里的泥沙涨积加速，在番禺东南部形成广袤的沙田，沙田的经营方式，为在大箍围、小箍围等洲岛的大村落聚居的密集人口提供了不断增长的雄厚财富，而控制对持续涨生的沙田垄断权的争夺，又强化了聚族而居的大村落形态。番禺以及周边的顺德、南海、东莞等地龙舟竞渡活动的盛况，以及展现出来的种种特色，是这里水陆变迁的自然环境与乡村聚落形成的人文历史过程的产物。通过龙舟竞渡活动认识这个地区的历史文化，是一个富有魅力的途径。如果说，前几年朱光文君编辑的《番禺民间信仰与诞会文集》让我们认识了番禺村落社会构造的文化象征，这本《番禺水运网络与龙舟文集》则描述了一个更广阔的图景，生动呈现了番禺乡村的社会地域网络。

龙舟竞渡，在很多地方可能只是端午节的节庆活动，而番禺的扒龙舟是番禺乡村一年之中最隆重、最热闹、规模最大、持续时间最长的仪式活动，从"四月八，龙船挖"（农历四月初八起龙）开始，到五月中旬前后，经历起龙、拜祖、采青、探亲、游龙、趁景、谢龙、藏龙等环节，前后延续一个月左右，这期间，乡村男女老少沉浸在快乐、期待与兴奋、狂热之中。活动的内容和细节，这本书中的多篇文章有生动的描写，读着这些文字，每年在番禺乡村所见的热闹场景即时浮现在眼前，桡手的呐喊声和锣鼓的节奏激荡在耳边。与人们在很多地方常见的龙舟竞渡主要以划船速度竞赛的方式进行不同，番禺的龙舟竞渡，最震撼的场面不是在水上赛道上争先冲刺，而是在各处乡村大小河涌上数十艘龙船趁景时的争奇斗艳；最富人文情怀的，也不是夺冠时的欢庆一刻，而是各处龙船在海面上游弋探亲和乡村中热闹非凡的龙船饭欢聚。番禺人何柳堂创作的广东音乐《赛龙夺锦》脍炙人口，这音乐把人们带进番禺乡村龙舟竞渡的场景，可能许多人听到这首乐曲，眼前能够浮现出龙舟争先恐后的比赛场景，但对于番禺人来说，龙舟竞渡，不只是斗快，更是斗艳、斗技、斗巧，《赛龙夺锦》的节奏，并不是一路奋力争先的比赛节奏，其旋律节奏变化，比起单一的速度竞赛更扣人心弦。我一直怀疑，如果没有到现场看过番禺的扒龙舟，尤其是在河涌里游龙趁景的热闹场景，能否真切地感受到音乐表现出来的激动人心、变化多姿的情景。音乐展现出番禺龙舟竞渡的节奏，有慢有快，一时奋力趋前，一时悠游荡漾，发力与缓行的节律交替。这旋律生动表现了番禺龙舟游龙趁景的情景，在这个当地称之为"龙船景"的活动中，十数艘到数十艘的龙船，有的七八丈长，也有的十来丈长，装饰各异，在旗手的哨声旗语指挥下，鼓手敲打着节奏变化的鼓点，炮手掷出一串串鞭炮，桡手整齐地划着船桨，时而闲游，瞬间加速，彼此穿插其间，岸上观景乡民的欢呼声此起彼伏，水上岸上锣鼓鞭炮声交织，身处其境，无不为之动容。这些争奇斗艳、竞技争强的龙船，或分属于不同的村社，或代表不同的宗族，或由龙船会组织，大家约定在不同的日子，相聚在不同地点的河涌水道，来回游弋、嬉闹、表演乃至比赛，争奇斗艳，尽情地展示他们的力量和技巧，张扬各自的威势。这种竞争性的示威，是地域社会中村落关系的一种仪式性表达。这种竞争的动力，造就了番禺龙舟竞渡炫目的风采和壮观的场景。百尺的长龙、华丽的装饰、河涌中游龙竞技的争斗、乡村中场面浩大的龙船饭，等等，将这个地域里乡村潜在的较量充分展露出来。乡民在龙舟竞渡中迸发出来的自信与力量，成为乡村社会的活力和秩序的源泉。

十多年来，我和一些学界的朋友多次去福建莆田看那里乡村在正月十五元宵节举办的游灯，无不为那震撼心灵的情景所感动，乡民高涨的热情和狂欢的气氛、活动的规模和秩序，把民间社会的动员力和组织力充分展现出来。我们在番禺乡村看到的龙船趁景活动，一点都不比莆田的游灯逊色。这类大规模的跨村落的地域性仪式活动，是我们认识中国乡村社会一个重要的视域。学术界对跨村落的地域单元的认识，在传统上基本是从属于国家体制的赋税征收和治安管理的行政体系着眼的，施坚雅由乡村市场的层级结构建立起对中国传统社会的空间体系的认识，开启了突破单一王朝国家体制的地域社会研究范式，而我们在莆田看到的元宵游灯和此书记述的番禺龙舟竞渡，显然呈现出更为复杂多元的乡村社会的地域空间体系。这些活动中展现出来的跨村落地域网络，与国家基层行政建制和市场网络并不是直接叠合，也不是毫无关系。仪式演示出来的村落间的关系，都是在特定历史中形成的，体现出传统乡村体系形成与变动的文化过程。很多个乡村逐日聚集在不同乡村水面举行的热闹非凡的龙船景、一连串的游龙探亲以及龙船饭的盛况，非常明显都是乡村之间建立、改变和规范彼此关系的文化手段。此书中记录了很多关于龙船的传说，如龙船嬲寻亲、姑婆龙船、大乌龙、九龙去十龙回等故事，更生动地呈现出乡村间合作、竞争和结盟的关系。在竞争中结盟，在结盟中竞争，不同的村落联盟之间潜在的明争暗斗，以及由此形成更强的乡村团结的聚合力，展开了一部扣人心弦的乡村社会的历史。

此书不是一部学术研究的专门著作，背景不同的作者以不同风格的文笔记叙了番禺区不同地方的龙舟竞渡实况，也在叙事中夹有不少颇具见识的议论。这些记事与讨论，可以引出很多值得学术界深入追踪，扩展视野，构建理论的新课题。不过，如果学界同人有兴趣从番禺龙舟竞渡活动中认识这个地区的乡村社会，我希望大家能够跟着该书的描述，到番禺区的乡村去，走到龙舟竞渡的现场，观察与体验龙船景的热闹场面，尝尝龙船饭的美味，这样一定会获得心灵的感应，然后再细心探究其中的人事风物，才能够对我们的乡村社会形成真实的认识。一切高深晦涩的理论，在《赛龙夺锦》的节奏中，都是苍白的！

[2021 年立春日草于康乐园马岗顶，原是为广州市番禺区文化馆等编的《水运网络与龙舟文集》(岭南美术出版社，2021)写的序]

游走海徼

地域社会研究的海洋视角

——闽粤沿海社群的流动性格

　　杨国桢教授多年来大力呼吁推进海洋文明的研究，倡导在中国历史研究中要走出"海洋迷失"的误区，把海洋文明纳入中国历史研究的视野，他提出：

　　　　中国海洋文明存在于海陆一体结构中。中国既是陆地国家，又是海洋国家，中华文明具有陆地与海洋双重特性。中华文明以农业文明为主体，同时包容游牧文明和海洋文明，形成了多元一体的文明共同体。海洋文明是中华文明的源头之一和有机组成部分。作为中华文明的子系统，中国海洋文明的主体经历了一系列变化：早期是东夷、百越文化系统，先秦、秦汉时代是中原华夏与东夷、百越文化互动共生的文化系统，汉唐时代是汉族移民与夷、越后裔融合的文化系统，宋元以后则是汉蕃海商互联互通的文化系统。中国海洋文明与其他单纯依赖海洋国家的海洋文明不同，需要妥善处理内陆与海洋的关系，其理想状态是陆海平衡、陆海统筹。但在历史上，陆主海辅、重陆轻海、以陆制海的观点和政策常占上风，这个矛盾纠结困扰着中国走向海洋的历史选择。但是，不能因此就否认中华民族源远流长、辉煌灿烂的海洋文化和勇于探索、崇尚和谐的海洋精神。中国海洋文明在中华文明内部结构中的这种复杂性，正是其区别于其他海洋文明尤其是西方海洋文明的重要特性。[1]

这个认识对于我们重建一种加入海洋文明视角的中国历史新论述框架，是非常重要的。我理解杨国桢教授的这一论述，其振聋发聩之精要，不只限于提倡要开展海洋历史的研究，而是要把海洋文明放到中国历史的整体发展中去定位，指出中国历史要加入海洋视角才能够形成完整的解释。在另一篇文章中，他明确指出长期以来中国历史认识存在海洋迷失的误区：

就历史学而言，从本世纪(即 20 世纪——编者注)初叶南海交通研究为发端，到今天已发展出海疆史、海洋社会经济史、海外交通史、航海史、海外贸易史、海洋渔业史、海关史、海防史、海事史、中外关系史、华人

---

① 杨国桢：《扎实推进中国海洋文明研究》，载《人民日报》，2015-11-17，第7版。

华侨史、留学生史、海洋科技史等等专门史分支，取得了不少的成果。遗憾的是，这些努力远未解决海洋在中国历史上的定位，也缺乏社会思想的震撼力，甚至没有改变史学工作者以陆地农业文明为中心的思维定式。从学术心态上，似乎可以这样说，我们还没有完全走出海洋迷失的误区。①

以往我们的史学研究，虽然也对海上交通、海上贸易做了大量的研究，并取得了丰富的成果，但基本的历史框架，仍然站在一个农业文明向外扩散，闭关自守的陆地国家与外部世界相联系的角度。因此，我们在多领域的史学研究中，都需要走出这样一种海洋文明迷失的误区，把海洋视角和内陆视角结合起来，来推进我们的历史认识。下面我想以个人的一点研究经验，从流动的海洋人群与"地著为本"的乡土社会关系的角度，谈一点对地域社会研究中的海洋视角的体会。

一、出入风波间

关于中国是一个陆地国家，海洋文明不成为中国历史的一个内在构成部分的认识，是一种相当长久的，被看作不言而喻的成见。下文中黑格尔这段被很多研究者反复引用的话，

---

① 　杨国桢：《海洋迷失：中国史的一个误区》，载《东南学术》，1994 年第 4 期，个别汉字有改动。

是这种认识的一个典型的表述。不过，人们引述这段话时，都常常省略了前面一句话，而本文讨论的主旨，则正是由这句话启发的，故再将此段完整引录如下：

> 农业在事实上本来就是指一种流浪生活的终止。农业要求对于将来有先见和远虑，因此，对于普遍的东西的反省觉醒了，所有权和生产性实业的原则就孕育在这当中。中国、印度、巴比伦都已经进展到了这种耕地的地位。但是占有这些耕地的人民既然闭关自守，并没有分享海洋所赋予的文明（无论如何，在他们的文明刚在成长变化的时期内），既然他们的航海——不管这种航海发展到怎样的程度——没有影响于他们的文化，所以他们和世界历史其他部分的关系，完全只由于其他民族把它们找寻和研究出来。①

黑格尔这些话，是大约二百年前讲的，后来人们对中国历史的理解一直都没有走出这个框架。黑格尔在同书中还指出：即使中国自己也是以海为界，但"在他们看来，海只是陆地的中断，陆地的天限；他们和海不发生积极的关系。大海所引起的活动，是一种很特殊的活动"②。我们熟悉的过去的

---

① ［德］黑格尔：《历史哲学》，王造时译，104 页，上海，上海书店出版社，2001。
② ［德］黑格尔：《历史哲学》，王造时译，93 页，上海，上海书店出版社，2001。

中国历史著作，基本上都被这样一种观念主导着。不过，黑格尔这些论述，也可以反过来引出我们重新思考中国历史性格的几个角度。第一，中国是一个有漫长海岸线的国家，所谓海洋视角，问题不在于有没有海洋活动，而在于与海洋之间是否有积极的联系；第二，海洋是人们生活空间的一部分，还是陆地的中断和界限，这是海洋是否构成塑造历史性格的一部分的区别所在；第三，陆地上的社会是流动生活的终止，也就是说，流动性是海洋人群的生活形态。从这几点看，我们历史学的传统架构是以王朝国家的行为和意志为核心的，国家政策和国家行动构成了历史的主体，因此要在既定的历史认知中得出否定的判断，就是很自然的了。

但是，我们今天的历史学，眼光正逐步从王朝的历史转向从人的行为及其与自然的关系出发的历史，由人们的日常生活所建立的文化和社会是我们的历史认识的主体，这种学术旨趣具体通过对地域社会的研究来实现。在这种学术视野乃至范式转换的追求下，地域社会研究如果将上述黑格尔提示的几个角度纳入我们的视野，海洋就不是一个外在的、特殊的世界，而是这些作为历史主体的人的活动的重要舞台，海上生活就是这些人群活动的重要内容，而海洋也就成为这个人文世界中不可缺少的部分。

要证明海洋世界在中国历史中的存在，不需要依靠什么新鲜的材料，我们只要换一种角度来读读一些学界早已熟悉的当时人的记载就可以了解。明嘉靖年间，浙江巡按御史胡

宗宪总督浙江军务时，委其幕僚郑若曾等人编纂《筹海图编》
十三卷，详细绘画并记述了明朝从辽东、山东、直隶、浙江
到福建、广东沿海的防御布局，书中记录了很多沿海地方的
人群和社会的信息。从该书的编纂宗旨到具体的论说，当然
很清楚地体现了黑格尔所说的那种情形，明朝站在陆地国家
的立场，是要把海洋隔断于外的。但是，如果我们不是把自
己置于同明朝的官员士人同样的立场去阅读这些记述，在里
面就可以读出这些沿海地方的民众生活与社会风貌同海洋有
着不可隔离的关系。例如，下面这段关于今天的珠江三角洲
地区的记载称：

> 广东滨海诸邑，当禁船只。若增城、东莞则茶滘、
> 十字滘，番禺则三漕、菠萝海，南海则仰船岗、茅滘，
> 顺德则黄涌头，香山、新会则白水、分水红等处，皆盗
> 贼渊薮也，每驾峻头小艇，藏集凶徒，肆行劫掠，勾引
> 倭奴，残戮甚惨。为今之计，莫若通行各县，令沿海居
> 民，各于其乡，编立船甲，长副不拘人数，惟视船之多
> 寡，依十家牌法，循序应当……①

今天的珠江三角洲，在当时还是一个深入大陆、海岛星罗棋

---

① （明）郑若曾：《筹海图编》卷 3《广东事宜》，见《中国兵书集成》编委会编：
《中国兵书集成》第 16 册，317 页，北京，解放军出版社；沈阳，辽沈书社，
1990 年影印明嘉靖刻本。

布的海湾，而这个海湾，是一个更大的海域之枢要：

岭南滨海诸郡，左为惠潮，右为高雷廉，而广州中处，故于此置省，其责亦重矣。环郡大洋，风涛千里，皆盗贼渊薮，帆樯上下，乌合突来，楼船屯哨，可容缓平。尝考之，三四月东南风汛，日本诸岛入寇，多自闽趋广。柘林为东路第一关锁，使先会兵守此，则可以遏其冲而不得泊矣。其势必越于中路之屯门、鸡栖、佛堂门、冷水角、老万山、虎头门等澳，而南头为尤甚。或泊以寄潮，或据为巢穴，乃其所必由者。附海有东莞大鹏戍守之兵，使添置往来，预为巡哨，遇警辄敌，则必不敢以泊此矣。其势必历峡门、望门、大小横琴山、零丁洋、仙女澳、九灶山、九星洋等处而西，而浪白澳为尤甚，乃番舶等候接济之所也。附海有香山所戍守之兵，使添置往来，预为巡哨，遇警辄敌，则亦不敢以泊此矣。其势必历厓门、寨门海、万斛山、纲洲等处而西，而望峒澳为尤甚，乃番舶停留避风之门户也。附海有广海卫、新宁、海朗所戍守之兵，使添置往来，预为巡哨，遇警辄敌，则又不敢以泊此矣。夫其来不得停泊，去不得接济，则虽滨海居民且安枕而卧矣。①

---

① （明）郑若曾：《筹海图编》卷3《广东事宜》，见《中国兵书集成》编委会编：《中国兵书集成》第16册，312～314页，北京，解放军出版社；沈阳，辽沈书社，1990年影印明嘉靖刻本。

　　这些文字表达的，是王朝国家极力企图以陆地社会的统治秩序改变这个海洋人群的世界，但我们也正是从这些记述中，看到了这个海洋人群社会存在的图景。在东部海域，"自闽趋广"的"日本诸岛入寇"，"或泊以寄潮，或据为巢穴"；中部海域"乃番舶等候接济之所"；西部海域则"乃番舶停留避风之门户"。这个海域连同海湾，都被视为所谓"盗贼渊薮"，这些盗贼，实质上就是在风涛千里的大洋里"帆樯上下"流动的海上人群。我们的目光跟着该书，由广东海域移动到福建海域，其海洋风貌更为鲜明，下面引文略去与前面类似的关于官兵设哨分守的字句，这个海洋世界更清晰地呈现在我们眼前：

　　　　三四月东南风汛，番船多自粤趋闽而入于海，南粤云盖寺、走马溪乃番船始发之处，惯徒交接之所也……外浯屿乃五澳地方，番人之窠窟也……料罗、乌沙乃番船等候接济之所也……围头、峻上乃番船停留避风之门户也……若越于福兴，计其所经之地，南日则有岱坠、湄洲等处，在小埕则有海坛、连盘等处，在烽火门则有官井、流江、九澳等处，此贼船之所必泊者也……倭寇拥众而来，动以千万计，非能自至也，由福建内地奸人接济之也，济以米水，然后敢久延，济以货物，然后敢贸易，济以向导，然后敢深入。①

----

① （明）郑若曾：《筹海图编》卷3《福建事宜》，见《中国兵书集成》编委会编：《中国兵书集成》第16册，358～360页，北京，解放军出版社；沈阳，辽沈书社，1990年影印明嘉靖刻本。

这里更明确讲到当地人与外来的航海人群之间的以所谓"接济"形成的休戚与共的关系。这种关系，构成了福建社会鲜明的海洋特性，同编记曰：

> 漳潮乃滨海之地，广福人以四方客货预藏于民家，倭至售之，倭人但有银置买，不似西洋人载货而来，换货而去也。①

这个海洋世界，不只是表现在海外贸易上，中国沿海地区之间的贸易也依海而行：

> 八闽多山少田，又无水港，民本艰食，自非肩挑步担，逾山度岭，则虽斗石之储，亦不可得。福、兴、漳、泉四郡，皆滨于海，海船运米，可以仰给。在南则资于广，而惠潮之米为多，在北则资于浙，而温州之米为多。玄钟所专造运船，贩米至福行集，利常三倍。每至辄几十艘，JP或百艘，或二三百艘。福民便之，广浙之人亦大利焉。②

处在这样一种海洋生态下，以海洋活动为生计的，不只是小

---

① （明）郑若曾：《筹海图编》卷 3《福建事宜》，见《中国兵书集成》编委会编：《中国兵书集成》第 16 册，361 页，北京，解放军出版社；沈阳，辽沈书社，1990 年影印明嘉靖刻本。

② （明）郑若曾：《筹海图编》卷 3《福建事宜》，见《中国兵书集成》编委会编：《中国兵书集成》第 16 册，362 页，北京，解放军出版社；沈阳，辽沈书社，1990 年影印明嘉靖刻本。

民，豪族大户更是主角：

> 沿海地方，人趋重利，接济之人，在处皆有。但漳泉为甚，余多小民勾诱番徒，窝匿异货，其事易露，而法亦可加。漳泉多倚著姓宦族主之，方其番船之泊近郊也，张挂旗号，人亦不可谁何。其异货之行于他境也，甚至有借其关文，明贴封条，役官夫以送出境至京者。①

这类材料，研究航海贸易的学者都非常熟悉，我在这里摘引数段，主要是以此回应前引黑格尔所说，以及一百多年来人们广泛接受的不从海洋文明视角去认识中国社会的成见。这些记述显示出，在沿海地区的地域社会中，海洋并不是陆地的中断，而与陆地是一体的，这里的人群，不管是已经陆居的人，还是被国家视为"海寇"的海上人群，可以说仍然处在一种"流浪生活"的状态，海洋生计与海上活动是这个地区人群的社会生活的基本特色。这种海洋色彩，是塑造这个地域社会性格的基础。

二、烟水家何在

中国的王朝国家的统治秩序是以"域民"为基础的，也就

---

① （明）郑若曾：《筹海图编》卷3《福建事宜》，见《中国兵书集成》编委会编：《中国兵书集成》第16册，368页，北京，解放军出版社；沈阳，辽沈书社，1990年影印明嘉靖刻本。

是通过把臣民固着在土地上,建立起国家统治的秩序。在中国王朝国家体制和农耕生活方式下,将人固定在特定土地空间的户籍制度,的确如黑格尔所说,意味着流浪生活的终止。我们可以把户籍理解为一个陆地国家和社会的重要特征。活动在闽粤沿海的海上人群,之所以在王朝官员的眼中属于盗寇,一个重要的原因,就是因为他们"出入风波岛屿之间,素不受有司约束,人健性悍,邻境恒罹其害"①。在这里,不受政府的约束与海上活动是联系在一起的,流动性和脱离户籍体制,是海上人群的一个基本特点。然而,我们现在能够看到的在历史文献中被记载下来的人,很多都在国家扩张的历史中被拉入国家体制,他们的身份也用特定的地域概念来标识。最常见的是,人们都习惯用陆地社会的方式,把人与籍贯连在一起,例如,我们习惯使用的"闽商""粤商""漳潮海盗"一类的名称,都是把本来属于陆地社会的地域标签用于指称海上人群。这些标签,本质上是一种地域社会的认同。

如果确认这一点,我们需要认识到,我们能够从文献记载和现存乡村中看到的沿海的地域社会,在性质上经历了王朝国家扩张过程中向陆地社会的转型,这个转型,作为国家行为的基本方式,就是将王朝国家统治陆地社会的画地为牢的制度,移用到海上人群中。下面这种明代官员文人的讨论,非常明显地体现了这种思路:

---

① (明)李龄:《宫詹遗稿》卷3《赠郡守陈侯荣擢序》,8页,明万历刻本。

闽地负山阻海，岁入不足以供十之二三，而沿海之民，以海为生，出入波涛，惯于勾引。海寇窃发，即是本地之人，而倭特其借号必海，郡有司编立保甲，十户相联，一家必登记其几人，所业何事，经商何处，出入必查。其时，一家有事，则十家连坐，即出汛之船，县官亦不可不知其数。所历之处，必报于官，限以时日，不得听其浮游不实，以阶大乱。①

虽然国家采用的是基于陆地社会形成的管治方式，但实际上，只要这些人群还是以海为生，他们的流动性就一定会使得这类措施难以长期有效地实行。诚然，国家长久反复地推行这些措施，毕竟还是会逐步促使流动的海上人群陆居化，或者同特定的地域形成固定的联系。这点我们稍后再讨论。然而，即使这些人群逐渐比较固定地建立了与陆地的联系，形成了他们的陆居社会，其海洋特性也不会完全丧失。沿海地域社会在生计、民俗、观念意识等方面仍然会长期保留着基于海洋而形成的性格。这一点在以往的很多研究中都已经清楚地展现出来。尤其到18、19世纪，沿海的人群大量向海外流动，在一种新的模式下延续着沿海地域社会新的海洋性格，这已经有大量讨论，这里不需要再详细论述了。我在这里想从另一个角度，探讨一下从流动社群向陆地社会转型的过程所见的流动性。从这个角度，也许能够更深层次地认识

① （明）陈仁锡：《陈太史无梦园初集·漫集二》，78页，明崇祯六年刻本。

在地域社会构造中海洋性格的本质。

王朝国家用画地为牢的方式管治臣民的基本形式是户籍制度，户籍身份是流动的海上人群转变为陆居的编户齐民的基本标志，是构成地域社会的基础。因此，我们不妨从沿海地区人群的籍贯问题进入讨论。陈春声教授数年前曾经发表一篇文章，题目是《身份认定与籍贯问题：以明清之际金门及邻近海域"海盗"的研究为中心》。在文章中，他指出漳潮海盗的首领中，很多人的籍贯似乎不是非常确定的。他举了明代嘉靖隆庆间的大海盗曾一本的例子，明清时期的史料，有的说他是福建诏安人，有的说他是潮州澄海人，有的说他是海阳人。陈春声解释了出现这种情况的原因：一是这些所谓"贼首"可能本来就是无籍之人；二是从事海上活动的人流动性很大，不能仅从陆上人的行政地域观念出发去理解他们；三是在传统时期，并无真正可靠的能够验明正身的技术手段。这三点实际上可以是同一个问题，就是这些海上的人本来就不是管理陆地社会的机制可以管束和稽查的。很多像曾一本这类被称为海寇的首领，其籍贯所属常常都是不清楚的，如林道干，有人说他是"闽贼"①，有人称之为"广寇"②，也有人具体指为"澄海林道干，嘉靖中为盗"③。他们在当时人的著作

---

① （明）陈仁锡：《陈太史无梦园初集·漫集二》，78 页，明崇祯六年刻本。

② （明）徐象梅：《两浙名贤录》卷 29《德安府知府张凤来传》，42 页，明天启刻本。

③ （清）毛奇龄：《后鉴录》卷 4，7 页，清康熙刻西河合集本。

中更多见的称谓，或者笼统说是"闽广巨寇"①，或者直接称"海贼""洋贼""流寇""逋寇"，总之，海上活动、流动、籍贯不明，是这类人的共同特征。即使是后来被王朝收编而获得官方身份的人，如郑芝龙，史书上也都留有"泉州南安人或云漳州府之彰镇人"②这样不同说法的记载，保留着他们籍贯模糊的痕迹。这些在历史上有名有姓，进入官府视野和历史记载的头领，还需要在文献中偶尔识别其籍贯身份，至于他们手下大量没有在历史上留下记录的随从，更是相当大部分是完全没有这种关于籍贯身份的表达的。

船居的人群由流动到定居的社会身份转变在籍贯问题上体现出来，有一个很典型的例子，就是明末著名将领袁崇焕，根据他自己所说以及相关史料记载，他在家乡认同上，是广东东莞县水南人③，但是，他参加科举考试用的户籍是广西藤县④，也有记载说他是广西平南人⑤。这三种说法，史料上都有很清楚的记载，并没有虚构舛错的成分。这就造成了当代学者曾经为此争论不休，不同观点的学者所争，是袁崇焕

---

① 《明穆宗庄皇帝实录》卷36，5页，台北，"中央研究院"，1963年校印本。
② （清）查慎行：《得树楼杂钞十五卷》卷9，9页，民国适园丛书本。
③ 参见张伯桢辑：《袁督师遗集》卷2《募修罗浮诸名胜疏》，16～17页，《沧海丛书》本；（清）张廷玉等撰：《明史》卷259《袁崇焕传》，6707页，北京，中华书局，1974。
④ 参见朱保炯、谢沛霖编：《明清进士题名碑录索引》中册，1345页，上海，上海古籍出版社，1979。
⑤ 雍正《广西通志》卷70"选举"条记，"袁崇焕，平南人，兵部尚书"（36页）；卷74"选举"条记，"袁崇焕，平南籍东莞人"（22页）。

究竟是哪里人的问题。学者们之所以纠结于他是哪里人的问题，本身就是因为大家都习惯用陆地社会的思维去定位一个人的地缘归属。其实，我们只需要明白对于生活在水上的流动人群来说，这个是哪里人的问题本来就不是以陆地的地点来表达的。他们在水上漂泊，四海为家。只有到他们要确立同陆上人群的地缘联系，要进入只用籍贯来识别身份的国家体制之中时，才会使用某个特定的陆地地点来表达归属。参加科举时，更要借用一个"籍"来获得考试资格。清代著名学者梁章钜辑广西诗集《三管英灵集》，收袁崇焕诗六十六首，按语中把袁崇焕是哪里人的问题讲得非常清楚：

> 《明史》本传以公卫广东东莞人，而《广西通志》作平南人，《浔州府志》选举表注云，旧载藤县籍平南人，一载平南籍广东东莞人。余尝读平南袁醴庭同年诗集，有修明蓟辽督师家自如先生遗稿句云：县志至今传两地，田园犹在不须争。又《乐性堂稿》中，有登贤书后回东莞谒墓诗云："少小辞乡国，飘零二十年。"又《游雁洲》诗注云："予居平南，初应童子试，被人讦，今改籍藤县。"合而考之，其祖籍东莞，实居平南，又寄籍藤县无疑也。①

这是一种习惯于陆地社会生活的人能够理解的解释，但这个

---

① 转引自阎崇年、俞三乐编：《袁崇焕资料集录》（下），231 页，南宁，广西民族出版社，1984。

事实本身，透露出袁崇焕的家庭其实是居于东莞海边、没有户籍的疍民，其父祖沿西江贩运木材，他少年时应该也随父祖生活在西江上，平南县大概是他们家一个落脚经商的点，但他们没有户籍，所以不能参加科举。他先是想在平南县应考，但被人告发，就跑到藤县去借籍考试并获得成功。他有一首《游雁洲》诗，清楚透露出他的这种身份：

> 雁信连宵至，洲边与往还。
> 阵遥鹏欲化，队整鹭同班。
> 烟水家何在？风云影未闲。
> 登科闻有兆，愧我独缘悭。①

这首诗把一个少年站在西江边，望着当地人认为是科名征兆的南来大雁，想到自己不知何处是家乡，没有户籍，无缘参加科举时的心情表露无遗。他后来高中进士后，回到东莞海边，建立本来属于两广疍民信仰的三界庙，还在谒墓时写下这样的诗句：

> 少小辞乡国，飘零二十年。
> 敢云名在榜，深愧祭无田。②

---

① 转引自阎崇年、俞三乐编：《袁崇焕资料集录》（下），238～239 页，南宁，广西民族出版社，1984。
② 转引自阎崇年、俞三乐编：《袁崇焕资料集录》（下），239 页，南宁，广西民族出版社，1984。

这些蛛丝马迹显示出，他的家庭，本来是在海边流动的船居疍民，后来通过经营积累了财富，在广西读了书，借籍考了科举，成功了之后又回到东莞的海边建庙修墓，把自己变成了陆居的人。

今天，我们在沿海地区看到的乡村社会，已经有很多是大村大族，俨然一副乡土社会的气象，但我们从这些乡民关于祖先定居和开村历史的记忆中，还是可以发现很多由无籍到入籍、由流动到定居的历史信息。尤其在大量的关于移民、卫所军户、盐场灶户的历史中，都保存着这种痕迹，而海洋特性，也在这些陆地历史的传说与记忆中结构性地遗存下来。

更重要的是，以海为生计的船居流动人群上岸定居后，他们的海洋习性，尤其是依赖海上活动的生存模式，并不会真正消失。我们看到，在明代以后，闽粤浙沿海的海上贸易十分活跃，一直到近代，这些地方的人大量到海外谋生乃至移民，仍然是这种海洋性格的延续。历史学者已经有大量研究，勾画出了明清以后海洋贸易的宏大历史图景，近代以后沿海地区的人民在海外建立起来的跨国网络，也已经成为学术研究的热门话题。这方面的历史已经有大量相关研究，这里就不需要再做赘述。我想再多谈一点的是，对于这些从事海外贸易的沿海社会的人来说，在他们被拉入地域化的国家体制后，这种流动性仍然体现在由于贸易活动保留下来的跨地域(甚至跨国)的多重属地身份上。在这方面，18—19世纪广州最富有的行商潘启官和伍浩官家族就是很好的例子。

在广州市的河南（即珠江南岸）有一个街区，位于清代广州城外设立的夷馆和十三行区对岸，原来是一片河涌纵横的沼泽地，在 18—19 世纪被当时广州从事海外贸易的行商开发成为家族聚居区。其中最大的两个家族聚居区，就是来自闽南的商名为潘启官和伍浩官的家族在 1776 年以后到 19 世纪初先后建设的。他们用早先在福建的地名龙溪和栖栅、溪峡命名这个居住区和主要的街巷。① 据说，伍家的先世是康熙初年到广州的，籍隶南海，但在伍浩官一世伍国莹之前的世代并没有清楚的史料记录。潘启官家族则比较清楚，一世潘振承先是在福建、广东和吕宋之间往来经商，"积有余资，寄店粤省"，后"在户部注册报称富户，建祠开基"，成为广州人。② 他们在广州定居发迹后，其籍属和认同，都是广东人。在澳门妈阁庙里有块摩崖石刻，落款就写着"赍（番）禺潘仕成"。潘仕成的曾祖父是潘振承的弟弟，他们这一支比潘振承一房到广州的时间还要晚，到道光年间也都已经明确以广州为家乡了。有意思的是，他们在广州建立自己的家族居住地，为了表示他们有来历的身份，很刻意地用福建原乡的地名命名家族聚居地的地名。但是，龙溪和栖栅在闽南的具体地点及其地名，却是模糊和混淆的。后来建立起来的关于这群潘姓人建构的谱系和地缘认同网络，也展现出从流动到定居的

---

① 参见莫伯治：《广州行商庭院（18 世纪中期至 19 世纪中期）》，见《莫伯治文集》，332～348 页，广州，广东科技出版社，2003。

② 梁嘉彬：《广东十三行考》，283、260～261 页，广州，广东人民出版社，1999。

痕迹。由此可以看到，清代后期在广州定居的这些行商，原来很可能也是海上的流动人群，他们定居下来，就要通过陆地社会的户籍乡贯标识来建立确认自己来历身份的历史叙述。由于这种历史记忆使用的是陆地社会和国家体制的话语，沿海地域社会流动人群定居的历史，就被表述成陆地迁徙的历史，而海上流动的社会也就因此转换为陆地移民的社会了。掌握这个历史转变的过程和历史叙述的话语转变，是从地域社会的历史中找寻海洋流动生活的一种路径。

三、立社成居民

在沿海地区，尤其是笔者做过田野研究或有实地考察经验的广东、福建和浙江地区的沿海乡村，有一种给人以深刻印象的景观，就是举行祭祀的场所特别多，并且分布非常密集。在珠江三角洲，尤其是在新近由海成陆的香港沙田区那些只有不到一百年的水上人上岸定居历史的乡村中，特别瞩目的是，模仿国家礼制中的社坛设立的小社公遍地可见。在定居历史长久一点的聚落，则可以见到一些由社坛扩建而成的社庙。在闽南地区，我们似乎没有见到这么密布的小社坛，但形形色色的庙宇非常密集，其中不少就是社庙或相当于社庙的角头小庙。这些聚落中的各种小社公，确切地说很多只是一种仿制社坛，与自古以来按国家礼制设置的社坛有不同的功能和性质，但是，随着定居和聚落历史的延伸，其中一些的确逐渐演变成作为聚落中心象征的社坛，进而演变成社庙，形态各异，功能也不同。大大小小形态各异的"社"和"庙"构成一个连续的演变链条，我把这个演变链条统称为"立社"的过程，这些象征以非文字的方式，记录着沿海人群由流动到定居的历史。

在中国文化传统中，被王朝国家以户籍体制束缚在土地上的人群组成的社会，是以"社"为标志的。"社"字在《说文解字》里的本义，就是"社，土地也"，又《白虎通》云："社者，土地之神也。"在这个基础上，"社"也是立足于土地的国家的象征，《礼记·祭法》云"共工氏之霸九州也，其子曰后土，能平九州，故祀以为社"，《管子·轻重篇》云"封土为社，置木为间，始民知礼也"，均表达了"社"所代表的国家意义。总之，"社"是一种陆地社会的表达，是国家将人民与土地束绑起来建立的一种社会秩序。这种秩序最基层的，是以小规模的地缘聚落为单位设立的"群社"。

然而，我们在珠江三角洲的乡村看到，不但到处立有本属一个群体聚落象征的"社坛"（民间常称其为"社公""社头公""土公"等），而且在一个聚落单元里往往有数个到数十个社坛，在那些水上居民上岸定居不久的聚落，社坛的分布尤其密集，其数量和密度，同定居时间的久远正成反比。在一些新上岸定居的聚落，甚至每家门前立有一个仿"社坛"的拜祭装置，采用最简单的形式，只是在家门外面，用几块砖头摆放成"冂"形，中间放置两块（也有一块）楔形的石头，前面插几支香在地上或小香炉上，一般只由一个家庭拜祭。而在一些已经形成比较制度化的社区组织的聚落，我们可以看到有些规模大一点，为该社区所集体拜祭的社坛。再进一步，逐渐会在社坛基础上加盖屋顶，甚至建成房子，成为社庙，而拜祭的对象，也会在石头之外供奉新的神像，或者直接把石头雕琢或替换成神像。

与此相关的另一种情形，是在小码头上面，也往往会设立一个祭拜的象征物，有些只是一块石头，有些甚至只是一个隆起的小包，插上几根香，摆上一点简单的祭品。由于很多在水边的家屋都有这种小码头通向水面，所以常常和前面说的家庭拜祭的小社坛就是同一个东西。当聚落社区成型后，一些稍大的共用的码头边上扩展而成的共同拜祭的社坛或小庙，就是在这些小社坛基础上发展出来的。

在闽南语区（在空间上不限于闽南，也包括广东很多地方），我所见的景观有一些不同，似乎不会这样普遍设立仿制的社坛，更多见的，是在码头和聚落里建有很多小庙，或是在一个码头上面，或者在一座庙里，供奉着很多小神像。这种情形虽然和我在珠江三角洲的所见所闻在形式上明显不一样，但实质上，我认为都是出于类似的目的，以不同的象征，来实现同样的功能，隐含着同样的由流动到定居的历史。①

上述在田野中所见的，看起来可以作为定居社会标志的

---

① 参见刘志伟：《大洲岛的神庙与社区关系》，见郑振满、陈春声主编：《民间信仰与社会空间》，415～437 页，福州，福建人民出版社，2003。

祭祀空间景观，彰显着这些聚落社区人群的流动特性。我们可以从小码头边上的拜祭空间开始观察，原来以船居为主的海上（水上）人群上岸在土地上居住，面对的是一个生疏的世界。对于这个世界的某种超自然力量来说，他们是陌生人，这些陌生人要在陆地落脚，自然必须先搞妥这个生疏世界的超自然力量。"入庙拜神，入屋叫人"是乡土社会人人都惯习的俗礼。因此，他们在泊船上岸的地方，自然要焚香拜祭。同样道理，他们若在地面上落脚建屋，也必然要设置拜祭之处所。在珠江三角洲，我们见到的这些拜祭处所，多是模仿岸上社区（这些社区很多其实是更早的时候上岸定居的人群建立的），仿照"社"的形制去设置的，但上岸建屋的，一般都是个体家庭，对于在海上流动的人来说，不会有大家庭聚集或群体定居的情况，所以，在岸上设立社坛的社会单元，也只是一个小家庭。而闽南语人群以前在海上流动的时候，拜祭的神明很多都是在船上安放的，上岸居住时，把这些神明移到埠头供奉，是很自然的事，随后当被当地的社区接纳以后，他们顺理成章地就会把自己从船上带下来的神奉入庙里，或者自己建个庙来供奉。明白这个道理，就不难明白为什么在沿海乡村社区中，或者（仿制）社坛，或者小庙，或者供奉的神灵特别多、特别密集。而我们可从以不同层次的"社"或"庙"为中心构成的多层次继嗣单位规模中，看到这类社区聚落形成的逻辑。

换句话说，这些社或庙本身，是陆居和进入王朝体系的象征，但它们的密集存在，又是这些社区聚落居民从流动到定居的历史过程的一种展现。即使在那些已经成熟的陆居乡村，我们仍然可以看到这个过程留下的痕迹。由此可以了解到，对于这些在本地人的记忆中制造了陆地移民来历的历史，并在神明和祖先祭祀礼仪上已具有非常规范的王朝国家建制的乡村，我们仍然可以从这个逻辑去认识其流动性的历史源头，进而了解到这些社区聚落所包含的海洋性格。

四、结语

我们承认，在中国几千年的王朝历史中，立国根本和治国理念，都是以陆地农耕生活为基础的。但我们更要看到，历史是由人的活动创造的，在中国漫长海岸线连接的海域、岛屿与沿海地区，有着千千万万的不同程度地依赖海洋为生的人群，他们的生活形态和海洋活动，也必然是创造历史的重要力量。由于王朝国家的体制和意识形态长期主导着历史的书写和人们的历史记忆，在政治与文化生活中，人们使用的话语体系主要是一套陆地国家的话语体系，社会秩序与文化形貌的形塑，也都以陆地生活的价值和行为准则为主导，关于社会文化与历史事实的叙事和表述，更是习惯使用陆地国家的视角和表达方式。结果，海上（其实还有山地，由于非本文讨论范围，暂且不论）人群及其流动的生存状态，都被排斥至化外，甚而污之为"奸民"，蔑之为"贼寇"。这些流动的人，一旦被纳入王朝体系，就意味着被拉入陆地系统，就有了地缘的身份，其海洋生活的历史，就会渐渐被掩盖。杨国桢教授所指出的中国历史长期陷入"海洋迷失"的状态，继而成为中国历史一种僵化的认识，就是在这样的历史情境下形成的。

近几十年来，历史学者对中国历史上的海洋活动的研究越来越广泛深入，就中国历史上也曾经有一个非常热闹的海洋舞台这一点，已经不会有什么疑问。但是，在我们的整体历史解释上，海洋活动仍主要局限在一个陆地中国对外关系的视野中。人们重视了在海外活跃的人群的活动，但对于沿海地域社会的整合过程中的海洋因素和机制，还相对不够敏感，在研究上还有很多可以深化的空间。例如，在讲到海洋活动的时候，人们还是离不开用地域和陆地社会中户籍体制的概念来指认、识别海上流动的人群。这种惯性当然没有错，因为进入我们历史视野的人，大多都已经被拉入了一个定居的地缘社会，他们都有了"自己的"家乡。但是，我们研究这些地域社会的时候，还需要在对海洋社会流动性的把握中，从这种流动的特性着眼，去认识这些地域社会的特质，建立一种充分采用海洋视角的地域历史解释。本文只是初步通过笔者的点滴研究经验，提示了一点迹象。不妥之处，期待方家指教。

［原载陈春声、郑振满主编的《涛声回荡——杨国桢先生八十华诞纪念文集》（社会科学文献出版社，2020）］

盐笑背后的区域史

在万千世界中，如果要找一种能将中国历史贯穿起来的物，也许非盐莫属。盐，不仅是维持人的生命必不可缺的物质，绾结着人与自然绵亘不绝的联系，也由此成为人群团结、权力缔构的一种触媒。《管子·轻重篇》中一段齐桓公与管子（管仲）的对话云：

> 桓公问于管子曰："吾欲藉于台雉，何如？"
>
> 管子对曰："此毁成也。"
>
> "吾欲藉于树木？"
>
> 管子对曰："此伐生也。"
>
> "吾欲藉于六畜？"
>
> 管子对曰："此杀生也。"
>
> "吾欲藉于人，何如？"
>
> 管子对曰："此隐情也。"
>
> 桓公曰："然则吾何以为国？"

管子对曰："唯官山海为可耳。"

桓公曰："何谓官山海？"

管子对曰："海王之国，谨正盐策。"

桓公曰："何谓正盐策？"

管子对曰："十口之家十人食盐，百口之家百人食盐。终月，大男食盐五升少半，大女食盐三升少半，吾子食盐二升少半，此其大历也。盐百升而釜。令盐之重升加分强，釜五十也；升加一强，釜百也；升加二强，釜二百也。钟二千，十钟二万，百钟二十万，千钟二百万。万乘之国，人数开口千万也，禺策之，商日二百万，十日二千万，一月六千万。万乘之国，正九百万也。月人三十钱之籍，为钱三千万。今吾非籍之诸君吾子，而有二国之籍者六千万。使君施令曰：吾将籍于诸君吾子，则必嚣号。今夫给之盐策，则百倍归于上，人无以避此者，数也。"

⋯⋯⋯⋯⋯

桓公曰："然则国无山海不王乎？"

管子曰：因人之山海假之。名有海之国雠盐于吾国，釜十五，吾受而官出之以百。我未与其本事也，受人之事，以重相推。此人用之数也。"[1]

---

[1] （春秋）管仲撰，（唐）房玄龄注：《管子》第 22《轻重五·海王》，2～3 页，四部丛刊景宋本。

在通行的《管子·轻重篇》的版本中，这段对话中的文字有通假，有误植，阅读起来有点费劲，其表达的意思大略是：一个国家的财政资源，必须依赖产于海洋的盐（其次是产自山中的铁，此处暂不涉论），从盐的生产流通与消费中获得的税利，是立国之根本。即使有国无山海，亦可从负海之国贩入他国所产的盐，获取财利以维持国家。

人们习惯了"以农立国"的观念，也许会质疑这种说法是否夸大其词。其实，在中国历史上，盐的确一直是王朝国家最重要的财政资源之一。中国历代王朝国家的财政资源中，由盐的生产和流通而获取的利益，一直都占有很大的分量。稍稍回望一下历史，汉武帝时期，在桑弘羊主持下建立起来的盐铁禁榷在支撑汉王朝强大国力上的重要性，历来为大家所熟知。到唐朝，食盐禁榷收入虽然相对地不如汉朝重要，但在唐中期出现财政困难的时候，经刘晏财政改革，也曾一度达到"天下之赋，盐利居半，宫闱服御、军饷、百官禄俸皆仰给焉"（《新唐书·食货志》）的程度。宋朝则有"国之利源，盐策为重"①的说法。史载，宋朝"国计军需，多仰盐课"②。盐的课利收入，在宋朝仅次于两税，在朝廷和地方的财政收入中，所占比重最高时接近一半。③ 到明朝，亦有"天下之财

---

① （宋）佚名：《宋季三朝政要》卷 2，7 页，守山阁丛书本。
② （元）佚名：《宋史全文》卷 33，10 页，文渊阁四库全书本。
③ 参见郭正忠：《宋代盐业经济史》，695～701 页，北京，人民出版社，1990。

赋尽出于东南，而盐利尤为裕民之厚资"[1]的说法。清朝盐在国家岁入中的比重，虽然远少于地丁，但也是仅次于地丁的项目；而且，由于清朝时盐商是社会上经济实力最强的群体，盐也是市场上交易最大宗、获利最厚的商品，若加上主要来自盐商的捐纳、报效，以及后来的盐斤加价和盐厘，盐毫无疑问是清朝国家财政的一大支柱。[2] 不过，食盐在中国王朝时期历史中的特殊角色，不只体现在它一直是支撑历代王朝国家运转的主要资源，还由于它是一种能够把民众与朝廷、经济与政治、市场与贡赋、物质与文化、地域社会与国家体系等方方面面，在时间和空间上贯穿起来的最特殊的物品。细细品味上面那段齐桓公与管子的对话，可以引申出盐在历史中的特殊角色的多层意义：

第一，盐是人类生活不可须臾或缺的；第二，虽然每个人的食盐消费量很少，但全体国民的消费量巨大；第三，盐取自天然，但须通过人力才得以生成并获取，决定了其生产流通成本低又易于为权力所控制；第四，由于个体消费量少，高于成本很多的价格能够为消费者所承受；第五，于是，国家就可以通过控制盐的生产流通与消费获取巨额利益，而不至于遇到有力的抵制；第六，国家控制食盐的生产和流通，

---

① （明）王朝用：《应诏陈言疏》，见（明）陈子龙辑：《明经世文编》卷235，6页，北京，中华书局，1987。

② 参见陈锋：《清代财政收入政策与收入结构的变动》，见冯天瑜主编：《人文论丛（2001年卷）》，249～271页，武汉，武汉大学出版社，2002。

是确立并行使其统治权力的一种有效途径，盐这种物成为国家权力的存在与运用的象征；第七，盐的生产的专门化和消费的普遍性，决定了盐是一种最原始的交换物，成为人类社会的交换经济和市场流通发生的自然起点；第八，在盐来自海洋的情况下，作为一种出自海洋的物，其可以成为促使海洋在国家建构中发挥重要作用的物质；第九，盐由此也就成为在历史进程中把海洋与陆地联系起来的一种主要介质。概而论之，在历史上，盐具有超出其自然物性质的社会属性和文化意义。从特定的意义上说，在人类历史进程中，无论是在人的生存条件的维持、交换经济的发生中，还是在国家权力体系和社会空间格局的形成中，盐自始至终都是最有力量的一种物品。

了解盐在人类社会历史中这种特有的角色和意义后，段雪玉经多年努力写成的这部以两广盐区食盐生产和流通为题材的专论，就不只是一部盐的经济史，更是一部怀着整体史野心的地域社会史和政治史。

自秦始皇征岭南、汉武帝平南越以后，广东一直都在王朝中国的疆域内。但是王朝国家对这个海徼蛮荒之地的统治，长期处于一种双重的状态。一方面，广州作为王朝获取南海资源的主要入口，一直是国家直接管辖的中心都会之一，王朝直接在这里设置区域行政中心，并在其辖区的一些重要交通节点设置直接执行国家权力的地方官署，实行直接管治；另一方面，城邑之外的山原四野，在相当长的时期里都仍然是化外蛮荒之区，在明朝之前，相当多的地方和人群，并未进入王朝体系之中。2000多年来，这个区域在国家秩序形成和文化整合方面，经历了一个缓慢的过程。这个过程中最具基础性的建置，当然是设官建治，聚民编户，但在远离城邑的广大地方，仍然有大量的人口没有进入国家编户体制。在这种状态下，王朝国家为控制和获取资源而设置的盐场，成为当地社会早期进入国家体系的一种主要途径。打开《中国历史地图集》中宋代的广东地图，赫然入目的就是沿海的一系列盐场。在宋代，这些盐场连同分布在山区的多处矿场，都是王朝为了获取山海资源设立的官营机构，其数量和密度，甚至超过了州县治所。这些盐场的设置，不只是在沿海地方建立国家权力据点，更重要的是，盐场生产需要的大量人力资源，其中很多是在当地流动的人。与我们已经知道的这个地区的水上人群被编入卫所军户一样，这些人被编入灶户，在盐场定居下来，成为王朝的编户，这是当地被纳入国家体系的主要途径之一。后世在沿海地区所见的很多乡村或宗族，留下了很多把祖先定居的传说追到盐场的记忆，不管这些记忆是传说还是信史，都是这个历史过程留下的一道深痕。近年来，很多关于沿海区域社会的研究，视线比较多地落在了卫所军户上，同时，盐场灶户也逐渐进入了研究者的视域，显示出历史学正在悄然发生的一个转变——研究者研究国家在地域社会的扩张过程，由以往主要从王朝设官建治着眼，延伸转移到更多重视卫所、盐场的设置。这个转变的意义，不只是揭示了国家建置的多元化途径，更在于研究者把目光更多投向进入卫所、盐场体系的当地人群，开辟了从人们的生计与社会组织出发去解释国家历史的新路径。这本书书名中所说的"生产空间"，实际上也就是这个区域的人群进入王朝国家的历史空间。在这个问题上，书中已经展现了很多精彩生动的事实，就不用我多言了。

与此相联系的是，由依傍海洋形成的盐的生产空间，还打开了研究国家与地域社会历史的海洋视角。近几十年来，历史学者对中国历史上海洋活动的研究越来越广泛深入，就中国历史上曾经有一个非常热闹的海洋舞台这一点，已经不会有什么疑问。但是，在整体的历史解释上，海洋活动仍主要局限在陆地国家与外部的关系上。人们所重视的主要是在海上和海外活跃的人群的商业或移民活动，对于沿海地域社会的整合过程中的海洋因素和机制，相对缺乏足够的敏感和细致的研究。前引齐桓公与管子的对话，虽然提示我们，国之为国，端赖山海，故有海王之国之说，体现出海洋在王朝时期国家历史中的地位，然而，在以王朝兴衰更替为中心的历史框架中，海洋只是从国家资源的角度进入历史解释中，惯常受到关注和重视的，集中在海洋出产，包括渔盐和海外香药珍奇上面。

随着当代史学的历史出发点从国家转向人，中国漫长海岸线连接的海域、岛屿与沿海地区在历史中的角色，就不应只是局限于国家资源的供应地这一种，千千万万依凭海洋为生的人群,他们的生存方式和生计所系的海洋活动,也是缔造历史的力量。当我们朝着这个方向努力探索的时候,想要在方法上既承接原有路径的惯性而又能转移方向、开拓新视野,最直接的路径,也许就是从国家设立的盐场中寻找人的历史活动。我们可以通过盐场的历史,追寻这些本以讨海为生的人群,在地域社会与国家秩序的建构中的角色,并借由海洋视角形成对于地域社会整合历史的新解释。很多年前我曾经在粤东沿海的一个岛上做过浅尝辄止的田野调查,考察了一个从清代的盐场演变而成的由十多个村落组成的海岛社会,我当时就强烈感受到这些乡村保存下来的海洋性格。[1]我在段雪玉书中看到她利用在各地搜集到的历史资料做出的细致分析,把我当年这种田野中的感觉推进到学术认识的层面,使我更深信这是地域社会研究一个值得用力的方向。

国家在沿海设置盐场,将海洋资源和讨海为生的人群拉入了王朝体系,是在陆地上建立的国家把海洋世界吸纳进来的一个时间上和逻辑上的起点。过去的历史认识,一般都趋向于从这个起点出发,切断海洋与陆地社会的联系,海洋由此成为王朝国家的异己化力量。而对明清以后沿海地域社会的研究使我们越来越认识到,当海洋被拉入我们的历史视野后,特别是在地域社会的历史中,海洋就不会只是国家意志

---

[1] 参见刘志伟:《大洲岛的神庙与社区关系》,见郑振满、陈春声主编:《民间信仰与社会空间》,415~437 页,福州,福建人民出版社,2003。

中的异己的力量，其影响会延展到内陆的社会，成为影响地域社会整合的一种机制，而盐的流通就是其中一种，这是一个由物的流动驱动的社会与文化过程，并以在特定的社会文化结构中人的行动来实现。这种物的流动，由于其消费的普遍性和来源的单一性，首先引出的就是在不同地理空间和人群之间的交换，市场流通由此产生，而国家权力和行政运作介入和控制形成的财政资源流动网络，与市场流通机制相互嵌入，形成了贡赋体制下的市场以及在市场流通中实现的贡赋获取和输送配置。这是一种在王朝贡赋体制下的市场流通，把海洋与内陆社会的地理空间和国家的地方行政体系的格局联系起来。在这个意义上，没有什么物品能像盐的流动那样，直接而且全面地牵连着人与自然、海洋与陆地、地方社会与王朝国家、市场体系与贡赋体制的关系。可以说，食盐的流通编织出王朝体制下地域社会网络的动态形成过程与静止结构，一个地区的食盐流通格局及其运转，呈现出了这个地区的市场格局与权力关系的历史图像。段雪玉这本书中详细讨论了两广盐区广东与北海两个盐课提举司的格局，以及后面省河体系与潮桥体系的形成及其动态变化。这部分由食盐流通网络构成的区域历史，同以国家行政区域建置为基础展开的地方历史之间，存在着一种空间的错位与内在动力的互相补充和牵制，形成相互交叠的图层并由此合成为更加厚实的历史结构。

　　饶有兴趣的是，我在这里抽象地阐述的话题，在段雪玉的书中，是通过很多具体的人的活动来展开的历史。我们看到在食盐流通这样一个舞台上的种种角色，有多重的性格和身份。首先最天然的属性，就是有一批追逐收益最大化的理性商人，他们从事食盐运输买卖，为高额的市场差价所吸引。因此，我们第一个可确认的事实，就是这些人的行为，创造了一个由沿海盐场向内陆伸展的市场，画出了一个由供求关系和运输交通线路形成的流通网络。但是，我们马上不可能视而不见的，是他们逃脱不了的国家体制。所有市场活动，都一定是在这个体制之下进行的，甚至私盐贸易，实质上也是以另一种方式在同一个结构下运行。在这个体制中的地方官员及其随从，不仅要利用这个市场获取利益，满足政府运作的要求，更多是直接插足市场流通。于是，权力的交换和利益的分配机制，一定会凌驾在市场机制之上，食盐流通一定是在贡赋体制的主导下运作的。在这个体制架构下，产生了基于国家管控机制的有不同特权或专营范围的商人。这些商人如何在官府的管控下获得资格和机会，如何在国家体制下经营生意，如何利用和应付非市场的力量，如何同种种政治与社会势力（包括海上的军事集团）互相利用和博弈，又如何促成国家体制的改变，在这本书中都有很多生动的叙述。通过这些叙述，我们能够真切地体察和把握这个历史舞台上的人，从这些人的活动、他们的文化性格和价值、他们做出选择的方式、他们受制于其中的社会结构与政治资源出发，本书考察的"生产空间"和"流通机制"，呈现的就不只是一种行业的历史，而是一部盐卤泡出来的活的地域社会历史。

以上所谈，是我阅读这部书稿时的一些感受。写下来的想法一定是枯燥无味的，相信读者一定宁愿到书中去阅读生动的事实。我还是少说一些为佳！

[本文原是为段雪玉《南海盐道》(生活·读书·新知三联书店，2024)所写的序]

以人为本的海洋史

　　中国有一万八千多千米的大陆海岸线，环抱中国大陆的海域有四五百万平方千米，分布着大小岛屿七千多个，其中有人居住的岛屿有四百多个，海洋毫无疑问是许许多多中国人世世代代生于斯长于斯的一大片自然空间。然而，长期以来，人们都有一种非常强烈的认知，坚信中国是一个陆地国家。这种观念所有人几乎深信不疑，是由于华夏文明的源头——夏商周三代的国家构造，都是在内陆的生态环境下形成和发展的；秦汉以后，历代统一王朝，也都是以中原为基地建立大一统的国家。因此，主导华夏文明形成和演进的世界观、意识形态以及由此建立的国家体制和行政制度，都有非常强的内陆色彩。虽然在沿海区域建立的一些政权，如齐、越、闽、南汉、南宋等，都或多或少带有海洋因素和性格，但不论什么政权，其立国基础和统治理念，都不能脱离对正统性的追求和对华夏政治文化传统的坚持，国家性质仍必然一以贯之地以陆地国家形态为主导。于是，海洋生态和濒海人群的生计，以及在此基础上形成的文化与社会性格，在以国家为主体的历史叙述中几乎完全不会出场。对中国这种陆地国家的形象，黑格尔曾经这样论述：

> 在他们看来，海只是陆地的中断，陆地的天限；他们和海不发生积极的关系。大海所引起的活动，是一种很特殊的活动。①

这里所说的"他们"，是一种国家或团体性的主体，这种认识，是从国家历史的视角来讲的。在中国的历史叙事中，虽然也有关于海洋活动的内容，但王朝国家或者被标签为中国人的人群主体，与海洋一般不会发生积极的联系，从这种群体性主体的观念来看，海洋只是陆地的中断，是同另一陆地连接的通道，因此海洋总是作为通往外部世界之路出现在历史中，从唐代的"通海夷道"到当代的"海上丝绸（或陶瓷等）之路"，都体现了这样一种观念，只有在这个角色下，海洋才被纳入国家历史。因此，过往的史学研究，虽然对海上交通、海上贸易做了大量的研究，并取得了丰富的成果，但基本的历史框架，仍然是从一个农业文明稳守自身的内在秩序，通过海上通道从外部世界获取稀缺资源补给的角度展开的。

然而，我们跳出以国家为历史活动主体的王朝史观，将视线落在人与自然环境的关系上，从濒海地域的千千万万的

① ［德］黑格尔：《历史哲学》，王造时译，93 页，上海，上海书店出版社，2001。

人的生产活动和日常生活着眼，我们看到的历史情景就完全不同了。在濒海地域，依傍在大海岸边和海岛的千千万万的人群，世世代代出没波涛中，讨海为生，海洋为他们提供了生存的物资，是他们获得财富的源泉。他们与海洋的关系，绝对不可能不是积极的，对他们来说，海洋更不是一种天限，而是他们施展身手的舞台，是他们生息求存的世界。

海洋作为一种自然资源，提供给人类最基本的天然的生活物资，是海洋生物和盐。这些向海而生的人群，最基础性的产业自然是渔业，但海产并不可能作为维持人类生命的主要食物，必然要通过同陆地其他人群的生产品交换才能满足人们的生存所需；在沿海岸边，大海供给人类最不可缺少的物资是食盐，而且由于食盐在内陆地区的大多数地方不出产，因此天然地需要通过空间的流动及转手获取，也就天然地依赖交换以及长距离贸易实现再分配；同时，世世代代的海上捕捞生涯，令海上人群掌握了造船和航海技术，于是，当海洋上出现另一种资源，即在海上通过航行运送的海外货物，他们就很自然地会加入那些通过海上交通远距离运送货物的活动，他们天生是海上交通贸易的主人。简单说，海洋生态下最主要的生计，一定是要依赖交换与贸易贩运来实现的，因此，如果我们的视域只局限于海洋人群生计，我们看到的是一种以交换和长途贩运为财富实现方式的"经济"，同时，海洋人群的流动性，也自然倾向于形成无政府的社会，政治权力天然呈现为"海盗"的形态。

　　然而，中国东部和南部沿海的经济和社会，从来都不是一个自主自足的系统，大致从早期国家开始，以内陆立国的王朝，从来都没有放弃对海洋和沿海资源的需求和控制。卡尔·波兰尼定义经济是一种人类获取和控制物质资源的行为成为制度的系统，经济的实质意义源自人类因生计而对自然及其伴生物产生依赖，通过人与自然和社会环境的交换，获得满足人们需要的物质财富。同在 18 世纪以后由于定价市场经济体制而出现的形式意义上的经济不一样，人类获取物质财富的经济活动主要由两种运动构成，即物质财富地点的转移和占有的改变，其中地点的转移往往是由于自然禀赋差异形成的长距离、跨地域流动，占有的改变则是源于权力中心聚敛财富的索求。基于海洋人群生计而获得的海洋产品从一开始就被拉入这两种运动之中，其动力就在于内陆国家对食盐、海洋生物和海外奇珍异物的巨大需求。于是，虽然中国的王朝国家本身都是在陆地环境和社会的基础上建立的，但海洋资源对于王朝国家来说从来都是不可缺少的，甚至是国家财用非常重要的来源，国家的统治权力总是要覆盖到沿海地区，以实现对海洋的控制。

　　中国的王朝统治，历来都是建立在对其臣民的人身控制的基础上的，基于陆地社会的特性，这种控制的基本模式，是"理民之道，地著为本"，将齐民编制起来以固着在特定的土地上，画地为牢，其实现的基本方式，是按照《周礼》中"六乡六遂"体制的原理，建立户籍体制。户籍组织的具体形式历代不一样，演变到明代，里甲制最典型地体现了这种国家基层体制的结构。虽然到明代中后期以后，里甲制渐渐变质，制度发生朝向适应新的经济社会关系的变形，但其以户口与土地结合将齐民编制起来以控制基层社会的原则和原理一直没有发生根本的改变。这套基于陆地农耕社会的体制与海洋人群的生计模式和生存状态显然不相契合，要将陆地上农耕社会形成的国家控制模式和行政架构用于控制流动的海洋人群，在濒海地区建立国家化的社会秩序，存在一种内在的根本性的矛盾。

但海洋资源对王朝统治的重要性又促使国家必须要建立一套管控体制以保障对资源的控制和获取。国家在濒海地区建立的社会和行政管理制度，最基本的就是保障国家的食盐供应以及通过食盐流通获取财政资源的盐场和食盐禁榷制度。这一方面固然是因为食盐生产流通在国计民生领域的重要性，另一方面也是由于食盐生产方式和生产者的生存状态相对接近农耕社会的形式，盐场机构的设置、灶户户籍的编制和役使方式都可以形成在原理上与里甲制度相似的制度，构成了在濒海地域建立国家秩序的基础。

除盐场外，另一种由王朝国家将陆地国家体制直接向濒海地域扩展而建立的组织，就是本来属于军事设施的卫所，军事化的机构是最直接也是最严密的人身控制机制。明朝在沿海密集设置大批卫所，用意无疑是防卫，但这种"海防"，主要不是为了防御外敌，而是弹压沿海之民。卫所设置在两方面体现了王朝国家统治秩序与海洋社会的流动性之间的互动关系。一方面，就性质而言，卫所是国家直接设立的军事机构，是国家加诸地方的外在的社会组织，但另一方面，以明朝的情况而言，沿海卫所的兵役，相当多来自垛集当地的水上人，这就使得沿海卫所既是国家直接控制沿海地区的政治设施，又是以濒海人群为重要成分的组织，从而形成一种兼具陆地国家属性和海洋人群特性的社会。宋怡明在《被统治的艺术》一书中，对卫所官兵参与海上活动，包括走私贸易、海岛活动以及同海洋生计相关的众多职业有非常精彩的讨论，揭示了这种濒海社会的实态。① 宋怡明的研究让我们认识到，盐场和卫所的设立固然体现了国家统治在濒海地域的存在，但如果我们将视线落到这种国家秩序下的人们的生计上，就可以看到他们其实又是以挣脱这种秩序的生存方式来应对国家统治的。王朝国家能够在濒海地域有效地建立起来的社会基层组织，采用的是盐场卫所一类画地为牢的陆地社会的形式，但被编入这类国家户籍编制的海洋人群，只要没有离开海洋，没有放弃海洋生计，保留海上活动的传统，保留生存方式的流动性，就必定会从国家权力网中破茧，甚至成为威胁王朝统治稳定的力量。

因此，濒海地域的社会过程，一直是在两种机制的相互作用下发生的。国家为控制和获取海洋资源，同时也为抗衡

---

① 参见［加］宋怡明：《被统治的艺术》，［新加坡］钟逸明译，113～154 页，北京，中国华侨出版社，2019。

另一种机制，按照陆地社会的国家结构设立本质上属于陆地农耕社会的管制模式的盐场和卫所；另一种机制则是由濒海人群的海洋生存状态自然产生的，由海上渔业发展起来的航海活动，随着海洋贸易的发展越来越成为濒海社会的主要生计。濒海生计中人的流动性与需要以人的稳定为基础的王朝秩序之间，在逻辑上是不相容甚至是对立的。然而，在明清时期，濒海地域社会恰恰就是在这两种动力的矛盾运动中逐渐形成和演变的。近几十年来，中国历史学者对中国历史上的海洋活动的研究越来越广泛深入，就中国历史上也曾经有一个非常热闹的海洋舞台这一点，已经不会有什么疑问。但是，在我们的整体历史解释上，海洋活动仍主要局限在一个陆地中国对外关系的视野中。人们重视了在海外活跃的人群的活动，但对于沿海地域社会的整合过程中的海洋因素和机制的研究才刚刚起步，还受很多惯性的观念的限制。例如，在讲到海洋活动的时候，人们还是离不开用地域和陆地社会中户籍体制的概念来指认、识别海上流动的人群。这种惯性当然没有错，因为进入我们历史视野的人，大多都已经被拉入了一个定居的地缘社会，他们都有了"自己的"家乡。但是，我们研究这些地域社会的时候，还需要在对海洋社会流动性的把握中，从这种流动的特性着眼，去认识这些地域社会的特质，建立一种充分采用海洋视角的地域历史解释。杨培娜这本书试图讨论这个复杂矛盾的过程，呈现出在本质上以不受管束为特征的流动社会与以不流动为基础的王朝体制施行到濒海地域之间的张力，为在地域社会研究的视域中将海洋拉入中国王朝国家政治和社会历史的解释，探索了一种新路径。在此书即将付梓的时候，我写下一点读后感，年老笔拙，词不达意，读者应该从书中的具体讨论中，获得更深入的认识。

[2022 年 11 月 25 日写于康乐园，原是为杨培娜《生计与制度：明清闽粤滨海社会秩序》(社会科学文献出版社，2022)写的序]

海岛田野记忆点滴

二十多年前，我和一位本科生同学到粤东一个不大不小的海岛上做田野调查。那个海岛，在一个嵌在半岛里的海湾中间，这个海湾只有一个狭窄的出海口通道，岛上没有桥梁与大陆连接。记得我们从广州出发，先是搭了一个晚上的船到惠州，再转搭长途汽车到这个海湾边上的小镇，再乘船到岛上。这一路的周折，在今天看来，可谓交通十分不便了。

这个海岛在清代的时候是一个盐场，一直到我们上岛的时候，视野所见，几乎看不到有什么农田。不过，我去做田野调查的时候，岛上似乎已经不晒盐了，盐田大多荒废着。岛上有十三个村子，村民有的捕鱼，有的从事其他行业。白天走进村里，见到的人们似乎都非常悠闲。岛上除了零星几块碑刻和一些零星的家谱，几乎没有留下多少用文字记录的历史资料，但每个村子都有一座或数座香火旺盛，被村民们恭谨供奉的神庙。

在岛上最北端的一个村子里，我们见到有一人家门口挂了个木牌，上面写着"上交下接"和神庙的名称，我好奇地问村民这个木牌是什么意思，村民告知我这叫作"灯油牌"，村里的庙由各家各户轮流值日，添油上香、供奉神明、洒扫庭院、清洁庙堂，沿门轮值，周而复始。我由此对这个村子的内部组织秩序产生了兴趣，决定深入了解一下。

按以往进入乡村的经验，我首先找到了村支书家。支书刚刚出海回来，正在家门口收拾渔具。我自报家门后，支书热情招呼我进屋坐下，打开冰箱，拿出两听罐装生力啤酒给我们。那个时候，生力啤酒是香港最常见的啤酒，在内地并不多见。这个海岛，我是经过一路舟车转折，花了一个晚上加上大半天才到达的，在印象中自然是一处偏远之地。在支书从冰箱取出啤酒的时候，我看到他的冰箱里还放着很多罐，我当时的第一反应是感到诧异和好奇，接着警觉起来——那个时代，粤东地区以生产假冒洋烟洋酒闻名，不会连生力啤酒也是当地生产的吧？于是我带着疑惑问他："你们平日也常喝生力啤吗？你们在哪里买的呢？"他很随意地回答说"香港啊！"，接着马上又问："你想要吗？明天我带你去买。"我以为附近也有个读音与"香港"近似的地方，就问："香港在哪里？"支书大为困惑："你连香港都不知道？"我才明白他说的就是我们人人都知道的那个香港。我问他怎么去香港，他告诉我，开"大飞"（摩托快艇）去，一小时左右就到了。他还说，这里的村民很多日用品和食物、饮料，都是到香港买的；有需要就去，很方便的。我马上明白过来，对于这个与香港的海上距离只有几十海里的海岛,香港不过就是他们附近交通最便捷的市镇而已,他们要到在行政上隶属的区域中心城市惠州,远不如去香港方便。至于行政区域隶属、边境管制等国家因素,在他们心目中似乎不存在,或者是可以忽略不计的因素。

喝着啤酒,我们同支书聊起村子的情况,支书谈的内容我现在不借助笔记大多都记不清了,只记得当我说明来意后,支书马上说,他要先带我们去见"老大"。走去"老大"家的路上,他同我解释,他们以前是从海上上岸定居的,在船上的时候,"老大"就是最有权威的人。我问,那村子的"老大"是怎么选出来的,他说,是在庙里卜杯,由神选出来的,他同我解释了如何在神面前选"老大",不过我听得似明非明。到了"老大"家里,一进门,只见一位七八十岁、脸色黝黑的老人,躺在一张躺椅上。见我们进门,他也没有站起来,而是躺在椅子上问支书,我们是什么人,来做什么。支书介绍后,我简单说明了我们来是想了解村子的历史、村民如何拜神,想听听故事。"老大"听完,吩咐支书说:"好啊,你就带他们到处走走,招呼好他们吧。""老大"吩咐完,支书示意我们可以离开了,于是我们就跟他离开了"老大"的家,开始在村子周围走动。

支书带我们看了村里几个庙,其中一个靠村西头的庙里的神座上空无一神,但从神座上的灰痕可以看出,这里本来应该安放着很多小神像。支书见我一脸困惑,马上告诉我,这些神都去镇里的天后庙看戏了。原来,过两天就是天后诞,各村一些庙里的神会移驾到岛上最大的天后庙参拜看戏。我问，为何这座小庙供奉着那么多小神像？支书告诉我，原来这个村子的人都在船上，上岸定居的时候，大家把自己船上的神都供到岸上的庙里，所以，庙是大家的，神是各家的，不过，时日久远，后来大家都慢慢把庙里所有的神都一起拜祭，无分你我了。

在这个村里，我们认识了两个年轻人，一个是大队的会计，一个是出纳。两人听说我们是研究历史的，非常高兴，因为他们正在编本村的族谱。他们说，村里过去是没有族谱的，他们已经把本村各家的谱系弄清楚了，还到了岛外其他同姓的村子里把他们先代世系也抄回来了。但综合村子里各家世代的记录编出来的世系，与外面抄回来的先代世系之间，还缺了很多代，暂时没有连接起来，他们正在努力考证，把中间的世系补上。两个年轻人很有信心地告诉我们，下次我们再来，他们就会把族谱编好了；同时，问我有什么方法可以帮他们将这个考证做出来。我一听就害怕起来，我当然知道编族谱的人常常会用的办法，但不能从我的口中传授出来啊！于是，我就用鼓励他们继续收集更多的资料，找更多老人回忆之类的话应付过去。

天后诞到了，我来到坐落在岛上中心市场的天后庙，这个中心市场当地人称"市仔"，所以天后庙也叫"市仔天后庙"。只见庙内外人头涌动，大多是妇女。人们在庙里上香拜神，庙外广场有一戏台上在演戏。我已经不记得演的是什么戏了。

　　当我到天后庙的时候，最吸引我的，是墙上贴的一张政府的
告示，大意是，为了改革开放、发展经济，镇政府决定修建
一座大桥，连接岛上与陆地的交通；为了修桥，需向全体村
民募捐；募捐的任务分派到各村，凡是不完成募捐任务的村
子，不能举办或参与天后诞活动。告示旁边，还贴着一份岛
内各村分派的募捐数字和完成募捐任务的进度表。进度表显
示，所有的村子募捐的成绩都与镇政府下达的任务目标有很
大的距离，我印象中大部分的村子完成募捐任务比例的百分
点都只有个位数，少数的村子甚至分文没有。形成鲜明对比
的是，天后诞的活动，包括热闹的拜祭出会和演戏，各村都
很有成效地按丁派捐，筹集到足够的款项作为资金。我好奇
地问身边的村民：政府这个布告说没有完成募捐不准搞天后
诞活动，为何大家还是搞起来了，而且还搞得这么热闹？被
我问到的人（尤其是妇女），大多茫然不解地看着我，从他们
的眼神中，我读出的意思是：我不明白你在问什么。有些村
民的反应似乎是讥笑我——你怎么问这么笨的问题！只偶尔
有一两个青年男子，可能是在外面读书的学生，才用语言回
答我说："大家不会理政府的！"人们的反应加上眼前的景象，
令我不得不相信这是千真万确、确凿无疑的一个事实，而且
对当地村民来说，早已经习以为常了。

　　我走进天后庙，只见里面供奉着两尊颇大的天后像，当
地人告诉我，这是两姐妹。当时我背着一部照相机，庙里聚
集了一大群妇女，见我背着照相机进庙，就纷纷喊起来：你

要照相，要问过"阿妈"。我自然懂得这个规矩，就捐了10元（那个时候的10元，差不多相当于今天的1000元了），点了香，拜过天后。一位五十多岁的妇女拿起一副茭杯走到我身边，说：我帮你问问阿妈吧？于是，在二三十个妇女的围观（监督）之下，她连掷三次茭杯，结果都是哭杯，表明天后不同意我拍照。她见我很失望，就对我说，你诚心一点，再多求一次阿妈。我心领神会，再捐了20元，她又说，你拍了相片，要送两张给阿妈，我当然也马上答应，再次上香参拜，请求阿妈允许。这位大婶再次帮我掷杯，只掷一次就得胜杯，她收起茭杯对我说，阿妈同意你拍照啦！可是，周围的妇女中，还是有很多人有异议，有的说还要问过"老大"，有的说要三次胜杯才算。我担心节外生枝，就匆匆离开了市仔天后庙。

在这个海岛所在海湾通往外面大海的狭窄出口两边，是两座高山，出口西侧的山叫"妈宫山"，近山脚的山坡上有一座天后庙，我记得当地人称之为"海口妈"，据说比镇上的天后更灵。于是，我下午请日前访问过的村支书驾船送我渡海过去。庙前是一片清澈的浅海，船不能靠岸，我们要下海蹚水登岸。到了庙里，人不如镇上的天后庙多。庙里悬挂了很多周边地区村子的村民送的匾额，到现在我还记得的，是一块在海湾对岸的一个渔民新村送出的匾额。走进庙堂，只见一位三四十岁的妇女，双手合掌，口中念念有词。我站在旁边听，感觉她是在念出长长一串神明的名字，可惜那时没有录音设备，我也不太能听懂她的语言，不知都念了哪些神。在这座庙里，没有人干预背着相机的我拍照，可是，当我举起相机要拍照的时候，无论如何都按不下快门，舞弄了半天，也没有能够照下一张照片。之后整个下午到晚上，我的相机都不能拍照，以致没有留下多少当时的天后诞活动的照片。奇怪的是，第二天早上起来，我的照相机又可以用了。谁在捉弄我？我至今不得其解……

从建置沿革看"东莞"的地理区位优势 [*]

我今天想谈的话题，是从东莞的行政建置变化的历史，看东莞的地理区位优势。

一

我是做明清史研究的，直到今天还是比较习惯按照府、州、县的概念来理解地方行政建制。曾经的东莞作为一个县级单位，在广东那么多县里，它的历史，也许是最不清楚的一个。今天的东莞，是一个地级市，如果要类比，大致相当于明代的直隶州，但明清时期的东莞则是一个县，而在更早的时期，东莞曾经是一个郡的名称，而今天的东莞市，只是东莞郡辖下的宝安县的一部分。其间的递嬗演变，非三言两

* 本文是我在 2008 年 8 月 19 日举行的"明清时期珠江三角洲(东莞)区域史国际研讨会"上的主题发言，由东莞市政协办公室殷柱华先生据录音整理，题目系殷先生所加。

语能够说清。不过，我今天想谈的不是今天的东莞市的行政建置沿革，而是"东莞"这个名称在历史上作为一个行政建置单位的演变。

我们在做区域史、地方史研究时，常常会碰到一个比较难处理的问题（尤其是涉及地方志的编撰、地方历史的编写等问题时），就是历史上地方行政建置常常有着很大的变动，如果我们以今天的行政建制为地理单位的话，要怎么样来叙述过去的历史？不只是东莞，其他县都会遇到这样的困难。如果要写一部"东莞历史"，现在的东莞市，其实相当于一个府的行政级别，那么究竟是写府一级的历史，还是写县一级的历史？写的是历史上的"东莞"所管辖过的地区的历史，还是现在这个东莞市范围内的历史？这都是我们最头痛的事情。

不过，行政建置的变动，本身可以成为我们观察历史的一个焦点，在历史上地方行政单位的变动，可以只是一种出于行政管理的考虑，也可以是一种具有政治意义的考虑。无论出于哪一种考虑，其实都隐含着一个历史变化的过程。这个过程，可以从地理区位变动的角度来看，也可以从当地经济地位发展的变化和周边地区的经济格局的变化来看。它可以是一个比较宏观的市场格局变动的反映，我们也可以从中看到在政治上国家怎样理解它的基层行政组织观念的变化，特别是一种行政空间观念的变化。这些变动，投射到建置沿革变化里面，使建置沿革本身成为我们叙述地方历史过程的一个重要角度，这是我今天想谈谈一些心得的出发点。

我们不管做区域史也好，地方史也好，都需要从一个区域大格局的变化去考虑。我在这里要谈的，是东莞地理区位的优势，这不仅仅是讲东莞，更包括珠江三角洲，甚至广东，刚好切合了会议的主题——东莞和珠江三角洲，这就可以在一个更大的区域里面去把握这段历史。

我们讲到的这个行政建置的格局也好，地理沿革也好，首先都要先建立起一个空间的概念。我们先来看看卫星图中的广东（图略）。我们讲到地理空间的时候，首先应该进入的是这么一个自然地理空间。正如我们打开地方志，先看到的是"山川"，然后才是"建置"。在地方志中，山川和建置是分开来的。我说首先要面对一个自然地理空间的意思，是说我们需要先建立这么一个概念：各种行政建置，都是在一个物理空间范围里叠加上去的，尤其是地名的变化，是人的行为叠加在这些地理空间上面的结果。可以这么说，一旦地名、行政建置格局叠加在这个空间上面，历史就浮现出来了。人的历史活动就是在这样一个空间里展开，也从我们建立起来的各种各样的建置、各种各样的符号上面体现出来。我们对人的行为，对整个政治结构和对空间观念的理解，都可以循着这个思路去展开。

根据历史记载，作为县级行政单位的东莞县，始置于东晋咸和六年（331）。这个说法在唐代的《元和郡县图志》里面讲得非常清楚："晋成帝咸和六年于此置宝安县，属东官郡。"但是大家注意，这个县级的行政单位的名称是"宝安县"，这个新建县所属的"东官郡"(即东莞郡),究竟是同时设立的,还是以前就有的,这里没有说清楚。关于这个问题,一直有不同的解释和说法,这些我们现在都很难真正搞清楚真相。跟着下来,隋开皇十年(590),废东官郡,宝安县就属广州管辖,后来又以旧郡名为县名,于是就有了东莞县。可见,如果我们要写"东莞"的历史,从一开始就面临一个问题:我们要写的是郡的历史还是县的历史,是"东莞"的历史还是"宝安"的历史呢?从行政级别来说,现在的东莞市也可以说是"郡",但从地理范围来说,现在的东莞市,只是当时的宝安县的一部分,所以,上述问题不好处理。这本身已经包含了一些复杂的东西,有很多历史的问题可以提出来思考。

首先,我想交代一点我自己对古代设立地方行政单位的一些原则和依据的看法,因为这些是我们理解后面变化的一个很重要的出发点。现在大家看到的是西汉时期岭南地区的地图(图略)。从地图上,我们可以看到古代在边缘地区设立新的行政单位背后的理念。我们用现代地图的形式来看古代的行政建置,常常会造成一些误解,好像我们从来都用这样的地图来表示行政区域的概念。于是,从地图上,我们看到了边界、辖区或者疆域,在地图上看到的行政建置是一块一块辖区的概念。

其实,在古代,这种成片的辖区概念,也许在一些比较核心的地区、一些开发比较成熟的地区是比较清晰的。但是在王朝国家边缘地区设置的行政单位恐怕就没有这样清晰的辖区概念了，而是基于交通线和点的概念。怎么理解呢？我们看看这样一幅地图（图略），那时候的岭南，属于现在的广东或者说两广地区吧，其实是有几个不同的郡，这些郡的范围，跟现在的地图很不一样。这种不一样，不是因为有别的什么变化，而是因为划分概念的不同。我们看秦始皇的军队进攻岭南，设立了几个郡。这是苍梧郡，这边是荆州刺史的地方，这边是扬州刺史的地方，下面是南海郡。大家知道，南海郡看上去好像是一个很大的地方，相当于现在的广东省，其实不是。南海郡，在西汉的时候，主要是在现在的东莞以东的地方，但这个广大的地区在汉代是怎样的情况，我们基本上是不知道的。画地图可以把它画成一个广大的区域，其实大部分地区的情况我们是并不清楚的。在地图上显示，现在东莞东北边还设了龙川和博罗两个县，不过大家一看就知道，这两个县都设在东江流域。所以，从面的角度看，南海郡管辖的区域，好像就是东江流域的地区，甚至可以把这个区域一直延伸到韩江，但实际不见得真正管辖到韩江流域，只是那边没有行政建置，就把它也算在这个区域范围里了。在东江沿线设立龙川县和博罗县，是没有问题的，这很清楚，但是龙川和博罗都只是两个点。所以，所谓南海郡，最重要的是广州，即番禺这个点。那边从西江过来，基本上是苍梧郡的地方。为什么呢？因为它这个路线下来的时候，就把那里面划进去了，所以西江基本上是苍梧郡的范围。那么北江呢？因为有中宿县（属于现在的清远市），也是一个点的概念，其实清远一直往上，约现在我们说粤北的地方，在汉代基本上是朝廷没有管辖到的地方。大部分地方的情况也是不清楚的，都是国家不能管辖到的地方。所以，它只有这些点的概念。再往上如果属于荆州和扬州刺史管辖的地方（区），那个地方（区）的历史会清楚很多，所以，在这里我想提出的概念就是：古代未开发地区的行政建置，就是未开发，或刚刚被纳入国家版图的地方（区），它设立郡县的依据、它的空间概念是线和点。线主要是交通路线，点主要是交通路线上的一些关节点，或者是军事上的一些重镇、一些比较关键的地方，如龙川、博罗都是这样的一些地方，然后从这些线上，从北到南，其实分为了三路，到了广州，然后再从广州向两边分开的时候，那个线其实就是一条航海路线，就是通过海洋交通来连接的。所以，也许东边可以连接到有些文献提及的揭阳，这也是一个谜。西边就比较清楚，因为西边是合浦郡，就是高凉地区，现在的新会、阳江一直到高州这样的一个地区。这个地区的一条线，是一条由海上交通建立起来的线。所以我们看这个地图，就会很容易地误以为从来都是这样一块面的概念。为什么我要强调这一点？等一下我要讲到这个变化的转变，以及由点到线到面的背后的历史意义。

二

下面，我们再细化一下东莞建置的历史。近世人们一般都接受了东晋时期置东官郡、建宝安县的说法，如清代的《读

史方舆纪要》中就采用了这种说法。但更早的文献，就是在
《通典》(唐代的文献)中，讲到东官郡是在三国吴的时期置的，
它在讲到增城的时候，说其在汉代是番禺县地，但是到了三
国就置了东官郡，所以当时的东官郡就是增城，增城是东官
郡的郡治。虽然这个文献是唐代的，但是我个人和做沿革历
史地理的学者一样，差不多有同样的印象，也不见得《通典》
里面写的就可靠。我们可以比较肯定的是，乐史《太平寰宇
记》里面也用了《通典》的记载，但是少了一个"官"字，称"吴
黄武中于此置东郡"，也就是说唐宋时期的文献都提到了在三
国时期有个东郡或者东官郡，也许《太平寰宇记》里面的"东
郡"漏了一个"官"字。这也是一个解释。但是不管怎么样，这
个证据也不见得很确切。

比较合理的说法还是《宋书》的说法。这个宋不是赵家的
宋，是南朝时的那个宋。何承天的《宋书》里面提到这里(东
莞)设了一个司盐都尉，到了晋成帝的时候就立为郡，如果这
个说法比较可靠的话，回到我刚才讲到的点和线的概念，到
东晋立东官郡，其实就是把这个司盐都尉变成郡太守。大概
以广州为中心，这里原来是一个负责供应岭南地区盐的盐场，
朝廷就在这里设官来管盐场。到了东晋的时候，就把这个管
盐的官变成了郡的太守，这就是所谓设郡。它其实还是个点
的概念。因为是个点的概念，所以这个时候如果画起地图来，
且把东官郡理解为有疆域有辖区的话，那么这个辖区是很大
的，一直往东延伸到现在的漳州地区，潮州当然也包括进来

了，甚至现在的梅州地区、惠州地区和河源地区都在东官郡的范围内。但是，我再强调一句，这不是一个辖区的概念，只是在广州东面原来有个管盐的官，后来盐场升格叫作郡了，有了太守。然后，在政府、在朝廷（国家）的观念上，郡内都归他管，可是他管不了。不过，接下来的很重要的变化，就是到了晋安帝的时候，在潮州地区（现在的潮州市、揭阳市、汕头市，还有漳州市一部分）设立了义安郡。立了义安郡后，东官郡的版图——如果用版图概念的话——就收缩到只在东江地区，沿着博罗、龙川到兴宁，然后到下游的惠州，都是东官郡的辖区。在这个时候，我觉得行政体系的基本理念基本上还是点的概念，设立了这个郡，无论郡还是县，还是一个一个的据点。也许这体现了潮汕地区的开发开始被重视，受到注意。当然也很清楚的是，原来设的东官郡就管不了那一带了，就立了一个义安郡。所以有了潮阳、海阳这样的一些设置。这些（县）都是在海边的。我为什么说这些基本上还是点和线，这些建置基本的逻辑是从广州向两翼延伸的交通路线，这些郡县都是从路线上延伸出来的点。东官郡就是沿东江上去一直到兴宁，兴宁是属于东官郡的。在这个时候，我们已经可以看到第一个"东官"——原来叫"东官"，后来叫"东莞"——的地理范畴，其实随着岭南东部的开发，就已经收缩了，但是基本上还是汉代原来的那个格局与地理形成设置的概念，没有大的变化。

　　重要的转折发生在南朝到隋朝，从南朝的宋到齐，它们管辖范围一个最简单的变化是什么？就是增设了一些郡县，即陆安、齐昌两个郡县。在南方或广东地区的历史中，地区的开发，其实就是通过增设郡县体现出来的。

广东新县的设置在唐宋以后基本上都反映了一个地区的开发在往前发展。所以南朝宋齐时期增设的郡县，本身就是对东官郡管辖范围里面的地区的开发。同时，韩江流域划分出义安郡，到了齐梁时，一个重要的变化就是惠州和惠州东部地区设了梁化郡。这个新设立的郡，我们也可以理解为惠州，这时惠州也开始开发了，继续往前发展。这是岭南地区历史开发折射出来的东西。设立梁化郡以后，东官郡的地域其实一直在收缩，基本上是宝安和增城，我不是很清楚博罗算不算，所以我打了个问号，好像应该不算。南朝逐步发展，逐步演变到了隋朝，我们看到一个根本的变化，就是隋朝很多制度的建设，其实是南朝历史的一个总结，或者说是一个集大成者，使它固定下来、制度化下来。所以隋平了陈以后，就把东官郡给废掉了，然后宝安和增城都隶属于广州。

这在我看来是一个非常重要的转变过程。秦汉时期在一个非常边缘的地方设立行政建置是基于线和点的概念，到了这个时候，经历了东晋、南朝的开发，岭南的整个地域，经济也好，各方面的行政管制力也好，都有了一些新的变化。这体现在郡县的增加上，在东莞这个地方就体现在东官郡被废掉了，然后有了作为县的东莞，当时还叫宝安和增城，隶属于广州。这个地方一隶属于广州，我们的整个空间的感觉，跟这个地域的格局，也发生了一些很值得我们重视的变化。

这个是隋朝的地图（图略），我中间画了一个圈的地方就是当时的宝安县的大致范围。大家一看这个范围，马上观感就不一样了。如果说在这以前，从汉朝设置这个管盐官到东晋设置东官郡，其实是从广州作为岭南的行政中心看过去，需要设一个官去管东边这一块地方的话，那么到了这个时候，整个观感是不一样的。它的重点就不是东边这一块了，因为它已经有了梁化郡、义安郡。这个时候，整个东莞在地理区位上发生了变化，它成了从广州通往海洋的一个门户。它整个设置的考虑重点就不一样了。唐以前的珠江三角洲是个大致上的长方形，跟现在的三角形是不一样的。这个海湾的西边就是现在的顺德、中山的一部分，一直到新会，这个部分基本上是浅的海滩，所以这边在交通上没有太大的意义。交通上比较重要的是广州通往海洋的东半部。所以那个时候的宝安，和唐代后来用回郡名叫东莞这一地理建置，就变成了广州通往海洋的一个门户，这是一个变化。更重要的变化就是我刚刚所说的，行政建置由线和点到了面。到了面之后，宝安（后来的东莞）就成了广州的一部分。它在整个地理上的位置是以广州为中心的。南海郡就由原来汉代的以东江为中心变成以北江为中心了。但是清远以上还是不重要的，重要的是以广州为中心的区域，一出了广州，一过了佛山，就已经不是南海郡的范围了。其实汉代的时候这也不是南海郡的范围，是苍梧郡的范围。所以南海郡设立的主要活动空间，是面对着海上的。东莞的位置，使得它是怎样的一个角色？它其实是广州通往海上的一个重要门户，那么这个门户当然有它的历史渊源，就是我刚刚一再提到的，最早设立行政单位和行政官员是为了管盐，这个"盐"也是从广州通往海洋的。通往海洋一方面指的是我们现在讲的海上贸易、海外交通，另一方面就是指海上资源，就是指盐。盐在古代历史中是非常重要的。

现在我们只是用材料来呈现一种图像，就是东莞对于这个区域来说它的意义是什么。这些都强调了海上的景象，都是强调一种海区，即珠江口的海洋活动。海洋作为一个生存的空间、一个人类活动的空间，在"东莞""东官""宝安"这样一些概念下，基本上是这样一种图像。那么到了宋代，我们就很清楚，在广州的东南边，我们叫"宝安"或者叫"东莞"，主要看到的历史基本上就是盐场的历史，基本上就是涉及几个主要的盐场。谭其骧先生编的中国历史地图，也呈现出在这里看到的行政建置基本上就是几个盐场，还有一些银场。银场在中山那边。这是海洋作为一个生计来源，作为一个活动单位的情况。但是经历了隋唐，到了宋代，我们强调东莞对于广州中心区域的海洋意义越来越凸显，尤其是在对外贸易、海上交通等方面，所以我们看到宋代以后的材料，很多讲到广州通往海外的路线，在这个地区提到的基本上都是东莞的地名。像这里提到的，从广州出了虎门，不管是东洋还是西洋哪条路线，经过的都是宋代东莞管辖的区域，不管是往东还是往西走，这个门户的地位都显得很重要。这个重要性体现在宋代以后基本上就维持着这样一种格局。这有很多东西可以说明，一个很重要的象征性的标志就是赤湾天后宫（现在属于深圳），它建在这样的一个位置是非常中心的，而赤湾天后宫和后来新安县的设置有很大关系。（由于时间关系，我们不一一看了。）这些材料都带给我们一种历史的观感，东莞的重要性就是其为"吾粤中路咽喉地"。就是我们由广州通往外地，尤其是前往东南亚，都必须经过这个地方，所以赤湾天后宫的重要性在明代之后凸显出来，也反映出东莞作为广州通往海洋的门户的重要性一直在增长。但是这样一种增长，我们看到的后果就是东莞的辖区一直在收缩。

我刚才说过，地区开发一个直接的后果就是行政区域越设越细小，府州县的建置越设越多，这本身对于一个大的区域来说，对于整个国家来说是经济发展、区域开发的一个重要标志。如果我们不是从东莞本位的立场，而是从整个地区开发的角度来看，我们看到的历史发展是一块一块地方从东莞分割出去。首先就是香山，即现在的中山、珠海、澳门，南宋时从东莞分割出去。分割出去的理由是：原来该地隶属东莞，在这里设了一个寨官，有了一个香山镇，但香山的人都要到东莞服役，后来香山当地的百姓认为不方便，就请求单独一个县，就不用到东莞县去服役了。这是设立香山县的理由，但我们不能仅仅理解为有几个人为了贪图方便就能设一个县，这背后的历史依据其实就是香山这个地方整个的社会经济往前发展了。我们知道在中国古代的财政制度下面，服役跟能够控制的户口有直接关系，再就是与这个地区的户口所输纳赋役的能力相联系，如果这个地方还是属于一个未开发的状况，单独设县其实是没有多少可能的。开始的时候只是在香山那边设了些银场和盐场，有了这些由王朝控制的设施，就会有一些当地人慢慢开始读书，也慢慢懂得要成为国家的编户齐民，就会有赋役的负担。这样增加到一定的程度，隔了珠江口那么远来这边（东莞）服役又成了一个问题。不过这还只是一方面，另一方面是，在地方开发之后当地人有没有资格跟官员和衙门打交道，有没有资格让从州县官到朝廷都愿意听取意见，这个也意味着香山那边的人的身份也在改变，他们有了这些资格，这些资格是香山开发的结果。所以香山设了县，东莞丢了香山这一块，这其实是地方开发的结果。

接下来就到了明代，我刚才说，赤湾天后宫是一个象征，表示东莞在通往海外的路线上很重要，这个通往海上的通道，除了我们一般讲的贸易和商业的发达以及通过这里作为交通要道影响到广州经济的发展的意义，还有很重要的地位的原因就是，我们知道珠江口岸有很多的海岛，还有很多未开化的人居住在这里，一直到明代都是这样。随着贸易的增长，这些海岛的人也慢慢开化了，他们在经济上也发展起来了。因为政府的管治力还是控制不了他们，在政府看来他们是在作乱，所以就要去打他们。明代时这里盗贼遍地，政府要对付这些盗贼。在政府的眼中，对付盗贼的重要性在提升，其实背后还是经济开发的一个表征，所以到了明万历元年（1573）的时候，在东莞的南部，又设立了一个新县，叫"新安"。顾名思义，新安就是新安定下来的一个地方。新安设县的直接原因，是因为平定了这里，尤其是岛屿上面的一些没有开化的百姓，把他们纳进了政府管辖的权力网络中。其结果是，明代后期以后，东莞又少了一块，就是现在的深圳、香港。

由此看来，如果我们把东莞这个概念看成一个地理空间概念的话，历史上东莞丢了很多地方：漳州、汕头、潮州、惠州、深圳、中山、香港、澳门。东莞把这些地方都给丢了。丢了这些地方的意义何在？总结一下刚才所讲的，从汉一直到唐宋明，我们看到"东莞"用了一个引号，这是因为我们只是把它作为一个地理范畴，或者叫"东官""东莞"。关于它的区位的意义，第一点，我们需要确定，它在地理上的意义，始终摆脱不了以广州作为中心，由广州中心派生出来，依靠广州中心，不管是在这里最早设立盐的生产基地，还是后来把它变成一个郡，即设立一个官来管广州以东的地区，都是以广州中心作为依托，还有更后面的发展也是以广州中心为依托。这个区位的意义是从来都没有变化过的。到了现在就另当别论，这里我讲的是历史时期。第二点，它是广州控驭岭南东部的一个咽喉之地，这个区位意义也是没有变过，但是唐宋以后这个变化确实是因为由线、点的概念发展到了面的概念。这个意义有一点变化，但是基本上仍是广州控驭岭南东边地区的咽喉。那么到了唐宋以后，更重要的是它是广州通往海洋的门户。这个海洋，一个涉及海上交通的问题，一个涉及海洋作为一种资源的利用。这是对我刚才讲的一个小结吧。

在这样的一种理解下，我们可以看到"东莞"的区域一直在收缩，东晋时候的"东官"，经过南朝、隋唐，到了明以后，其管辖区域一直在变化。说到这些变化我们好像看上去有点儿沮丧。尤其是坐在东莞这里开会，面对东莞的领导，怎么你老说"东莞"一直在收缩，而且好像"东莞"的收缩，都是因为别人在发展。尤其是到了明代以后，有了香山，有了澳门，接着有了宝安，更重要的是有了香港，而东莞越变越小了。其实，对于这个事实，我们需要从两方面看。我们可以说"东莞"在收缩，但是另外一方面，这却使得东莞的区位优势更加凸显出来，在近代特别明显。（因为时间关系，我们不一一读这些材料了。）这是陈伯陶《东莞县志》里面对东莞在交通方面形势的一些论述（略），从中可以看到东莞的地位更显重要，当然不能跟澳门、香港比；到了现代，尤其是 20 世纪 80 年代改革开放以后，也不能跟深圳比。但是在近代，东莞的地位非常重要。陈伯陶讲得很清楚，包括香港兴起后，广九铁路建成以后，东莞的地位凸显在石龙的发展上。"广、佛、陈、龙"，广州跟佛山不用说了，陈村作为粮食和金融中心也不用说了，石龙是主要的商品集散地。东莞在这样大的一个历史区域里面，区位优势更加集中。这些都构成了现代东莞经济发展的一个基础。

三

最后，我做一点总结。东莞作为一个行政辖区的收缩这样一个历史现象，我们看到的趋势就是对于作为边缘地区的整个岭南或者珠三角地区来说，这是一个不断开发的过程。在这过程中，我们看到的是经济中心的多元化，就是原来只有广州一个中心，到了近代有香港，有澳门，还有其他的中心。多元化以后，它原来的传统区位优势，是不是就完全没有了呢？不是的，其优势还是继续在延续。真正对东莞有威胁的改变，其实是交通条件的改变。

刚才看陈伯陶的话，广九铁路开通以后，交通条件其实没有实质性的改变，石龙依然很重要。真正大的改变其实是航空，还有就是大规模的海运。这些会对东莞传统的区位优势有威胁，东莞也就有了危机。当我们总结历史经验或者回顾历史，去了解东莞有什么区位优势，再放到现代发展中的时候，我们就可以看到，真正影响东莞这个区位优势的是航空业和集装箱海运，其对东莞的区位优势造成了威胁。但是我们再回到现代的历史，我们看到东莞新的区位优势，是在经济全球化趋势下面的新的机遇，这就不一定要很宿命地面对地理上的区位优势的丧失，这种新的机遇，与历史上传统的区位优势不是完全没有联系的，也不完全是有着负面的影响的。好多优势还存在。虽然"东莞"的辖区一直在收缩，但是我们要明白这个收缩背后是东莞周边地区的发展，这些周边地区的发展，给东莞创造了新的机遇。这是一个辩证的关系，需要我们在新时期、在新的时代重新去把握。所以，历史跟现在，我们应该把它们联系起来理解。这样的话，我对地方历史的理解，也就不仅仅局限在一个东莞市、东莞县的范围。就算是东莞市、东莞县的历史，我们也要放在一个更大的格局里面去把握。这可能也是我做地方史研究应该采取的一种思路。我就讲到这里，谢谢！

在域外寻找广州

可能大家对《在域外寻找广州》很疑惑：广州就在这里，为何还要到域外去"寻找"呢？很显然，这是一个表述得不十分确切的题目。不过我说不确切，不是说广州是否需要去域外"寻找"，而是说，这个题目没有说明去域外寻找广州的什么。

在我们到"域外""去寻找广州"之前，我想提醒的是，我们在域外找到的，并不是 Guangzhou，我们在域外找到的，或者更确切地说，我们随时随地会碰到的，是 Canton，而不是 Guangzhou。当时，这个被外国人称为 Canton 的城市，本地的名称是"省城"，不是"广州"。也许可以这么说，Guangzhou 是属于中国的，是清代的"广州府"；而 Canton 却是属于世界的，是当时世界贸易体系的一个中心城市。我们在英国大英图书馆印度部看到的 1623 年至 1841 年东印度公司在广州进行贸易的记录，叫 *Canton Factory Records*；当时欧美的商人，在写信给中国行商伍秉鉴时，抬头尊称他为 Houqua, Esq., Canton；同样地，某个欧美商人或船长，在广州工作久了，有一定的名气，也会被称呼为 Canton 的某某先生，以与同名同姓的人区别开来；19 世纪初，在广州有一家（也是中国最早的）银行，就叫作 Canton Bank；19 世纪中期，有一类从广州出口到欧美的瓷器设计，就被称为 Canton Rose，1820—1880 年流行于美国的广州出口瓷，即所谓蓝白色"柳树纹"（Willow Pattern）的简化版，在美国就干脆称作 Canton；美国有不少以 Canton 为名的地方，据说部分也与当时的美国和广州的贸易有关。我们从很多英文的记载中可以看到，对于许多闷在黄埔锚地的年轻水手或买手来说，Canton 是一个令人向往的地方；同时，Canton 对许多在这里从事贸易的欧美商人来说，就好像第二个家一样。

故而，我们之所以要到域外去寻找广州，是因为在 18—19 世纪的时候，所谓"域外"，其实就存在于现在我们称之为广州的这个城市。这个广州的"域外"，在世界历史中，就是 Canton。

说到在广州的"域外"，大家脑子里马上闪现出来的图像，可能是 18 世纪以来的外国商馆区，或 19 世纪中期以来沙面的洋行和使馆。没错，这些地方都是当时以至于今天存在于广州的"域外"，不过，我希望强调的是，这些充满洋人洋气的商馆区，并不只是一片"番鬼"与少数的洋商做生意的孤立的"飞地"。在这里发生的一切，曾深远地影响着广州及其附近地区各阶层的人的日常生活，塑造了广州的文化性格，但在后来的历史中，这个曾经存在于广州的"域外"的历史，却在本土的历史筛选和再造的过程中，渐渐被政治的风云和战争的硝烟湮没了，渐渐被人们淡忘了。不过，那个时代的广州的许多面相，在域外却仍以各种形式保存在不同的历史记忆之中。我们走到英国、美国、欧洲大陆，在很多博物馆以至私人的家庭中，常常都能感受到当年的 Canton（广州）的痕迹，法国小说家司汤达（Stendhal）在一本书中不经意地提到，那些富甲一方的美国商人，看见出门多年的儿子回来，就好像儿子没有去多远、没有去多久一样，被友人问到他的儿子去哪里发财去了，他轻描淡写地说：Canton。

因此，我今天在这里用"在域外寻找广州"这个说法，简单来说，就是在域外寻找历史材料，去找回曾经存在于广州的"域外"。我相信，这个域外的广州、广州的"域外"，有着独特的活力，是最多元、最开放的广州，也是最值得今天的广州人民珍惜的文化遗产。从某种意义上说，今天的广州，之所以能够在中国改革开放的历史中有资格"先行一步"，在全中国、全世界面前能够成功地"先行一步"，其中一个重要的原因，是我们继承了这一份珍贵的遗产。

让我们从今天展览的这批维多利亚与艾尔伯特博物馆藏的 18—19 世纪中国的外销画讲起。这 208 幅在广州制作的外销画，就数量而言，在国外浩如烟海般的博物馆和私人收藏中，可以说是微不足道，今天能够把它们从域外——英国——带到广州给市民欣赏，经历了许多的因缘巧合，是维多利亚与艾尔伯特博物馆和广州各有关机构的人员两三年来共同努力的结果。可是，这些在域外被各种公私机构大量收藏的绘画，在一百多年前的相当长的一段时期，在广州曾经是那么得普通，在十三行商馆区的同文街（外国人称 New China Street）和靖远街（外国人称 Old China Street）的作坊里，数以千计的工匠画家，持着画笔或毛笔，点着中国的颜料和西洋的油彩，在一张又一张本地的宣纸或进口的洋纸上，也在堆积如山的瓷器上，根据西洋顾客的兴趣绘画着题材风格各异的图画，向世界展示着广州。这样一种成批成批外销画的生产过程，关系到多少人的生计，影响了多少人的审美感觉，牵涉到多少中西人士的讨价还价与交流。这些画是平面的，是静止的，可由它们透视出来的人与物的流动，却是喧闹缤纷的。这些画本来都是在广州创作的，不过最近一百年来，它们在广州消失得几乎无影无踪，逐渐被人遗忘，今天我们要多看它们几眼，也非得在域外寻找不可。

在域外所见的历史材料中呈现的 Canton，是个什么模样？它跟在中国史料中看见的广州，有什么不一样？在中外史料中出现的中国行商形象的不同，也许是能够说明这个差别的例子。像伍浩官、潘启官这类行商，出现在中国的史料中时，总是一副儒商形象，而在西方人的著述中，则是另一种形象。

凡是到过潘家吃饭的外国客人，他们所注意的，是这些中国行商拥有精雕细琢的英国玻璃器皿、银刀银叉，以及洋酒。他们甚至注意到行商家里摆放了一只蒸汽船的模型，上面提到的那位潘启官，翻开一幅又一幅地图，用不太流利的英语向外国朋友询问国外的风土人情。行商这种可以说甚其"世界性"的消费习惯、他们对外部世界的兴趣、和外国友人轻松地相处的态度，很难从中文史料中看出来。又如，这些行商在广州拥有的巨大的房产和花园，现在已经没有留下多少痕迹了，幸好这些花园当年给在广州的"番鬼"留下了深刻印象，不同的人都记载了他们在行商花园赴宴的观感，今天我们才能够凭着这些记述，配合各种已经流传到国外去的绘画，加上一些19世纪后期外国人拍的照片，去了解他们的花园当年的景致。他们居住的房子，今天已经荡然无存了，更不要说他们的家具和生活用品，但我们在位于美国麻省（马萨诸塞州）的福布斯博物馆（Captain Robert Bennet Forbes House）里，看见一房子的广式家具，墙上挂着伍浩官的画像，看见伍浩官送给他的美国代理人罗伯特·福布斯（Robert Forbes）的顶戴，看见悬在天花板上的走马灯，看见墙上贴的广州制造的墙纸，看见一柜子的瓷器，我们想，如果哪一天，有人要重现伍浩官的家居摆设的模样，最可参考的，恐怕就是这位福布斯先生的家哩！其实，如果不是外销画中有不少伍浩官和其他好几个行商的肖像，我们连他们长的是什么模样也不知道哩！

18—19世纪广州的大都会景象，不仅仅体现在行商的生活里，而为清代的广州造就这种世界都会气象的，绝不是少数的精英分子，而是那些寂寂无闻的工匠艺人以及各种和外国人打交道的本地人。据估计，当时在广州从事制作各种外销工艺品的人员，达 25000 人之众。今天，这些出自数以万计工匠之手的，精美细致、琳琅满目的 18—19 世纪广州制造的工艺品，绝大部分只能在域外看到。当我们看着这些巧夺天工、匠心独运的作品时，我们怎可以因为这些艺人没有在中国艺术史上留名而遗忘他们呢？可惜，我们的确遗忘了，除了少数像林奎(Lam Qua)一样的外销画画师的事迹片断地出现在中国的史料中，几乎属于绝无仅有的例外，这些在中国人中最早开眼看世界，最早把西方文化和中国文化冶融一炉的普普通通的画匠，绝大部分都在后来的历史硝烟中消散了。如果说外销画、外销瓷在最近一些年来还受到国内少数学者青睐的话，其他广州外销产品的历史，在国内至今仍然尘封在历史的记忆中。例如，广州制造的外销银器，在国内就几乎不为人所知，广州人自己大抵也忘记了在广州曾经生产过这样精美的银器。1983 年，一位中文名字叫"艾纳福"(N. J. Irons)的先生把自己收藏的广州 18—19 世纪制作的银器和象牙雕刻艺术品拍制成图册，用英文出版时，特别在扉页上写明把这本书"献给那些从事旧中国贸易(Old China Trade)的艺人和工匠"。读着这些外国人的著作，我们这些本土的历史学者都觉得羞愧，在我们自己的历史记载和研究中，我们何曾对这些在中国走向世界的历史中的先行者表达过敬意，又何曾把我们的研究贡献给这些以自己的才智和勤奋创造了广州历史和文化的普普通通的人？

我们这些历史学家的确需要反省，在我们书写的历史中，会把多少眼光投到那些和外国人谈生意、打交道的小店伙计、珠江口的船家或行商家里的翻译和仆人身上。而在域外的记载中，我们看到，在欧美水手经常流连的广州街道上，商店都会在招牌上加上英文名字，以示招徕，店主店员都懂得用支离破碎的英语和水手们讨价还价，对于水手说的笑话，他们尽管不甚理解，却能够由衷地开怀大笑。在同文街，有一间店铺挂着一块金漆招牌，用英语这样打广告说："水手咖啡室，同文街 10 号 Chan Lung。出售各种丝茶，专营海员用品，货真价实。水手诸君，惠顾本店，无任欢迎。Samshoo 欠奉，咖啡与茶，随时候君。"当外国商船驶至虎门，需要找本地船民引路时，有船民和他们讨价还价，沿途介绍风景，也有好心肠的渔家给他们带来咸鱼、水果和食水，还好奇地走上这些洋船，观赏船内各种器具和装饰绘画，和外国人比画交谈。他们的面容，也在外国人的笔下留下痕迹。甚至那些身染顽疾的普通人，也因为伯驾（Peter Parker）医生曾在广州开设诊所而留下登记，画家林奎把他们的病状绘画下来，我们才有机会了解他们的名字、职业、穿着和面貌。

甚至于我们的广州话，随着时间的推移，大量甚具地方色彩的表述、词汇和语音逐渐消失了。中文材料中有关这方面的资料，不是完全没有，但 18—19 世纪时需要借助工具书去学习广州话的外国人，特别是传教士，不仅记录了大量的广州方言，还用西方语言去标注其意义。利用外国人18—19世纪编纂的粤语字典和学习粤语的工具书籍去了解过去粤语的面貌，可以有更多有趣的发现。

将近一个世纪以前，梁启超先生就说过，"广东一地，在中国史上可谓无丝毫之价值"；但他同时也指出，从世界历史来看，"考各民族竞争交通之大势，则全地球最重要之地点仅十数，而广东与居一焉"。就在梁启超先生发表这一见解几年以后，发轫于广东的民主革命，把中国带入了走向共和的新时代；二十多年来，在中国改革开放的过程中，广东"先行一步"，也为把中国带进新世纪，做出了历史性的贡献。最近一百年来广东在中国历史发展中所发挥的重要作用，究其根源，就是基于广州这个城市在过去几百年来的世界历史中占有的重要地位，而并非偶然或幸运所致。数世纪以来，与欧美各国通商贸易的历史，把以广州为中心的珠江三角洲地区卷入世界贸易和金融体系的巨轮里，形成了广州独特的性格。虽然经历了各种政治和社会变迁，中国通往世界的大门一度关闭起来，但当这种联系重新恢复，广东重回世界历史的轨道时，这块土地上的人民对世界丝毫不感到陌生，才可能先人一步走向世界。历史是前进的，传统是不断更新的，但我们一定是在过去历史建造的基石上去创造新的历史，创造新的传统，才会使得新的历史、新的传统更为丰富多彩，只有尊重历史，我们才可能避免定位错误，避免走冤枉路。由于文化传统和现实关怀不同，中文史料和外文史料中所呈现出来的广州，可能是两个很不同的广州，只有把在不同时间、不同空间呈现出来的广州叠合起来，去认识这个城市的历史和文化，我们才可能把世界带进广州，把广州带向世界。

（原刊《广州艺术博物院院刊》2004 年第 1 期）

海洋中国史的新视角

——读蔡鸿生教授《广州海事录——从市舶时代
到洋舶时代》"序编"的一点体会

　　蔡鸿生教授继承现代中国史学西域南海史地研究的学术
传统，研究范围从西域到南海，都有丰富的发明和独到的见
解。蔡鸿生教授的研究，尤其着重从许多不被人注意或重视
的细小之处，揭示历史的重大问题，不仅见其治史之功力，
更显其史识之博洽。他许多看似轻描淡写的讨论，往往透映
出高远的意境和深邃的睿智。这篇小文想谈谈我读蔡鸿生教
授《广州海事录——从市舶时代到洋舶时代》"序篇"的一点
心得。

　　《广州海事录——从市舶时代到洋舶时代》是集蔡老师一
札有关广州海事的文稿而成的著作，2018年由商务印书馆出
版。书中考察了唐宋以后市舶时代广州城中种种人事风情，
着重以海外来客的活动牵出广州贸易盛况与市井生活之风貌，
以及16世纪以后洋舶时代西洋各国驻留广州的夷馆洋商如何

改变广州的地理景观和社会生活。该书"序篇"与常见著作序篇多以洋洋宏论发全书主旨不同，蔡老师选了三篇小文组成，并缀以《海事发凡》为题，三篇文章分别为《"舶"字述略》《"鬼市"考辨》和《古代海舶的生活形态》。《"舶"字述略》辑述了有关"舶"字词源的各家之说，避开了对诸说做正误是非的考订，提出"舶"之名是一个与海洋、南方、"蛮夷"相关联的语词，进而举唐诗中频见"舶"字的例证，说明"舶"字的海洋属性与涉外属性所代表的文化至迟到唐代已经融入中国主流文化之中；《"鬼市"考辨》通过梳理中国古籍中有关"鬼市"的论述，指出"鬼市"实为历史上的"哑市"，是一种在海洋世界跨文化贸易的形式，是后来演进成为沿海通商口岸的舶市的原始形态；《古代海舶的生活形态》则从走向海洋的人群在生活技能、生活习惯、生活方式几个方面的实态，呈现了人类社会生活的"海洋版"，揭示了海洋世界的人事本质。蔡老师通过缕析三个"小题"论说作为认识广州海事的发凡，巧妙而深刻地表达了自己多年治中外交流史的苦心孤诣。

这三个小题目立意的共同之处，都在于将以广州为中心的中外交流历史放到海洋文化的本源基础上，让"海事"的研究回归到其海洋属性的出发点上。长期以来，中国历史的记载和叙述，都是以在陆地社会形成的记事方式书写的，记录与海洋有关的事物的文字，基本上由生活在陆地的人掌握和运用，其认知的角度也都是从陆地看海洋，因此，海洋世界的事物，不是很少被记录下来，就是留下的记录大多带有神秘的色彩。如何从这些零星、支离破碎并且大多蒙上层层迷雾的文字中发掘海洋历史与文化的本相，需要研究者下更多的功夫，并在长期研究中培养出独到的锐眼。更为困难的，是如何形成海洋本位的视角，在海事的脉络下论海事。以"舶"字引出的话题为例，以往诸家异说，其实都是从作为文化中心的北方陆地的生活经验出发来立论，若从海洋本位的角度看，南方"蛮夷"泛海之舟的说法及其与马来语、泰米尔语的联系，种种看似互相矛盾的痕迹似乎都可以形成一种通解。蔡老师虽然谨慎地"存此悬案"，不予道破，但他的处理方式显然提示了后学继续关注理解的方向，尤其是他后面专立一节，捡拾"舶语"若干，通过"舶语"这一特殊的语言现象，呈现出一个不同于陆地社会的海上社会的独特存在，这一点在《古代海舶的生活形态》一文中得到了更为多面的展开。

通过研究海舶航行生活中的语言与生活形态去建立对不同于陆地社会存在的海洋生活空间的认识，是基于以人为主体的历史观。中山大学历史学系的学生，多年来受蔡老师教导，都很熟悉蔡老师关于"历史研究要以人为本"的主张，他教导我们："人是主体、人是主题。历史研究要从人出发，向人回归。历史就是'人史'，这一点我们要牢牢记住。"[1]在中外交流史的研究中，我们常常看到的主题和套路，一般都是以不同国家之间、不同文化之间的关系为主调，议题多集中

---

[1] 蔡鸿生：《历史研究要以人为本》，见《读史求识录》，9 页，广州，广东人民出版社，2010。

在朝贡、海禁、开海、通商等国家话语的范畴，考察的内容则主要是路线、港口、商品、贸易规则、税收等，于是，普遍存在着蔡老师批评的"见路不见人""见物不见人""见神不见人"的盲点。这种研究盲点成为一种惯性的现象，是由于传统的"历史"从来都是以国家为主体，历史记载总是从国家活动的角度去叙述，而关于这些历史活动中的人，特别是"小人物"以及他们的谋生方式和日常生活，则很少留下记录。研究者直接利用现成的历史记录，跟随传统的历史叙事套路，就难免陷入蔡老师指出的"视野狭窄""忘其根本"，乃至以"空空如也"告终的境地。蔡老师几十年来的研究，从九姓胡到俄罗斯馆，从突厥汗国到佛门僧尼，无一不贯穿着这种鲜明地以人为本位的历史观和史学方法。以人的行为和心灵为认识历史的主题，对于历史上很多制度建构就可以获得一种超越以物论物、以事论事的认识，形成不同于简单复述史料的制度解释。蔡老师把通商口岸的历史追溯至"鬼市""舶市"的渊源，与他早年从突厥人围猎方式解释突厥军事组织制度的方法异曲同工，都是将制度史解释回归到人的自然活动及在此基础上形成的关系的起点上，走出从统治者意志和国家制度设计去说明制度的表象化理解。

在《"鬼市"考辨》一文的结语，蔡老师引述了英国人泰能特爵士（Sir James E. Tennet）将"鬼市"与锡兰东部森林土著习俗相印证的论述。这种部落之间或部落与外部世界之间的双方互不见面，以货易货，也没有中介，讨价还价在"无声"

中进行的交换方式，也许是人类早期不同群体之间跨文化贸易的自然状态。蔡老师把这种被神秘化为"鬼市"的哑市视为港市的原始形态，就建立起了一种以人的本质性作为起点的解释逻辑。如果我的这个理解不错，那么，把"舶"字代表的华南沿海连接的南海—印度洋海域世界，与"鬼市"隐含着的这个世界的人群的原始交换模式结合起来，作为理解广州口岸的海洋文明与跨文化交流历史的出发点，就可以发展出不同于通常熟悉的广州海上交通史的历史解释模式，建立起广州"海事"历史从人出发的"人史"基础。

"海事"的本质首先是人事，并不是要在海洋史研究中消除或淡化由国家权力和文化大一统主导的制度化过程，恰恰相反，从人出发的视角，正是要从探索"海事"嵌入"国史"的过程着眼去认识理解中外交流的实态。蔡老师的《海事发凡》揭示出本指南方"蛮夷"泛海之舟的"舶"字成为汉语的一个特定用字，频频出现在唐人诗句中，且在汉语文献中构词能力扩张的事实，非常确定无疑地呈现了南方"蛮夷"海洋文化整合到中原汉语文化中的事实，同时捡拾出若干在汉字中出现的特定的"舶语"，显示出基于海舶形成的语汇已经成为汉字文化体系的一部分。篇中关于"鬼市"的考辨，通过列举多条从晋唐到明清古籍中的记载，说明这种风俗最初是在古代中国文人眼中被视为异文化的"海夷殊俗"，后来通过将其神鬼化在汉字文献中留下记载，同时又论述了这种"鬼市"如何演变为"舶市"，再发展成为通商口岸，从而实现了由"蛮俗"到王朝体制中的一环的转变。

随着南方"海夷"的世界被拉进王朝国家体系，对海事的认识就必然逐渐为国家话语所主导。汉代文献中关于广州"海事"有两条基本的史料，一是《史记·货殖列传》中云，"番禺亦其一都会也，珠玑、犀、玳瑁、果、布之凑"；二是《淮南子·人间训》记曰："又利越之犀角、象齿、翡翠、珠玑，乃使尉屠睢发卒五十万。"前一条只是描述了来自南方海洋或沿海地域的物品的聚散，后一条则记载着国家为获得这些物品而采取的政治行动。如果我们将前一条记述视为广州"海事"的本源，后一条记述则是广州"海事"的国家话语的嚆矢。中国海上交通史研究的传统，长期以来都是在这种国家话语的主导下开展的，以王朝国家为获取海外珍异同外部世界交换为主要内容，而将海事史的人事本质消解在国家历史之中。蔡鸿生教授这篇《海事发凡》，"小题大做"，引出了一种以人为本的中外交流史研究的新视角，打开了海事史无数"待发之覆"的大门。从蔡老师的研究中，我们可以获得一种认识：一直以来研究者习以为常的以路线、口岸、货物以及国家活动为主题的海交史研究，缺失了"人事"，掩盖了人类社会生活的"海洋版"，研究者只有用更多的功力，从史料记载中的蛛丝马迹发见其保存的海事本相，勾勒出航海之人的海洋活动演变成为王朝国家制度化的对外交流历史的进程，才有可能从海上贸易的历史中去重建对海洋生活的认识。

图书在版编目（CIP）数据

山长水阔：入史求学集/刘志伟著. —北京：北
京师范大学出版社，2025.1. —（新史学文丛）.
ISBN 978-7-303-30340-3

Ⅰ. K248.07

中国国家版本馆 CIP 数据核字第 2024CM3450 号

营　销　中　心　电　话　　010-58808006
北京师范大学出版社新史学策划部微信公众号　　新史学 1902

SHAN CHANG SHUI KUO

出版发行：北京师范大学出版社 www.bnupg.com
　　　　　北京市西城区新街口外大街 12-3 号
　　　　　邮政编码：100088
印　　刷：鸿博昊天科技有限公司
经　　销：全国新华书店
开　　本：880 mm ×1230 mm　1/32
印　　张：13.125
字　　数：252 千字
版　　次：2025 年 1 月第 1 版
印　　次：2025 年 1 月第 1 次印刷
定　　价：79.00 元

策划编辑：宋旭景　　　责任编辑：曹欣欣
美术编辑：王齐云　　　装帧设计：王齐云
责任校对：段立超　　　责任印制：赵　龙